누워서 읽는
경영학원론
PRINCIPLES OF MANAGEMENT

전면
개정2판

김광희 저

내하출판사

질문 하나. 대체 어떤 '동물'일까?

다음에 주어진 내용을 보고 어떤 동물인지 추측해보라.

- 고양이과(科) 육식동물이다.
- 몸길이 1.1~1.4m, 꼬리길이 60~80cm, 몸무게 40~65kg이다.
- 몸통은 회색 혹은 갈색이며 검은색의 작은 얼룩무늬가 있다.

어느 누가 동물 몸무게나 그 길이 따위를 줄줄 꿰고 있단 말인가! 그래선지 좀체 어떤 동물인지 감을 잡지 못한다. 충분히 그럴 것 같아 내용을 조금 더 보완했다.

- 최고 속력은 110km/h 전후다.
- 잡은 사냥감 절반은 주변의 대형 포식 동물에게 빼앗긴다.
- 지상에서 가장 빨리 달리는 동물이다.

"이제 알겠네!" 하는 작은 탄성이 터진다. 물론 일부 독자 가운데는 아직 잘 모르겠다는 사람도 있다. 힌트 하나를 보탠다.

- 머잖아 지구상에서 멸종될 동물이다.

그 힌트 때문에 되레 더 까다로워졌다는 푸념도 들려온다. 언제 어디선가 누군가로부터 들어본 내용 같기도 한데, 잘 기억이 나지 않는다고?

질문 둘. 대체 어떤 '과일'일까?

아래 제시한 내용을 참고해 어떤 과일을 지칭하는지 맞춰보라.

- 세계에서 가장 많이 재배되는 과일 및 식량이다.
- 기원전 5,000년경부터 재배됐을 만큼 그 역사가 길다.
- 무역 규모만 연간 10조 원에 달할 만큼 세계인이 즐겨 먹는다.

이게 뭐지? 여기까지 언급한 내용만으론 어떤 과일인지 쉽사리 떠오르질 않는다. 그럴 것 같아 몇 가지 내용을 부가한다.

- 과일에 브랜딩 개념을 처음 도입했다.
- 수년째 국내 대형마트 과일 판매량 1위를 기록하고 있다.
- 이미 한 번 멸종됐었는데, 그 이름은 그로미셀이란 품종이다.

알듯 말듯 했는데, 과거 이미 멸종된 적이 있다는 언급에 그만 생각이 꼬여버린다. 그럴 즈음 결정적 힌트 하나를 던진다.

- 머잖아 지구상에서 멸종될 과일이다.

재차 멸종된다는 말에 휘둘려 조금 전 떠올린 과일(식량)이 답이 아닐지 모른다는 생각을 품는다. 어떤 과일일까? 궁금증은 의혹 불거지듯 점점 부풀어 오른다.

앞서 던진 두 질문은 독자들을 꽤나 당혹스럽게 만들었을 수 있다. 지금부터는 두 질문에 명쾌히 답할 차례다. 이미 많은 독자가 나름 짐작했으리라 예상되지만,

질문1의 해답은 **지상에서 가장 빨리 달리는 '치타'**
질문2의 해답은 **평소 즐겨 먹는 달콤한 '바나나'**

위 질문 두 가지와 그 해답에서 살펴봤듯 '치타와 바나나(캐번디시)'가 머지 않아 사라지는 이유는 뭘까? 그건 다름 아닌, 유전적 다양성이 부족해서다.

"전 세계에서 먹는 음식물의 4분의 3이 겨우 12종의 식물과 5종의 동물에서 나오고 있다." 실증 가능한 예가 있다. 국제연합 식량농업기구에 따르면, 전 세계 인구가 얻는 칼로리의 95%가 실제로 겨우 30가지밖에 안 되는 종에서 나온다고 한다. 여러 측면에서 다양성 결여가 심각한 수준이다.

질문 셋. 어떤 '나라'일까?

마지막으로 한 문제 더 출제한다. 어느 나라일까?

● 경쟁보단 평준화가 대세다.
● 여성 얼굴이 점차 닮아가고 있다.
● 일부 종교는 강한 근본주의 성향으로 이따금씩 말썽을 피운다.

'종교의 근본주의적 성향'이라, 혹시 저 멀리 중동에 위치한 국가인가? 여기까진 솔직히 어떤 나라인지 잘 모를 수 있다. 그래 또 다른 내용을 부가했다.

● 학생 자질과 무관하게 공부로 성공할 것처럼 교육시킨다.
● 자영업 비율이 유난히 높고, 특히 치킨집, 커피전문점이 많다.

- 세계관은 딱 세 나라에 머물고 있다. 미국과 중국, 일본!
- 실패를 용인치 않고, 안정된 직업만 찾는 공시족 천지다.
- 종종 '다름(different)'은 '틀림(wrong)'으로 평가 받는다.

그제야 감 잡은 듯 씨익~ 웃지만, 그 한편으론 씁쓸함을 내심 감출 길 없다. 이 정도쯤에서 답을 못 찾은 독자는 없을 것이다. 그럼에도 불구하고 경천동지(驚天動地)할 멘트 하나를 더 들려준다.

- **머잖아 지구상에서 사라질 나라다.**

조만간 지구상에서 사라질 거란 표현에 화들짝 놀라 다시 한 번 생각을 다잡는다. 대체 어떤 나라이기에 그럴까? 결정적 힌트 하나를 추가하면, 지구상 유일 분단국이며 '비행기나 배를 타지 않고선 한 치도 해외로 나아갈 수 없는' 참담하고 얄궂은 지정학적 운명을 가진 '섬나라'다.

질문3의 정답은 **참담하게도 '대한민국'**이다. 그 이유는 뭘까? 이 또한 다양성이 부족해서다.

바나나란 이름이 없어도 바나나란 과일은 지구상에 존재하나, '다양성'이란 개념 없이 성장과 발전을 외치는 건 무의미하다. 내가 있기 위해선 '상대'가 존재해야 하고, 그 상대는 나와 '다른 생각'을 가진 실체임을 잊지 마라.

공산주의나 사회주의와 비교해 자본주의가 강건하다는 건 바로 개개인이 가진 다양한 생각을 인정하고 구성원이 이를 발휘토록 이끌어준 덕분이다. 무수한 창의적 생각과 가치, 주장이 부딪히며 협력과 경쟁을 부를 때 비로소 사회는 건강해질 수 있다.

명심하라. 동서고금을 막론하고 다양한 의견과 새로운 발상을 포용한 국가나 기업은 융성했고, 문을 걸어 잠근 채 한 가지 생각 혹은 극단적 논리만 추종한 국가나 기업은 쇠락의 길을 가야했다.

그런 측면에서 본서는 경영학 공부와 더불어 생각의 다양성(diversity of thought)을 키우려는 독자들에게 더없이 좋은 길잡이가 될 걸로 믿는다.

경영학 교재나 수험생을 대상으로 한 원론서는 매년 헤아릴 수 없을 만큼 다양한 종류가 출간되고 있다. 그럼에도 평소 경영학과 관련된 분야를 접해보지 못한 사람이나 혹은 그 입문자를 대상으로 한 서적은 그리 많지 않았다.

더 큰 문제는 우리 실정이나 정서와는 거리가 있는 외국 번역서들이 유독 이 분야에서는 주인 행세를 하고 있다. 참으로 안타까울 따름이다.

여기서는 딱딱한 대학 교재나 수험서, 그리고 경영학이라는 이름으로 치장된 책들과는 달리 경영에 조금이라도 관심을 가진 직장인이나 주부, 학생이라면 경영학의 필수 지식을 단시간에 습득할 수 있도록 꾸몄다. 제목처럼 그냥 누워서 읽으면 된다.

이 책은 2005년에 처음 출간되었다. 그로부터 7년이란 세월이 흐른 2012년에 개정판이 나왔고, 또 5년이 흘러 전면 개정2판을 내기에 이르렀다. 앞으로도 독자제현의 따가우면서도 애정 넘치는 충고를 기대한다.

마지막으로 이 책이 나올 수 있도록 물심양면으로 도움을 주신 '내하출판사'의 모흥숙 사장님과 편집에 힘쓰신 박은성 님께 진심으로 감사하다는 말을 전한다. 고맙습니다.

2017년 11월
봉담골 캠퍼스에서 김광희

CONTENTS

인사조직 HRM & Organization

생산관리 Production Management

재무회계 Accounting & Finance

경영학이란?
Management is?

어서와, 경영학은 처음이지?
경영학의 필요성

"살아 있는 존재들과 끝없이 변하는 환경을
다루는 경영 세계는 더 이상 통제되지 않는다.
이곳은 불확실성과 놀라움과 경이가 살아 숨 쉬는
복잡하고 유기적인 세계다."
_로조 르윈·버루트 레진

'경영'은 사장한테 물어봐?

서점을 찾아갈 기회가 있거든 경제·경영 코너로 발길을 돌려보라. 가판대에 펼쳐진 '경영' 혹은 '경영학'이라 이름 붙여진 무수한 책들을 발견한다. 그 순간 엄청난 분량에 기가 죽고, 집어 드는 순간 그 무게에 다시 한 번 기가 죽는다. 더해 교재로 뵈는 것들은 얼마나 심오한 내용을 담고 있기에 그 표지 대부분이 두툼한 하드커버란 말인가!

이런 책들을 과연 제대로 소화는 할 수 있을까? '경영'이란 단어와 책의 중량감 때문에 제법 폼은 나는데 이름만으론 그 내용을 짐작하기 어렵다.

대학 강의실이나 연수원 등지에서 머리를 싸매고 두터운 교재를 한 줄 한 줄 형광펜으로 덧칠해가며 읽어 내려가거나, 주절주절 강사의 얘기를 들어도 별반 도움은 될 것 같지 않다. 괜히 졸음과 짜증만 몰려오는 건 아닐까?

굳이 기업을 경영하는 방법이나 노하우를 알고 싶다면, 솔직히 주변의 기업체 사장에게 직접 물어보는 게 지름길은 아닐까! 이를테면 어떤 식으로 기업을 일구어 오늘에 이르게 되었고, 자금은 어떻게 운용했으며, 종업원들의 관리방식은 무엇인지 등등.

어쩌면 삼성전자나 현대자동차와 같은 초일류기업 사장에게 묻는 편이 훨씬 더 빨리 납득이 갈지도 모르겠다. 게다가 풍부한 경험이나 현실감 때문에 설득력 또한 높지 않을까!

백번 지당한 얘기다. 경영학을 공부한다고 해서 반드시 기업(조직) 경영에 도움이 되는 것은 아니다. 경우에 따라서는 불필요할 지도 모른다. 의사결정에 방해가 될 수도 있다. 실제로 그런 직설적 표현을 서슴지 않는 기업체 사장들도 많다.

지금은 작고한 현대그룹의 창업자 정주영 회장이 현대중공업 창업에 필요한 차관을 얻고자 영국의 한 은행을 찾았다. 그 때 담당자가 정 회장이 가져온 사업계획서를 펼쳐보곤 물었다.

"회장님의 전공은 경영학입니까, 아니면 공학입니까?"

학력이라고는 초등학교가 전부인 정 회장은 "어제 내가 그 사업계획서를 들고 옥스퍼드대학에 갔더니, 그 자리에서 바로 경영학 박사학위를 주더군요."라고 조크를 던졌다.

그러자 그 담당자는 "당신의 사업계획서 작성 능력과 경영 실력은 옥스퍼드대학 경영학박사 학위를 가진 사람보다 훌륭하다."며 차관을 승인했다고 하는 얘기가 전설처럼 전해오고 있다.

또 정 회장은 한국의 상환능력을 의심하는 해외 기업인을 상대로 500원짜리 지폐에 그려진 거북선을 내밀며 선조들의 기술을 팔았다. 조선소가 들어설 울산 부지 사진을 들고 가서 26만t급 선박 2척을 수주하는 데 성공하기도 했다.

이는 불가능한 일에 부딪힐 때마다 "이봐, 해보기나 했어?"라며 실행에 옮긴 덕분이었다. 그처럼 대학은커녕 초등학교밖에 나오지 않았음에도

생전의 정주영 회장

오늘날 거대 기업을 일궈낸 사람들은 많이 있다. 생전 이들이 경영학을 배웠을 리 만무하다. 게다가 경영학이 국내에 도입 된지도 그리 오래되지 않았다.

초등학교 졸업이라는 학력밖에 없었지만 정 회장은 기업경영과 관련된 의사결정을 내릴 때까지는 많은 시간을 자료수집에 투자했다고 한다. 또 일단 결정이 내려지면 불도저처럼 밀고 나갔다고 한다. 먹고 살기 힘든 시절에 불굴의 의지와 정열로 무(無)에서 유(有)를 창조해 낼 수 있었다.

정 회장처럼 경영학을 몰라도 타고난 투지와 배짱, 직관, 성실, 두뇌 등의 요소가 고루 갖추어진다면 기업경영을 성공으로 이끌 수 있을 것이다. 더불어 경영에는 정해진 정규 코스도, 이를 따라가면 목적지에 이른다는 어떤 보증도 없다. 따라서 언제 어디서 닥쳐올지 모르는 일에 대해 얼마나 임기응변식으로 대응을 잘 하느냐가 관건이 될 수 있다.

그러나 오늘날 경영학을 모르면서 기업경영을 성공적으로 이끌기란 점점 더 어려워지고 있다. 과거와는 달리 시장이 넓고 다양하며 급변하고 있기 때문이다. 현재의 경영환경에는 과거처럼 '오너의 동물적 감각'을 내세운 경영이 쉽게 먹혀들 리도 없다. 더불어 기업을 경영하는 데 있어 일정한 원칙이나 경로가 사전에 설정돼 있는 경우도 있다.

설사 경영학 이론을 전혀 모르는 사람이 기업경영에 성공했다고 해도 어떤 이유로 해서 그런 결과를 가져왔는지를 모른다면, 그 경험을 살려나갈 수 없다.

자칫 '하면 된다는 생각으로 살아왔다'거나 '남들이 놀 때 일을 했다', '십 원 한 푼이라도 아끼며 기업경영에 힘써왔다', '신용을 첫째로 기업을 이끌어 왔다'와 같은 피상적이며 일반론적 경험만 남을 수 있다. 이렇게 해서는 후대에 자신의 경영 노하우를 제대로 전달할 수 없다.

이론(理論)이 중요한 까닭!

기업이 기업으로서 갖추어야 할 의무 가운데는 '영속성(going concern)'이라는 것이 있다. 자신의 세대에서만 반짝 빛을 발하곤 그 다음부터는 내리막길이어서는 곤란하다. 기업은 끊임없이 성장하고 발전하며 영원히 시장에서 살아남아야 한다. 그러자면 경영학 이론은 필수적이다.

자칭 해당 분야에서 많은 '짬밥'과 풍부한 실전 '경험(practice)'을 쌓았다고 하는 사람들 가운데는 '이론(theory)'을 가리켜 학자나 연구자들의 밥줄 때문에 존재하는 녹이 쓴 도구라거나, 실용성이나 현실감이 결여된 허접한 지식이라는 악평을 서슴지 않는 이들이 있다. 한 마디로 세상 물정에 어둡고 경험이 부족한 사람, 즉 '백면서생(白面書生)'이나 접하는 것이 이론이란다.

그 이유인즉, 이론은 현실을 제대로 반영하지 못하고, 그 내용 또한 몸에 와 닿지도 않으며, 무엇보다 우리의 현실은 이론대로 흘러가지 않기에 이론은 별 도움이 되지 못한다는 주장이다.

그러나 이론이 현실에 도움이 되지 않는다는 것은 그 이론이 잘못되었기 때문이다. 제대로 된 이론이라면 당면한 문제 해결에 분명 도움을 줄 것이다. 다만 세상에 올바

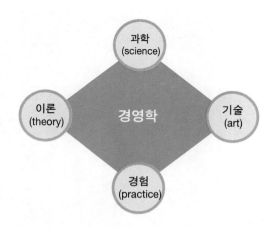

른 이론이 그리 많지 않음은 사실이다. 이론을 통해 부족한 부분은 객관적 사고(창의적 사고)와 경험을 통해 채워나가야 할 의무가 경영자(리더)에게는 있다.

경영학 이론이라는 것이 어느 날 갑자기 하늘에서 '털썩~' 하고 떨어진 것도,
땅에서 '불쑥~' 하며 솟아오른 것도 아니다.

모든 분야의 이론이 그러하듯 경영학 역시 학자나 연구자들의 머리에서 불현듯 떠올라 체계화 된 지식이 아니다. 오랜 기간에 걸쳐 기업경영에 관한 각종 사례들이 축적되고 체계화되면서 합리적으로 다듬어진 것이 경영학 이론이다.

설사 이론적 체계가 어느 날 갑자기 떠올랐다 할지라도 그 과정에 이르기까지는 사전에 입력된 수많은 지식과 노하우들이 증폭(增幅)현상을 일으키면서 일구어진 산물일 것이다.

게다가 더 중요한 것은 여느 분야와는 달리 경영학은 살아있는 학문이다. 즉, 생물(生物)이다. 오늘의 경험과 지식은 내일이면 이미 과거의 산물이 될 수 있다. 어제와 오늘의 시장과 고객이 내일도 같은 환경이나 성향을 가질 것이라고는 아무도 보장하지 못한다. 그 때문에 '경험 제일주의'에는 위험이 상존(常存)한다.

하다못해 여자에게 작업을 걸 경우에도 사전에 여성심리에 관한 책이나 연애소설이라도 먼저 읽고 시작하는 편이 훨씬 유리하다. 터프한 이미지나 얼짱·몸짱만을 무기로 접근하거나, "흥, 열 번 찍어 안 넘어가는 나무가 어디 있어!"와 같은 무댓뽀(無鐵砲, 총도 없이 전쟁터에 나감을 비유)식 접근은 섬세한 여성 심리와 충돌하기 십상이다.

체계화된 이론의 접목 없이 성공적인 기업경영을 기대한다는 것은 연목구어(緣木求魚)의 어리석음을 범할 수 있다. 기업경영은 경영학 이론과 실전(경험)이 조화를 이룰 때 비로소 성공 가능성을 타진할 수 있다.

이론은 실전의,

실전은 이론의 다른 이름이다.

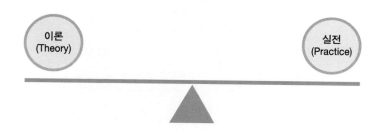

생각해
보기

경쟁을 꿰야 싸움이 가능하다!

경쟁 구도와 경영학

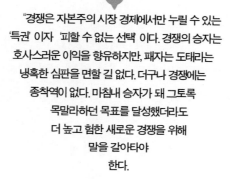

"경쟁은 자본주의 시장 경제에서만 누릴 수 있는
'특권'이자 '피할 수 없는 선택'이다. 경쟁의 승자는
호사스러운 이익을 향유하지만, 패자는 도태라는
냉혹한 심판을 면할 길 없다. 더구나 경쟁에는
종착역이 없다. 마침내 승자가 돼 그토록
목말라하던 목표를 달성했더라도
더 높고 험한 새로운 경쟁을 위해
말을 갈아타야
한다.

축구의 경쟁자는 누구?

축구는 경쟁이다. 각본 없는 경쟁이다.

공은 둥글다. 그래 떼굴떼굴 굴러 반전을 거듭한다. 골 하나에 모든 승패와 희비가 엇갈린다. 골이 가장 적게 터지는 경기가 바로 축구이기 때문이다.

지구촌은 4년마다 공 하나의 향방에 웃고 울며 열광한다. 서울 광화문 일대에서 남쪽 끝 마라도까지, 동쪽 끝 독도에서 서쪽 끝 백령도까지, '붉은 악마'의 "대~한민국 짝짝~짝 짝~짝" 함성은 지축을 울린다. 축구가 있어 붉은 악마가 있어 우리 삶은 유쾌하다.

그런 축구의 경쟁자는 누구일까?

월드컵 4강에 오른 2002년 이전까진 분명 여자였다. 애인의 '군대에서 축구한 얘기' 엔 질색하다 못해 일부는 경기(驚氣)마저 일으켰다.

"운동이 어디 축구만 있느냐?"며 공공연히 불쾌감을 토로하는 야구나 농구, 배구 등의 현역 선수나 그 골수팬들이 바로 경쟁자는 아닐까?

"다음 주가 시험인데…!"라며 볼 건가 말 건가의 갈등 사이에 고민하는 수험생이 경쟁자는 아닐까? 자칫 딴 생각했다간 1년을 11개월로 마무리할 수 있다.

"무슨 네가 시청으로 응원나간다고. 정 보고 싶으면 집에서 보고 공부나 해!"라고 하는 부모님이 경쟁자는 아닐까?

"왜 만날 티셔츠만 입고 다녀? 또 하필 빨간색일게 뭐람?"라며 울상 짓는 동네 세탁소 아저씨가 경쟁자는 아닐까?

"드라마를 보고 싶은데, 월드컵 때만 되면 취향과 무관하게 무조건 축구를 강요하는 방송과 이 사회가 이상하다."며 볼멘소리를 하는 보통 아줌마가 경쟁자는 아닐까?

"우린 반 죽는다. 제발 빨리 좀 끝나라!"며 학수고대하는 치킨배달(맥주) 아르바이트생이 아닐까?

나라 안의 이목이 축구에 쏠리는 통에 억울하게 유탄을 맞는 출판이나 영화, 공연, 음반, 게임, 경마 등 문화나 엔터테인먼트 산업이 경쟁자는 아닐까?

오로지 상업주의에만 몰두하며 공기(公器)이자 유한(有限) 자원인 전파를 허공에 날려버리는 방송사들의 행태가 경쟁자는 아닐까?

붉은악마가 벌인 한바탕 신명나는 축제, 그 뒤처리를 쓸쓸하게 도맡는 환경미화원이 경쟁자는 아닐까?

경기장을 떠나갈 듯 울리는 부부젤라의 소음과 선수를 향한 레이저 빔은 녹색 그라운드를 정신없이 누비는 선수들에게 집중력을 떨어뜨려 경기력을 방해하는 경쟁자는 아닐까?

대표 팀의 수비가 우리 축구의 경쟁자는 아닐까? 지난 2010년 남아공 월드컵 당시 우리나라와의 16강전을 앞두고 우루과이의 대표 팀 감독은 한국 축구의 수비를 '짧은 담요'에 빗대며 약점을 지적했다. 짧은 담요마냥 우리 대표 팀 수비는 머리를 가리면 발가락이 보이고, 발가락을 덮으면 머리가 보인다는 것이다.

붉은악마야말로 대한민국 축구의 경쟁자다. 4년마다 딱 한 번 6월 한 달 붉은악마들은 열광의 도가니에 빠진다. 그리곤 나머지 3년 11개월 동안 축구장에서 그들을 찾을 수 없다.

축구 경기 보러 갔는데 자리가 없다. 그런데 맨 앞줄에 빈자리가 하나 눈에 들어온다.

"혹시 여기 비어 있나요?"

"제 것이긴 한데, 원래는 아내 자리랍니다. 그런 아내가 그만 하늘나라로 떠났지요."

"저런 슬픈 얘기군요. 그럼 다른 친구나 친척 분이라도 부르시지 그러셨어요."

"근데 그게 말입니다. 그 사람들은 다들 아내 장례식에 갔답니다."

조만간 이런 유머가 현실 속에 존재할 것 같은 나라가 대한민국이다. 생존권이 달린 우리 사회의 절박한 과제들은 저버린 채 마치 팔뚝에 붉은 완장만 두르면 180도 돌변하는 집단 광기(狂氣)! 그 현실을 일깨우려는 이들이 경쟁자는 아닐까?

축구의 경쟁자는 세월이 아닐까? 정확히 4년마다 돌아오는 그 기간이 붉은 악마들에겐 40년일 수 있어서다.

그렇다.

위에 언급한 모든 것들은 축구의 경쟁자일 수 있다. 그래 축구의 경쟁자는 맞은편에서 곧장 우리 골문을 향해 드리블 해오는 선수만이 아니다. 많든 적든 직간접적으로 언제 어디서건 우리들에게 영향을 미칠 수 있는 모든 것들이 바로 경쟁자다.

다만, 가득 차면 좋은 법이지만 다음엔 넘칠 것에 관한 대비도 필요한 법이다. 견제와 균형이라는 사회적 브레이크가 파열되면 대한민국의 경쟁력도 함께 무너질 수 있다. 푸른 잔디 위의 공이 멈춘 이후에도 치열한 우리 삶과 경쟁은 계속된다는 사실을 망각하진 말자.

손안의 만능도구, 경쟁 구도를 흔들다!

1973년에 출범한 페덱스(FedEx)는 화물 수송 톤수에서 세계 최대의 항공회사다.

하루 평균 수송량은 소포 400만 개 이상, 화물 약 5,000톤에 이르고, 220개 이상의 국가와 지역, 375개 공항을 연결하며 화물기를 운행하고 있다. 또 보유 항공기수는 세스나와 같은 소형기에서 보잉777과 같은 대형기까지 합계 600기 이상에 달한다.

이 회사가 한 때 위기를 맞은 것은 경쟁사인 DHL이나 UPS의 강력한 공세가 아니라 팩시밀리(Fax.)의 등장과 확산이었다. 시간과 공간을 넘어 각종 문서를 바로 바로 전송하는 당시의 신기술이 기존의 항공 문서발송 사업에 치명타를 안겨주었던 것이다.

그런 팩시밀리가 앞으로도 시장의 강력한 경쟁자로 살아남을 수 있을까? 그렇지 않다. IT(정보기술) 혁명이 가져온 e-메일과 보안인증 기술로 그 지위는 날로 저하되고 있다. 그렇다고 e-메일의 지위는 확고부동할까? 이미 흔들리고 있다. 스마트폰의 문자 메시지와 트위터, 페이스북 등 각종 SNS 때문이다.

코닥(Kodak)은 1880년 미국에서 사업을 시작해 한 때 전 세계에서 14만 명 이상의 직원을 고용하며 카메라 관련 시장에서 독보적 위치를 차지했다. 특히 필름에서 강세를 보여 1980년대만 해도 세계 필름시장의 70% 정도를 석권할 정도로 적수가 없었다. 이런 131년의 역사를 지닌 코닥은 2012년 파산 신청을 해 세계를 놀라게 했다. 전설적인 코닥을 쇠락의 길로 이끈 건 디지털카메라였다. 지난 1975년에 디지털 카메라를 최초로 개발한 곳은 다름 아닌 코닥이었다.

하지만 코닥은 이 기술을 상용화한 업체들에 시장 주도권을 빼앗기는 수모를 겪었다. 필름이라는 '기득권'에 집착해 '디지털'이라는 거역할 수 없는 시대 흐름을 따라가지 못했다. 디지털 카메라는 지난 2010년 전 세계에서 1억 4,000만 대 판매되면서 필름 카메라를 압도했다. 그러더니 이젠 스마트폰에 내장된 카메라에 밀려 디지털 카메라도 점차 시장을 잃고 있다.

소니(Sony)의 워크맨. 카세트식 휴대용 음악재생기인 워크맨은 한 시대를 풍미했다. 최근 한 조사에서 50년간 가장 위대한 발명품으로 애플의 아이폰에 이어 워크맨이 2위에 오를 정도다. 그런 원조 워크맨도 MP3 플레이어라는 신물결의 격랑에 밀려나는 신세가 되었다.

애플의 스마트워치인 애플워치가 스위스 시계 업계에 큰 타격을 주고 있는 것이 좋은 예다. 2015년 3분기 스위스 시계 수출은 2009년 이래 최악의 하락세를 보였다. 분기 수출이 8.5% 감소한 것이다.

음반 시장에서도 변화는 일진월보(日進月步)다. LP가 어느 순간부터 테이프(tape)와 CD로 채워지더니 이젠 MP3 플레이어가 대세가 된지 오래다. CD엔 기계적인 음이 나오는 것 같아 싫다며 LP를 고집하던 애호가들의 저항정신도 언제부턴가 자취를 감추었다. 컴퓨터로 작업한 문자나 그림 등의 저장장치도 마찬가지다. 플로피디스켓에서 CD-ROM과 USB 메모리로 넘어가더니 이젠 스마트폰에 담거나 클라우드 서비스를 활용하고 있다.

톡톡 튀는 20대 젊은이들의 코드나 감각적 취향을 가장 빠르고 정확히 해독할 수 있는 물건이 하나있다. 비단 20대만이 아니라 30대와 4, 50대들의 생각을 엿볼 수도 있다. 덕분에 개인의 생산성이 부쩍 올라갔다는 얘기도 들려온다.

또 출근 시간 지하철 선반에 뒹굴던 무가지가 자취를 감추기 시작했다. 무가지가 지하철 선반에서 스포츠신문을 대체했던 것처럼 이제는 이 물건이 무가지를 대체해버렸다.

이 물건은 대체 뭘까?

힌트를 하나만 주자. 다음에 제시한 제품이나 기능들을 자세히 뜯어보라. 크게 색다른 건 없지만, 이들과 경쟁하는 물건이 그 주인공이다.

코리안 타임, 보안기능, 지하철 무가지, KTX와 비행기, 가방, 비서, 과외 선생님, 각종 결제(인터넷뱅킹, 뱅킹, 교통카드, 휴대전화 등), 개인정보(신분증, 수첩, 다이어리 등), 가계부, 녹음기, 자명종, 통신(이동전화, 다자간 통화, 동영상 통화, 메시지 등), 영상(카메라, 캠코더, DMB 기능 등), 건강진단 및 관리(당뇨 측정, 스트레스 지수측정, 원적외선, 만보기, 헬스 트레이너 등), 방송(위성DMB, 지상파 DMB 등), 라디오, PC방, 인식 및 측정기(명함, 문서, 동작, 음주, 지문 등), 리모컨, 제품권(할인권), 외장 메모리카드, RFID(전자태그) 리더 및 라이터, PMP(휴대용 멀티미디어 플레이어), 전자사전, 데스크톱PC, 도서관(서점), 동시통역기, 용돈관리, 버스정보, 신문, 날씨, 휴대용 학습기, e-북 디바이스, 디지털카메라, 동영상 재생기, 센서, GPS, 엔터테인먼트(MP3, 악기, 게임기, 노래방, 녹음기 등), 내비게이션(지도, 교통안내, 지역정보, 위치알림 등), 영화관, 비디오가게, PDA, 차량용 블랙박스, 부동산중개소, 마트, 애프킬라, 지도책 등.

다름 아닌 '스마트폰'이다.

월간, 주간, 일간 단위로 스케줄을 정리해 두면 스마트폰이 알림기능으로 알려주니 약속이나 일정을 잊어버릴 염려도 없다. 게다가 스마트폰으로 내비게이션에다 교통 흐름까지 알 수 있어 "차가 밀려서…"라는 핑계가 사라지면서 코리안 타임도 함께 사라졌다.

스마트폰을 활용해 오카리나와 같은 악기 연주를 할 수 있고 전 세계 어디서건 현재 연주하고 있는 사람들과 협연하거나 그 음악을 감상할 수 있다.

각종 교재와 참고서를 가방이 터지도록 넣고 다녔던 학생들이 이젠 전자책만을 들고 사뿐사뿐 등교하는 날이 결코 먼 미래가 아니다.

출근 전 스마트폰으로 자세한 기상상태를 확인해 그날 입고나갈 옷을 쉽게 결정할 수 있다. 화상 회의가 가능해지면서 먼 곳까지 KTX나 비행기로 출장 갈 필요가 없다. 스마트폰은 나의 또 다른 비서다.

최신 뉴스를 언제든 챙겨 볼 수 있고, 이동 중에도 동영상 강의를 통해 외국어 학습도 얼마든 가능하다. 덕분에 비싼 학원 수강비와 오가는 시간을 절약할 수 있다. 스마트폰은 나의 또 다른 과외선생님이다.

사고 순간의 충격을 감지해 이를 기점으로 전후 30초 이상 녹화된 영상을 지울 수 없는 파일로 자동 저장한다. 관련자들은 스마트폰의 화면을 통해 사고 순간의 영상을 현장에서 곧바로 확인해 불필요한 언쟁을 피하면서 시시비비를 가릴 수 있다.

스마트폰으로 증강현실(augmented reality)이 가능해짐에 따라 주변의 빌딩이나 아파트의 시세를 바로 확인할 수 있고, 마트에서 구매하려는 물품의 최저 가격을 검색할 수도 있어 불필요한 낭비를 억제할 수 있다.

스마트폰으로 모기가 싫어하는 주파수를 발생시켜 그 주변으로 모기들이 몰려드는 것을 방지한다.

PC와 인터넷 보급 초기 이를 따라가지 못해 발생하는 정보의 격차, 즉 디지털 디바이드가 확대된다. 게다가 기능이 다양해지고 복잡해지면서 사용에 어려움을 겪는 스마트폰 '폰맹'이 늘어 테크노 스트레스를 겪는 계층이 늘어나게 될 것이다.

이처럼 스마트폰의 등장은 기존의 사회 풍경마저 바꿔놓고 있다. 특히 스마트폰의 기능상 그 어느 때보다 한발 앞서 유행을 주도하는 얼리어답터의 활동 영역이 더욱 확대될 것으로 보인다. 더불어 모바일 개발자와 기업들의 마인드를 바꾸는 계기가 될 수도 있다.

스마트폰이나 태블릿 PC 등과 같은 IT 도구의 대변신으로 인해 경쟁 구도는 기존의 개념과는 전혀 다르게 바뀌고 있다. 기업들은 그러한 기술 혁신과 변화에 맞춘 경쟁 구도와 전략을 짜야 한다. 그래야 시장에서 생존을 보장받을 수 있다.

그런데 말이다. 스마트폰 다음으로 등장할 정보단말은 어떤 기능과 모습일까?

그걸 알고 실행(개발)에 옮긴다면, 그대는 미래의 억만장자를 예약한 셈이다.

고객을 두고 벌이는 경쟁!

이른 아침 아빠가 아파트 문을 열고 나가 챙기는 것엔 두 가지가 있다. 하나는 그날 아빠가 볼 신문이고 다른 하나는 아이(가족)의 건강 음료이다.

우리 아이의 건강을 위해 매일 아침 '야쿠르트(요거트)'나 '우유' 등 건강 음료를 배달시켜 마시고 있진 않는가? 각 가정에 야쿠르트를 배달하는 주역은 대부분 '아줌마'다. 대한민국을 좌지우지하는 역량의 소유자다.

그런데 이 '야쿠르트 아줌마'에게도 무서운 경쟁자가 있다. 대체 누굴까? 이 물음은 실물 경제(경영)를 이해하는 가장 적절한 질문이 될 수 있다.

이런 황당하고 우스운 질문에 대부분의 사람들은, 우유 아줌마, 다른 회사의 야쿠르트 아줌마, 녹즙 아줌마, 생식 아줌마, 기타 다른 음료수 배달 아줌마, 주변 슈퍼마켓 등을 떠올린다.

많은 이들의 대답처럼 '야쿠르트 vs. 우유'와 같은 경쟁 구도도 생각할 수 있겠다. 결코 틀린 대답은 아니기 때문이다. 하지만 세상의 경쟁 구도는 사실 그렇게 단순하지만은 않다. 그럼 대체 누구란 말인가?

야쿠르트 아줌마의 경쟁자는 사실 '학습지 아줌마'다. 어째서 그런 황당무계한 경쟁 구도가 형성되는 것일까?

설명을 쉽게 하기 위해 이런 경우를 상상해 보자. 어느 날 남편이 직장에서 명퇴 선고를 받았다. 한 마디로 억장이 무너지는 얘기다. 그날 밤 남편과 아내는 머리를 맞대고서 이 난국을 어떻게 헤치고 나갈지를 밤새 고민했다. 우선 지금껏 아이들 몫으로 지출되고 있는 두 가지 비용 가운데 하나를 줄이기로 했다. 하나는 '야쿠르트'를 끊는 것이고, 다른

야쿠르트 아줌마의 경쟁자?

하나는 '학습지'를 그만두는 것이다.

자, 당신이 이런 상황에 놓이게 되었다면, 어느 쪽을 선택할 것인가? 어쩌면 불문가지(不問可知)가 아닐까!

대한민국의 부모(특히 주부)라면 학습지보다는 먼저 야쿠르트를 끊을 것이다. 그 이유는 간단하다. 아이들 건강이야 엄마가 간식을 직접 만들어 주거나 조금 더 신경을 쓰면 일부분 해결 가능하다. 하지만 학습지만큼은 엄마가 대신해줄 수 없다. 먼저 엄마의 실력도 실력이거니와 '중이 제 머리 못 깎는다'고 하지 않는가! 게다가 우리 아이가 옆집 아이보다 성적이 뒤떨어진다는 소리는 우리네 정서상 도저히 감내할 수 없는 고통이요 무거움이다.

또 다른 질문이다. 전 세계 패스트푸드 업계를 사실상 리드하고 있는 대부(代父)라면 당신은 누굴 꼽겠는가?

문제가 쉬운 탓인지 곧장 "맥도널드(McDonald) 아니냐?"고 되받는다. 그렇다. 실제로 맥도널드가 침투해 있지 않은 국가나 지역을 발견하기란 점점 더 어려워지고 있다. 이 때문에 커피 한 잔을 놓고서 연인이나 친구들끼리 장시간 담소를 나누던 프랑스 파리의 전통 명물 '카페'도 점점 사라지고 있다는 안타까운 소식도 들려온다.

그럼, 이 맥도널드에게 속칭 물을 먹일 수 있는 강력한 경쟁 상대는 없는 걸까?

이런 질문에 "누구긴 누구야. KFC나 롯데리아, 서브웨이, 버거킹 같은 거 아냐?"라며 호기를 부린다. 잘못된 대답은 아니다. 하지만 그처럼 평범한 대답을 듣고자 던진 질문은 아니었다.

사실 필자가 원하는 정답은 '편의점'이다. 근래 맥도널드와 같은 외식업의 강력한 경쟁자로 부상하고 있는 것이 편의점이다.

직장인들에게 편의점은 떼려야 뗄 수 없는 생활의 일부다. 출근 준비에 쫓겨 집에서 아침식사는 생략, 곧바로 직장 근처 편의점에서 삼각김밥이나 샌드위치에 커피 한 잔으로 때운다. 시간적 여유가 조금 있을 때는 별도 용기에 담아 판매하는 죽이나 수프를 데워 먹기도 한다.

점심시간, 동료들과 함께 인근의 식당을 찾는 것이 보통이지만 밖에 나가 점심을 먹

을 수 없을 정도로 업무에 쫓기는 날이면 역시 편의점에서 판매하는 도시락이나 햄버거, 샌드위치 등으로 끼니를 때우기 일쑤다. 늦은 밤 야식이 생각날 때도 집 앞 편의점으로 달려간다.

한때 외식업계를 제패했던 맥도널드가 이처럼 고전을 면치 못하고 있는 것은 무엇보다 편의점과 고객층이 겹치기 때문이다. 편의점은 맥도널드와 비슷한 장소에 있고 김밥, 도시락 등 제품 가격도 햄버거 가격과 비슷하다. 이로 인해 편의점이 맥도널드 고객을 빼앗아가고 있다.

출발부터 광풍(狂風)처럼 다가와 우리 서민들의 마음을 한껏 들뜨게 만들었던 로또복권. 이 로또로 인해 피해가 가장 컸던 업종은 무엇이었을까? 두말할 여지도 없이 다른 복권업계였을 것이다.

실상 로또 열풍 때문에 가장 많은 피해를 본 업종은 경마나 경륜, 경정과 같은 것들이었다. 즉, 또 다른 '사행산업'이 로또 열풍으로 인한 고객 감소에 고통을 받았던 것이다. 이 또한 동일한 고객을 두고 벌이는 경쟁 구도 때문이었다.

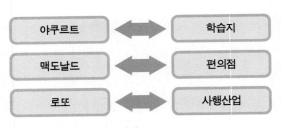

고객(지갑)을 두고 벌이는 경쟁

야쿠르트 아줌마와 학습지 아줌마, 맥도널드와 편의점, 로또와 다른 사행산업의 경쟁은 동일한 장르의 '제품(製品)' 대결이 아니라, 동일한 '고객(顧客)'을 두고 벌이는 또다른 구도의 경쟁이다. 근래 음식과 옷에도 퓨전(fusion)이라는 개념이 도입되고 있듯 경쟁 구도에도 퓨전이라는 성격이 부각되면서 날로 경쟁 구도의 특징이나 이해를 복잡하게 만들고 있다.

동일한 장르의 제품이라면 일치감치 경쟁상대로 찍고 있어 공격에 대비해 언제든 혈투를 벌일 마음의 자세가 갖춰져 있다. 그래서 상대와의 싸움에서도 그리 쉽게 무너지지는 않는다.

그러나 동일한 고객을 두고 벌이는 경쟁의 경우는 사전에 충분한 예측을 하기가 어렵다. 그러한 상대가 어느 날 불쑥 경쟁상대로 다가온다면 지금껏 축적해 온 싸움의 노하우나 기법은 별반 도움이 되질 않는다. 동일한 제품을 두고 벌이는 경쟁 구도로 대부분의 대응 전략이 짜여 있기 때문이다.

최근의 이런 경쟁 구도의 특징은 한 마디로 영역 없는 경쟁(cross competition)이라 할 수 있다. 전혀 상상하지 못한 곳에서 경쟁자가 불쑥 튀어나오는 만큼 전후좌우(前後左右) 그리고 상하(上下)를 제대로 살펴야 한다.

최근 20여 년 동안, 대단한 성공을 거둔 신생기업들이 등장했다. 구글을 시작으로 페이스북, 알리바바, 우버, 에어비앤비, 카카오, 티켓몬스터 등은 전부 기존 사업의 밖에서 출현한 기업들이다. 경쟁 구도도 그만큼 예측이 불가능할 수밖에 없다. CEO의 역량이 시험대에 올랐다.

변화에 미쳐라!

변화(變化)와 경영학

"변화는 고통이다. 하지만 그것은 항시 필요하다."
_토마스 칼라일

"모든 사람들이 세상을 바꾸겠다고 생각하지만 어느
누구도 자기 자신을 바꿀 생각은 하지 않는다."
_톨스토이

땀의 결정체가 변화다!

"이 시대 가장 위험한 단어라면 뭘까?"
"이 시대 최고의 덕목이라면 뭘까?"
첫 번째 물음에 대한 답은 '안주'이고, 두 번째 물음에 대한 답은 '변화'이다.
'변화(變化)'의 변으로 시작되는 단어들을 한번 보자.

변혁(變革), 변형(變形), 변경(變更), 변색(變色), 변신(變身), 변동(變動), 변속
(變速), 변심(變心), 변질(變質), 변태(變態) 등.

하나 같이 기존의 낡은 껍데기를 벗어버리고 전혀 새로운 모습으로 재탄생하겠다는
강인한 의지를 담고 있는 듯 보인다. 원래 변화란 그런 것이다.
질문 하나 해보자.

코끼리의 가장 큰 생존 무기는 뭘까?

크고 단단한 상어라거나 긴 코 혹은 육중한 네 발이라고 답할 수도 있다. 실은 '적응력'이다. 즉, 어떤 환경이건 곧바로 적응할 수 있는 코끼리만의 변화할 수 있는 능력이다.

베스트셀러 〈티핑포인트〉와 〈블링크〉의 저자인 말콤 글래드웰(Malcolm Gladwell)은 신작 〈아웃라이어(Outliers)〉에서 특정한 분야에서 진정한 전문가로 거듭나기 위해서는 하루 3시간, 일주일에 20시간, 10년 동안 최소 '1만 시간'의 훈련(투자)이 필요하다고 주장해 많은 공감을 얻었다.

이처럼 변화에는 상상 이상의 시간과 고통, 위험이 수반되기 마련이다.

오죽했으면 서양 격언에 이런 게 있겠는가.

> "모르는 천사보다는 아는 악마가 더 낫다."
> (A known devil is better than an unknown angel.)

그 의미인즉, 비록 나쁜 것일지언정 전혀 모르는 것보다는 조금이라도 알고 있는 편이 다루기 쉽다는 의미다.

이 격언은 새로운 환경에 대한 인간의 거부감을 여실히 보여준다. 현실에 집착하는 순간 자신의 영혼이 시들어감에도 변화에 대한 동경보다는 무한한 안주를 추구하는 인간의 본성을 격언은 담고 있다.

하지만 변화를 통해 이루어지는 결실은 실로 대단하다.

How You Can Change the World(변화의 출발점)

인간이 여행을 떠나는 것은 어딘가에 도착하기 위함보다는 어쩌면 여행 자체가 목적일 수도 있다. 행복한 날을 꿈꾸며 최선을 다하는 노력은 행복한 것이다. 그러나 그 목표야 말로 진정한 행복인지도 모른다.

결국 인간은 어떤 상태로 머물러 있는 삶이 가장 고통스러운 법이다. 그래 변화는 메마른 사막의 단비와 같다.

> "세계를 바꾸는 일은 항상 조그맣게 시작된다. 이상적인 프로젝트 팀은 회의를 필요치 않으며, 점심을 먹는 것만으로도 추진된다. 팀 규모는 점심 식탁을 둘러쌀 만큼이면 충분하다."

일전 '미래에 왜 우리는 필요 없는 존재가 될 것인가.(Why the future doesn't need us.)'라는 글을 와이어드(Wired)지에 기고해 큰 파문을 불러온 미국 컴퓨터 과학자이자 썬 마이크로시스템즈사의 공동 창립자이기도 한 '빌 조이(Bill Joy)'의 얘기다.

제 아무리 큰 세계를 바꾸는 것일지언정 그 출발은 항상 작은 곳에서 비롯된다. 무언가를 시작하려고 했을 때 "일정액의 돈이 필요하다."거나 "도와줄 사람이 필요하다."라고 하는 사람이 많다. 하지만 세상을 바꿔온 혁신적인 기술과 시스템은 오직 한 사람의 발명가이거나 몇 명의 구성원에 의해 창출된 경우가 대부분이다.

인류를 위한 위대한 발명이나 역사를 바꾸는 혁명도 결국 그 시작은 점심 식탁을 둘러쌀 만큼의 몇 명과 그들의 엄청난 정열에서 시작된다는 점을 절감하게 된다.

그런 만큼 개인의 변화는 정말 사소한 영역에서 시작하면 된다. 처음부터 너무 원대한 변화를 꿈꾸지 마라.

한편 빌 조이는 이런 소름끼치는 말도 했다.

> "내가 하지 않는 한 세상에 일어나지 않는 것을 나는 한다."
> (I try to work on things that won't happen unless I do them.)

이 말은 반드시 엄청난 성공을 거두어야 한다는 말이 아니라, 그런 마음 자세로 인생을 살아가는 것이 중요함을 깨우쳐 준다. 그래 옆에 오래 오래 두고서 되뇌고 싶은 말이다.

런던의 웨스트민스터 사원(Westminster Abbey) 지하 성공회 주교의 비문 가운데는 이런 글이 새겨있다고 한다.

> "젊고 자유로우며 상상력에 한계가 없었을 무렵, 나는 세상을 변화시키겠다는 꿈을 가졌다. 나이를 먹고 보다 현명해지면서 세상이 변하지 않을 거라는 걸 알았다. 그래 시야를 좁혀 우리나라만이라도 변화시키겠다고 결심했다. 그러나 그것 역시 변화할 것 같지 않았다.
>
> 내 나이 황혼이 되었을 쯤, 마지막 힘을 쏟아 가장 가까운 가족만이라도 변화시키겠다고 마음먹었다. 그러나 허망하게도 아무도 달라지지 않았다.
>
> 그리고 죽음을 맞이하기 위해 자리에 누운 지금, 그제야 깨달았다. 먼저 나 자신을 변화시켰더라면, 가족에게 영향을 주어 가족을 변화시킬 수 있었을 텐데.
>
> 그 결과 가족의 격려와 용기를 받아, 우리나라를 더 좋은 곳으로 바꿀 수 있었을 텐데. 혹여 누가 알겠는가, 세상까지도 바꿀 수 있었을지."

실제론 웨스트민스터 사원 그 어느 곳에도 위와 같은 비문은 없다고 한다. 그래서 아래 글은 사실 작자가 누군지 모른다.

"이 세상에서 우리가 바꿀 수 있는 유일한 사람은 우리 자신밖에 없다."고 한 괴테의 말과도 일맥상통한다. 더불어 자신의 변화는 궁극적으로 주변(가족) 사람들에게 영향을 미치게 되고 나아가 사회 그리고 나라 전체를 바꿀 수 있다는 것이다.

문득 지난 KBS의 퓨전사극 〈최강칠우〉에서 낮에는 의금부 나졸이지만 밤에는 정의로운 자객으로 변신하는 칠우(문정혁)가 내뱉던 말이 생각난다.

"아버지는 두 가지 유언을 하셨다. 살아남아라. 세상을 바꿔라. 송구스럽게도 그건 개소리였다. 세상을 변화시키려는 자는 살아남을 수 없다."

실제로 칠우의 외침처럼 세상을 변화시키려는 자는 살아남을 수 없을지 모른다. 허나 먼저 자신이 변화한다면 세상 어디에서건 살아남을 수 있지 않을까. 더불어 이런 진실을 스스로 인정하지 못한다면 변화 역시 어렵다. 인정하지 않는 것은 바꿀 수 없기 때

문이다. 더 분명한 건 인생은 행동에 반드시 보상을 한다는 점이다.

'제행무상(諸行無常)'.

이는 불교의 근본사상을 가장 압축적으로 표현한 말이다. 여기서 '제행'이란 다양한 현상을 가리키며 '무상'이란 인생의 무상함, 삶의 허무함을 표현하는 말이다. 하나 본연의 의미는 만물은 생멸변화(生滅變化)를 거듭하고 항구적인 것, 불변하는 것, 영원한 것 따위는 아무 것도 없다는 것이다.

그래 제행무상이란 우주에 존재하는 모든 것은 항상 돌고 변화하며 한 순간도 같은 상태나 모양으로 머무르지 않는다는 변화의 심오한 의미를 깨닫게 해준다. 변화는 변하지 않는 유일한 것이다.(Change is the only constant.)

변화를 뜻하는 영어 'Change'는 타동사로 '변화시키다', 자동사로 '변화하다'라는 의미를 가진다. 이를 곧이곧대로 받든다면, 변화란 상대가 바뀌도록 하는 것도 나 자신이 바뀌는 것도 모두 Change(변화)인 셈이다.

변화의 가장 큰 특징이라면, 변화는 서서히 단계적으로 진행되기보다는 한꺼번에 매섭게 몰아친다는 점이다. 처음에는 미미하게 그리고 서서히 진행되다가 어느 순간 '탁' 하고 분출되는 임계점(臨界點)에 이르게 된다. 그 순간부터 변화는 강한 바람을 동반한 들불처럼 동서남북으로 급속히 퍼져나간다. 그 불길은 누구도 감히 막을 수 없다.

감나무 홍시(紅柿)가 떨어지는 것을 보고서도 이제 가을이 물러가고 차가운 겨울이 오고 있음을 알아채야 한다. 이는 사소한 징후나 사건 따위를 통해서도 조만간 닥쳐올 변화의 큰 줄기를 미리 알아야 한다는 말이다. 이를 자칫 흘렸다간 얼어 죽는다.

그런데 어째서 변화의 징후를 눈치 채지 못하는 것일까. 그건 평온한 일상이 언제까지나 되풀이

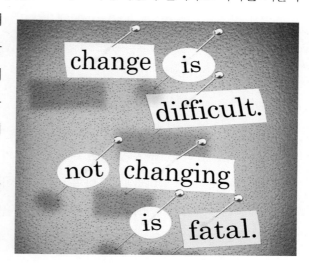

될 것이라 믿는 확신 때문이다. 더불어 그간의 변함없는 일상에 철저히 길들여진 탓이기도 하다. 분명히 말하거니와 변화 없는 사회는 또 다른 위기를 잉태할 수 있다.

변화를 위한 5가지 전략

손자병법에 '전승불복(戰勝不復)'이라는 고사성어가 나온다. 그 말인즉, 한 가지 방법으로 전쟁에서 이겼다고 똑같은 방법을 되풀이하면 반드시 필패한다는 의미다. 무궁무진한 변화를 통해 유연하게 대응할 수 있어야 생존할 수 있다는 뜻이다.

이제 고인이 된 애플의 창업자 스티브 잡스가 지난 2005년 스탠포드대학 졸업식 강연에서 한 말이다.

"제가 17살 때 다음과 같은 글을 읽었습니다. '하루하루를 인생의 마지막 날인 것처럼 살아간다면 언젠가 당신은 분명 올바르게 살아왔다는 사실을 알게 될 것이다.' 그 문장은 저에게 큰 인상을 남겼습니다. 그 이후 33년을 살아오는 동안 저는 매일 아침 거울을 보면서 스스로에게 물었습니다. '오늘이 내 인생의 마지막 날이라면, 내가 오늘 하려고 하는 일을 할 것인가?' 이 질문에 '아니오'(no)라는 대답이 나올 때마다 저는 무엇인가를 바꿔야 할 필요가 있다는 사실을 알고 있습니다."

스티브 잡스는 오늘이 마지막 날이라 생각하고 매일 변화를 꿈꾸며 살아간 덕분에 큰 혁신을 이룰 수 있었다. 손자병법의 전승불복처럼 끊임없이 변화를 거듭해야 한다는 강한 충고가 아니겠는가!

근래 변화의 특징이라면 이렇다.

첫째, 변화의 속도가 매우 빠르다.

수많은 정보가 디지털화 되고 있어 변화의 속도가 전 세계에 걸쳐 동시에 이루어질 만큼 빠르게 진행되고 있다. 세기의 발명품도, 세상이 놀란 대박제품도 한 순간에 역사 속으로 사라진다. 과학과 기술 변화에서 잠시도 눈을 뗄 수 없는 이유다.

둘째, 변화 규모가 상상을 초월한다.

인공지능·사물인터넷·빅데이터·3D프린팅·퀀텀컴퓨팅(양자컴퓨터공학) 등으로 대표되는 제4차 산업혁명으로 변화가 전 세계에 걸쳐 있다 보니 그 규모는 인간의 상상을 뛰어넘을 만큼 거대하다. 현대사회에서 사람이 하는 업무 2,069개 중 710가지(34%)는 앞으로 50년 안에 로봇이 대신한다는 매킨지글로벌연구소의 연구 결과도 있다. 실생활에서 사회 변동 속도를 체감하기 어려울 만큼 생활, 경제, 과학 등 전 분야에서 빠른 변화가 이어지고 있으며, 이제 변화는 거스를 수 없는 큰 흐름으로 자리 잡고 있다.

셋째, 변화의 양상이 매우 복잡하다.

복잡계마냥 세상에 존재하는 모든 것들이 서로 얽히고 설켜 있는 상황이다. 때문에 주변을 무시한 독단적 변화는 더욱 힘들어지고 있다.

이상과 같이 변화의 필요성을 통감했다. 그런 변화란 변화를 통해서만 그 의미를 지니듯 경영학 역시 살아있다는 학문적 특성 때문에 변화를 항시 동반하고 있다.

경영학은 생물(生物)이다. 여느 학문과는 달리 살아 쉼 없이 움직이는 학문이다. 한시라도 변화를 거부했다간 털끝만큼의 존재 의의도 찾을 수 없는 것이 경영학이다.

생각해
보기

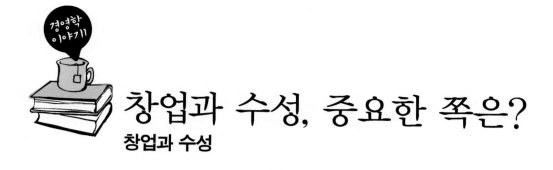

창업과 수성, 중요한 쪽은?
창업과 수성

> 창업 5년 안에 다섯 개의 기업 가운데 넷은 실패한다.
> 살아남은 기업 가운데서도 다섯 중에 넷은 4년 안에 망한다.
> 만일 현재 80만 개의 새로운 사업체가 운영된다고 한다면, 9년 후에는 불과 3만
> 2,000개의 업체만 남아 있게 된다. 76만 8,000개가 폐업을 하거나 합병되거나
> 하면서 사라진다는 것이다. 이렇게 남겨진 3만 2,000여 개의 사업체 가운데 겨우
> 5,000개 정도만이 의미 있는 수익을 내고 있을 뿐이다.
>
> _브라이언 셔

네 가지 핵심 자원!

기업이 진정 기업으로 존재하기 위한 첫 단계가 바로 창업(創業)이다. 규모의 대소(大小)와 무관하게 기업이 설립되기 위해서는 몇 가지 핵심 자원이 꼭 필요하다.

먼저, 사람이 있어야 한다. 그냥 사람이 아니라 쓸모 있는 '인재'다. 미래를 향해 끊임없는 도전과 혁신, 창의력, 열정, 도덕성으로 무장된 합리적인 경영자 그리고 그 경영자의 철학이나 이념을 훌륭하게 실천할 수 있는 종업원이 필요하다.

둘째로는 생산과 서비스가 창출되고 이루어질 기본 근거지가 필요하다. 어느 곳에 어떤 건물을 짓고 기계 설비를 갖춰 생산과 서비스를 수행할 것인지 하는 유형의 동산(動産)과 부동산(不動産)을 가지고 있어야 한다.

셋째로 기업이 이익을 내기 위해서는 일차적으로 시장의 트렌드(소비자의 수요)가 최대한 반영된 제품의 생산과 서비스를 창출해 고객에게 제공해야 한다. 즉, 어떤 '업종(아이템)'을 통해 고객의 원초적 입맛을 충족시킬지를 결정해야 한다.

마지막으로 위의 세 가지 핵심 자원들이 유기적으로 작동되도록 하는 경제적 뒷받침, 즉 '자금(자본금)'이 마련되어야 한다. 그런 자금은 기업을 원활히 움직이기 위한 몸의 혈액과도 같다.

이상의 네 가지 자원은 성공적 창업을 위해 반드시 갖춰지고 검증 받아야 할 것들이다. 추가적으로 근래에는 '지식(정보, 아이디어)' 역시 위의 네 가지 핵심 자원 못지않게 중요한 자원으로 주목받고 있다.

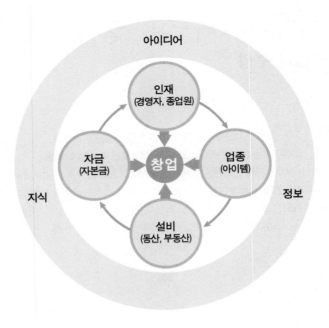

창업의 핵심 자원

수성(守成)이 더 중요하다고?

당태종 이세민

기업을 세우는 것이 힘들까?

그것을 지켜나가는 것이 힘들까?

아니면 둘 다 어려울까?

중국 고사(故事)에 '易創業難守成(이창업난수성)' 이란 것이 등장한다.

그 의미인즉 '창업은 쉬우나 그것을 지켜나가는 것은 어렵다'고 하여 기업을

유지, 발전시켜 나가는 과정은 기업을 세우는 것보다 훨씬 어렵고 힘든 일임을

강조하고 있다.

당태종(唐太宗)이 어느 날 신하들에게 "창업하는 것과 그 사업을 유지하는 것

중 어느 쪽이 어렵다고 생각하느냐?"고 질문을 던졌다.

이에 방현령(房玄齡)이라고 하는 신하가 먼저 대답했다.

"창업은 우후죽순(雨後竹筍)처럼 일어난 군웅 가운데 최후의 승리자만이 할 수 있는 것인 만큼, 역시 창업하는 쪽이 어렵습니다."

반면에, 위징(魏徵)이라는 신하는 상반되는 대답을 했다.

"예로부터 임금의 자리는 간난(艱難) 속에서 어렵게 얻어, 안일(安逸) 속에서 쉽게 잃는 법이옵니다. 그런 만큼 수성 쪽이 어렵다고 생각합니다."

이 두 대신의 대답을 모두 들은 당태종은 "양쪽 모두 어렵다. 두 대신의 대답은 지극히 타당하다. 다만 현재는 창업 시기를 지났으므로 지금부터는 수성의 어려움과 맞서 나가야 한다."는 결론을 내렸다고 한다.

626년 고조(高祖) 이연에 이어 제위에 오른 2대 태종(太宗) 이세민 역시 건국에 여념이 없었던 창업자라고 해도 무관하다. 때문에 창업과 수성의 어려움을 모두 통감하고 있었던 것이다.

뒷날 태종은 기획력이 뛰어난 방현령(房玄齡), 결단력이 뛰어난 두여회(杜如晦), 강직하기 그지없는 위징(魏徵) 등 현명한 신하들의 도움을 받아 훌륭한 정치를 펼쳐, 그 치세는 '정관의 치(貞觀之治; 천하 통일을 완수하고, 외정(外征)을 통해 국토를 넓히고, 제도적으로 민생 안정을 꾀하고, 널리 인재를 등용하고, 학문과 문화 창달에 힘씀으로써 후세 군왕이 치세(治世)의 본보기로 삼는 성세(盛世)를 이룩했다는 성세를 가리킴)'라고 불렸으며, 3대인 고종(高宗) 역시 훌륭한 업적을 남겨 대당제국(大唐帝國) 300년의 기초를 쌓아 올렸다.

오늘날 경영학에서는 창업보다 '수성의 어려움'에 역점을 두는 경향이 있으나, 태종의 얘기처럼 '창업'과 '수성'이라고 하는 양쪽 모두 중요하다고 보는 것이 바람직하다고 생각된다.

창의력 계발, 경영의 시작!

고정관념과 경영학

"만일 당신이 배를 만들고 싶다면, 사람들을 불러
모아 목재를 가져오게 하고 일감을 나눠주는 일
따위는 하지 마라. 그 대신 그들에게 저 넓고 끝없는
바다에 대한 동경심을 키워줘라."

_생텍쥐베리

□□□□ 안에 들어갈 말은?

한 초등학교 1학년 시험에 다음과 같은 문제가 출제되었다.

"이웃집 아주머니께서 우리 집에 큼지막한 수박 한 통을 가지고 오셨습니다. 그 아주
머니께 뭐라고 말씀을 드려야 할까요? 정답을 아래 빈칸(□□□□□)에 써넣으세요."
"□□□□□"

이에 몇몇 학생들은 이런 답안을 썼다.

"진짜크다요"
"괜찮습니다"
"안녕하세요"
"수박있는데"
"짱맛있겠다"
"우와짱대박"
"아줌마최고"
"놓고가세요"(함부로 문을 열어주지 않음)

담임선생님의 평가는 이들 학생 모두에게 당치않다며 '×(틀림)'라는 평가를 내렸다고 한다. 분명 우리 사회 정서상 앞서 열거한 대답들은 옳지 못하다. 그럼 어떤 대답이 정답(○)으로 평가 받았을까?

다음 사진을 보자.

인터넷에 떠도는 초등학교 3학년 학생의 유쾌한 답변이다. 질문은 이렇다.

"술에 취하여 거리에서 큰 소리를 지르거나 노래를 부르는 짓을 뜻하는 사자성어는 무엇일까?"

힌트로 '□□□' 다음에 올 글자는 '가'다.

독자들은 어떤 답을 할 것인가?

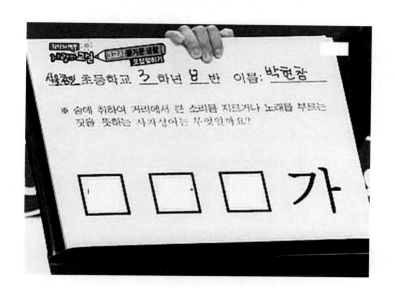

아마 사자성어에 능한 독자라면 곧바로 정답을 찾아냈을 것이다.

'고성방가(高聲放歌)'

하지만 3학년 아이에겐 쉽지 않은 문제다.

그래 위 학생이 고민하다 '□□□가'를 채운 내용은 무릎을 친다.

"아빠인가"

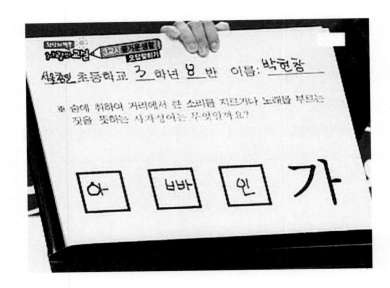

아마 어린이가 아니라면 이런 대답은 불가능하다. 아무튼 저절로 웃음이 빵하고 터지는 기막힌 대답이다.

눈이 큰 한 여성을 가리키며 주위의 많은 사람들이 웅성거린다. "우와~, 눈이 정말 크다!" 그 이야기를 듣고 있던 한 아이는 이렇게 내뱉었다. "눈에 비해 얼굴이 참 작다." 실제로 이 여성의 눈 크기는 일반인들과 별반 다르지 않았다.

아래 사진을 보자. 지도(map)라는 것은 금방 알겠는데, 어느 나라나 지역을 가리키는 지도일까? 왠지 눈에 익은 지도다.

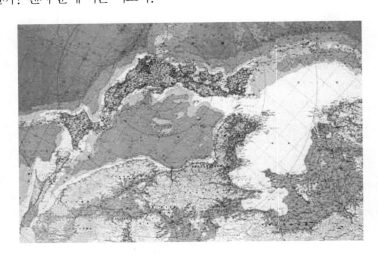

바로 그렇다. 우리나라와 일본이 함께 등장하는 지도다. 그래서 눈에 익은 것이다.

이 지도는, 동해에 접하고 있는 일본 '도야마현(富山縣)'이 제작한 '환일본해제국도(環日本海諸國圖)'라는 것이다. 그 크기는 350만분의 1로 도야마의 현청(顯廳)을 중심에 두고 작성한 것이다.

일본 내에서도 재미있는(?) 지도로 평가받으면서 도야마현을 방문한 관광객들이 하나씩 구입해가는 인기 관광 상품 가운데 하나다. 필자 역시 몇 해 전 도야마 방문 기념으로 한 장을 구입해 연구실 벽에 걸어두고 있다.

그런데 이 지도를 접한 한국인들은 많이들 재미있다거나 특이하다는 평가를 내린다. 게 중엔 "일본 땅이 한국 땅 위에 있다는 것을 나타내려고 의도적으로 만든 것은 아닙니까?"하는 또 다른 형태의 반일 감정을 드러내기도 한다. 그 이유는 지금껏 우리들이 보아온 지도와는 사뭇 다른 모습을 하고 있기 때문이다.

기존 지도들은 모두 북쪽(N)이 위로 남쪽(S)이 아래로 배치되어 그려져 있다. 북쪽을 위로, 남쪽을 아래로 표현하기로 세계 각국이 약속을 했기 때문이다. 엄밀히 얘기하면, 지도의 위아래는 약속 그 이상의 의미는 없다. 지구는 둥글기에 얼마든 방향을 달리해 표현할 수 있지 않을까!

경험이란 이름의 장애물!

진정한 발견은 새로운 땅을 찾는 것이 아니라, 새로운 눈으로 보는 것이다.
_마르셀 프루스트

스스로 사회 경험이 풍부하다거나 종종 그런 태도를 취하는 사람은 일단 경계해야한다. 그러한 경험은 때때로 문제 해결의 엄청난 장애물로 둔갑할 수 있어서다. 이들 대부분은 이미 다른 사람의 충고 따위엔 관심을 기울이지 않아 좀처럼 외부의 설득이 먹혀들지 않는다. 문제 해결의 실마리는커녕 과거의 정해진 패턴에 얽매임으로써 오히려

가능성의 씨앗마저 짓밟아버리는 저항 세력으로 남을 가능성이 높다.

한 실험 결과가 이를 잘 증명하고 있다. 한 사무실 안에 성인 10명과 어린이 10명을 각각 모아 놓고, 지정된 문(door)을 열고 밖으로 나가는 데 얼마나 걸리는지를 조사해 보았다.

먼저, 성인들을 대상으로 사무실 문을 열고 나가는 시간을 측정했다. 그런데 1분, 2분, 3분이 지나도록 누구하나 밖으로 나가지 못하고 있었다. 그 이유는 한 가지. 이들은 지정된 문을 열 수 없었던 것이다. 아무리 문을 밀거나 당겨도 문은 조금도 움직이지 않았다.

이번엔 어린이들 차례다. 잠시 후 이들이 지정된 문을 열고 밖으로 나가는 시간을 측정했다. 대부분의 어린이들이 짧게는 수 초 길게는 십 수 초 안에 문을 열고 밖으로 나가 버렸다.

이러한 실험 결과를 두고 볼 때 당연히 힘도 세고 사회적 경험도 풍부한 성인들이 빨리 문을 열고 밖으로 나갈 것으로 예상했는데 결과는 정반대였다.

어떤 이유가 이런 결과를 초래했을까?

알고 보면 문제 해결의 실마리는 문 '손잡이'에 있었다. 사진과 같은 손잡이라면, 백이면 백이 손잡이를 한 손으로 쥐고 돌려 문을 밀거나 당기면서 열게 된다. 그러나 실험에 사용된 문은 손잡이를 쥐고 돌려 문을 밀거나 당기는 것이 아니었다. 그냥 손잡이를 쥐고 돌리고는 문을 옆으로 미는 슬라이드 형 출입문이었던 것이다.

문 '손잡이'의 모습

성인들 머릿속엔 사진과 같은 형태의 손잡이라면 이를 한 손으로 쥐고서 돌려 밀거나 당겨 문을 여는 것이 당연한 것으로 각인되어 있다. 그래서 문을 옆으로 밀어 열어야 한다는 생각은 어느 누구도 하지 못했던 것이다.

그 반면 성인과는 달리 부족한 사회 경험과 강한 호기심 등은 어린이들에게 자유로운 발상을 가능케 만들었다. 비록 사진과 같은 형태의 손잡이였음에도 밀거나 당겨 문이 열리지 않자 이번엔 옆으로 밀치게 된 것이다. 그래서 모두들 쉽게 문을 열고 빠져나올 수 있었다.

이처럼 풍부한 사회 경험과 그로인한 고정관념은 또 다른 상상력과 창의력 표출을 방해한다. 위의 얘기는 경험을 통해 축적된 예비지식은 그 영역 안에서 사고하기 쉽고 특히 창의적 발상이 필요한 경우에는 오히려 기억된 경험이나 지식이 장애물이 될 수 있음을 알려준다.

'아는 게 병!'이라는 말도 있듯 자신의 지식 혹은 경험만이 전부라는 생각은 창의적 사고의 큰 걸림돌이 될 뿐이다. 아이와 같은 유연한 생각이 필요하다.

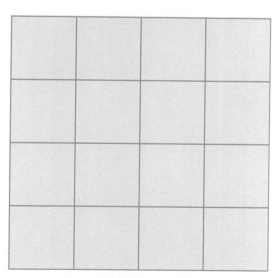

정사각형은 모두 몇 개일까? 30개? 아니다.

생각해
보기

경영은 전쟁이다!

전쟁과 경영학

〈전쟁론〉의 저자 '클라우제비츠'는, 전쟁이란 정치, 폭력, 우연의
삼위일체(三位一體)라고 말했다. 즉, 전쟁은 정치적 목적을 달성하기 위한 수단이자,
폭력을 사용해 자신의 의사를 상대에게 강제하는 것이며, 승패는 우연에 의해 좌우된다고
했다. 불확실한 상황 아래서 폭력을 통해 자신들의 정치적 목적을 달성하는 것이 전쟁의
본질인 셈이다. 전쟁의 '폭력적'인 요소를 기업의 생사를 건 치열한 경쟁으로 바꿔본다면,
경영(비즈니스)은 전쟁과 별반 다르지 않다.

인간과 전쟁

영국의 역사가 '토인비(Arnold Toynbee)'는 인류 역사의 발전은 '도전(挑戰)과 응전(應戰)'에 있다고 했다. 바로 절망이나 시련, 악조건을 인류 발전의 원동력이라고 본 것이다.

또한 역사의 아버지 '헤로도토스(Herodotos)'는 "이집트는 나일강의 선물이다!"라고 했다. 매년 예외 없이 겪게 되는 나일강의 범람은 태양력과 기하학, 건축술, 천문학의 발달을 촉진시키는 데 많은 공헌을 했다는 것이다.

이처럼 절망이나 시련, 재해나 고통 등 인류의 역사는 도전과 응전의 역사 그 자체였다. 그런 가운데 반드시 끼어드는 것이 패권을 다투는 전쟁이었다.

이라크에서 사망 이틀 전 로버트 프란츠 일병은 미국의 어머니에게 이런 내용의 편지를 썼다.

"어젯밤 누군가 우리에게 총격을 가했는데, 내가 있던 바로 앞 창문으로 총 알이 빗발처럼 날아들었다. 누군가가 나와 동료를 죽이려 한다고 느꼈을 때 그 들을 먼저 죽이고 싶다는 생각뿐이었다."

극한 상황에 몰린 한 인간의 두려움과 분노를 엿볼 수 있다. 그래서 전쟁은 인류가 고안해낸 것 가운데 가장 비극적 창조물임에 틀림이 없다. 전쟁은 지구상에서 일어나는 그 어떤 천재보다도 큰 피해를 가져온다. 그럼에도 유사 이래 인류가 전쟁을 멈춘 시기 는 거의 없다. 달리 해석하면 인류 역사 가운데 많은 경제 활동은 전쟁을 위한 비축과 정에 지나지 않았다. 또한 다가올 미래에 전쟁이 지구상에서 사라지리라는 보장은 누 구도 하지 못한다.

이처럼 인류의 역사는 전쟁의 역사라고 해도 좋을 만큼 탄생 순간부터 인간은 생(生) 과 사(死)를 넘나드는 참담한 전쟁에 몰두해 왔다. 어쩌면 인간의 DNA 속에는 전쟁과 평화를 동시에 갈구하는 인자가 깊숙이 박혀있는 것 같다.

전쟁의 승패는 참가자에게 삶과 죽음의 문제로 곧장 이어진다. 그런 탓에 선인들은 일찍부터 '어떻게 하면 전쟁에서 승리할 수 있을까?' 하는 물음에 해답을 제시하기 위 해 자신들이 가진 지혜를 총동원해야 했다.

게다가 전쟁은 이른바 사내답지 못하며 비겁하기까지 하다. 트로이전쟁은 그리스군 의 아킬레우스와 오디세우스, 트로이군의 헥토르와 아이네아스 등 숱한 영웅들과 신 들이 뒤엉키면서 무려 10년 동안이나 계속되었다.

마침내 그리스군은 난공불락 트로 이성을 함락하기 위해 계략을 꾸민 다. 커다란 목마(木馬)를 만들고 그 속에 용감한 그리스군을 숨겨 넣은 다음 어둠을 틈타 그것을 성 밖에 갖 다 놓았다. 그런 다음 그리스군은 배

를 타고 해안에서 먼 바다로 물러난다. 아침이 되자 트로이성의 시민들은 이것을 발견하고, 그리스군이 전쟁에 지쳐 물러간 것으로 알고 목마를 성안으로 끌어 온다.

그날 밤 트로이군은 10년 만에 맞는 평화를 만끽하며 모두들 편안한 마음으로 잠자리에 들었다. 목마에 숨어 있던 그리스군은 야심을 틈타 밖으로 나와 성문을 열었다. 그때 그리스군 함대는 돌아와 이미 군대를 성 밖에 매복시키고 있었다. 그리스군은 단번에 성안으로 쳐들어와 마침내 트로이성을 함락시킨다.

전쟁이란 이런 것이다. 전쟁은 깨끗하거나 정당한 것이 아니라 적의 뒤통수를 교묘히 치고 싸움을 유리하게 만들어 승리하는 것이다. 한편으론 사내답지 못한 비겁자로 비춰질 수 있으나, 역사를 거슬러 올라 보면 상대를 교묘히 속인 편이 대부분 싸움을 승리로 장식했다.

비즈니스는 전쟁이다

"한 사람을 죽이면 살인자가 되지만 수백만을 죽이면 영웅이 된다. 수가 전쟁을 신성화한다." _찰리 채플린

흔히 경영 혹은 비즈니스를 가리켜 전쟁에 빗대곤 한다. 한 마디로 생사를 건 일종의 '전쟁'이라는 것이다. 그럼, '전쟁이란 뭔가?'에 대해서도 정의할 필요가 있겠다.

"한정(限定)된 자원을 둘러싸고 벌이는 다툼"

러시아는 최악의 학교 인질사태와 끊임없는 테러로 고통을 겪으면서도 '체첸(Chechen)'에서 철수할 수 없다. 가장 큰 이유는 앞으로도 100년 이상 사용 가능한 풍부한 석유 자원이 체첸에 매장되어 있는데다 카스피해에서 흑해(黑海)로 이어지는 송유관 일부(약 150km)가 통과하고 있어, 체첸의 독립을 러시아로선 묵과할 수 없는 처

지에 있다.

중국 서부에 위치한 '신장웨이우얼(新疆維吾爾)' 자치구는 다른 지역과는 확연히 다른 종교(이슬람교)와 역사 배경을 가진 자치구다. 하지만 중국 정부는 이 지역의 독립운동을 결코 방관하지 않는다. 중국 내 55개 타민족의 연쇄독립운동 촉발을 우려하기 때문이다. 그와 더불어 이곳엔 엄청난 석유와 천연가스가 매장돼 있다는 사실도 잊어서는 안 된다.

미국이 인류평화를 위해 이라크를 공격한다고 했으나, 사실은 석유 때문이라는 것은 코흘리개 어린애도 다 알고 있다. 자유민주주의 수호나 인권 따윈 안중에도 없다. 전쟁 초기 프랑스나 독일 등이 미국의 눈총을 받으면서도 이라크와의 전쟁을 강력히 반대한 것은 자신들의 석유장사를 망치기 싫었기 때문이었다. 무고한 이라크 시민들의 희생을 우려한 자비심의 발로가 아니다.

전쟁은 불행히도 그 참가자들 모두에게 고통스러운 두 가지 선택을 강요한다. 하나는 상대의 피 묻은 머리통 하나를 들고 오는 것이고, 또 다른 하나는 자신이 머리 없는 몸통으로 들것에 실려 오는 것이다. 사자(死者)가 없는 전쟁이란 있을 수 없다. 이처럼 전쟁에서 죽음이란 등짐같이 항시 짊어지고 다니는 것일 뿐이다.

다만, 전쟁에서의 죽음은 국가, 민족, 조직에 있어 명예로운 전사로 추앙받는 한편 살인자는 영웅이 된다. 이것은 동서고금에 걸쳐 부정할 수 없는 엄연한 사실이다. 인간 존중이나 박애와는 차원을 달리하는 평가의 세계가 바로 전쟁이다.

비즈니스가 전쟁이라면 비즈니스에도 그 전쟁과 같은 상황이 연출되는 것은 당연지사다. 다른 점이라면 비즈니스에서의 실패는 '개죽음'이라는 것이다. 해당 기업(조직)은 시장으로부터 퇴출이라는 준엄한 심판과 쓰디쓴 고통을 맞보게 된다. 명예로운 전사로 추앙받거나 하는 일은 결코 없다. 그래서 실제 전쟁보다 더욱 치열할 수밖에 없다.

더불어 전쟁은 그것이 가져다줄 이익이 그로 인한 피해보다 훨씬 클 것이라는 계산과 대의명분 때문에 일어나는 것이다. 즉, 더 큰 파이(pie)를 위해 전쟁을 일으키는 것이다. 그런 관점에서 본다면 경영(학)이 추구하는 논리와 다르지 않다.

관점에 따라서는 '비즈니스(경영)는 전쟁이 아니다'라고도 할 수 있다. 이를 주장하는 이들이 내세우는 논리적 근거는 비즈니스와 전쟁이 가지는 요소 가운데 공통된 개념이 없는 경우가 있기 때문이라고 한다. 이를테면, 비즈니스의 고객이나 전쟁에서 적의 전멸과 같은 요소를 지적한다.

비즈니스의 목적이 고객 획득이고 전쟁의 목적이 적의 전멸이라면 양자는 서로 목적이 달라 일견 타당성이 있는 것처럼 여겨진다. 하지만 비즈니스의 진정한 목적은 고객 획득 그 자체가 아니라, 고객 획득을 통해 기업 이익을 추구하는 것이다. 전쟁 또한 마찬가지다. 적의 전멸이 진정한 목적이 아니라 이를 통해 본연의 정치적 이익을 취하기 위함이다.

클라우제비츠는 "전쟁은 다른 수단에 의한 정치의 연속"이라고 했다. 다시 말해 전쟁을 통해 적을 물리치는 것 자체가 목적이 아니라, 또 다른 목적을 추진하기 위한 하나의 수단으로 전쟁을 한다는 얘기다.

경쟁자를 조용히 잠재워라!

병법서 〈손자(孫子)〉의 가장 유명한 부분은 '싸우지 않고 이기는 것(不戰而屈人之兵 善之善者也)'이라는 철학이다. 가장 훌륭한 전략이란, 적의 책략을 꿰뚫고 그것을 사전에 봉쇄하는 것이고, 차선의 전략은 적을 고립시켜 싸울 의욕을 상실토록 만드는 것이며, 아군의 피를 흘리고서 쟁취한 승리라면 최저 승리라고 손자는 꼬집고 있다.

많은 사람들은 싸우게 된 경위를 이렇게 설명하며 그 당위성을 내세운다.

"싸움이 불가피했다."

"싸움 외에는 대안이 없었다."

"그래서 할 수 없이 싸웠다."

그러나 싸우는 것 이외에 더 이상 대안이 없었다면, 그 시점에 이미 전략적으로는 실패한 것이라 보면 된다.

피를 흘리지 않고 또 직접적으로 싸우지 않으면서 획득하는 승리가 진정한 승리이다. 물론 그로 인한 부차적 이익 역시 적지 않다. 실제로 기술의 승리, 경제적 승리, 정치적 승리와 같은 것이 직접적인 전투보다 훨씬 그 이익이 컸으면 컸지 적지 않다.

손자는 '병법서'임에도 불구하고 직접적인 싸움을 피하라는 다소 모순적인 내용에 비중을 두고 있다. 다만 한 가지 분명한 것은 손자는 반전주의(反戰主義)를 외치고 있음에도 군비가 불필요하다고는 얘기치 않는다.

군쟁(軍爭)편에 등장하는 것으로 '풍림화산(風林火山)' 또한 너무나도 유명하다. "기동할 때는 바람처럼, 고요할 때는 숲처럼, 치고 나갈 때는 불처럼, 움직이지 않을 때는 산처럼(其疾如風 其徐如林 侵掠如火 不動如山)"에서 비롯된 말이다.

이어 "숨을 때는 어둠 속에 잠긴 듯하고, 움직일 때는 벼락 치듯 하라(難知如陰 動如雷震)"고 한다. 또 "병력을 투입할 때는 돌로 계란 치듯 하라(如以下投卵)"고 병세(兵勢)편에 적어 놓았다.

결국 싸우지 않고 굴복시키는 것이 최선의 방법이지만, 일단 싸움을 벌였다면 가급적 빨리 끝내야 한다고 가르치고 있다. 그래야 쌍방의 불필요한 희생을 최대한 줄일 수 있기 때문이다. 충분히 납득이 간다.

나폴레옹의 백일천하를 무너뜨린 워털루 전투의 승자 웰링턴은 수천의 병사들과 친구를 잃었기에 결코 승리를 기뻐할 수 없었다. 그는 "패전 다음으로 가장 슬픈 일은 승전이다."라고 말했다. 이 전투에서 웰링턴 군대도 1만 5,000여 명의 사상자를 냈기 때문이다. 승리도 패배만큼 고통스럽고 비극적인 것이다.

경영도 마찬가지다. 자신의 기업이 가진 역량을 총동원해 경쟁자와 몇 개월 아니 몇 년에 걸쳐 맞서게 된다면 결국 시장에서 승리를 할지라도 이미 시장에 쏟아 부은 막대한 경영자원을 회수할 길은 사라진다.

싸우지 말고 경쟁 기업을 조용히 잠재워라!
가급적 영원히!

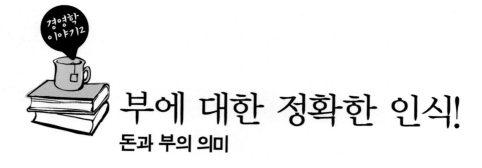

부에 대한 정확한 인식!
돈과 부의 의미

돈이 아무리 많아도 고급 승용차를 구입할 수는 없었다.
돈이 아무리 많아도 비행기를 타고 전 세계를 여행할 수는 없었다.
돈이 아무리 많아도 암이나 결핵 같은 중병을 고칠 수는 없었다.
적어도 옛날에는!
차도 비행기도 뛰어난 의술도 없었기 때문이다.
그럼 오늘날은?

바닷물과 같은 돈!

"돈이 싫어질 때도 있다."

누구나 한 번쯤 돈이 싫어질 때도 있다. 아마 이런 경우를 접할 때가 아닌가 생각된다. 젊은 친구들이 유흥비로 날려버린 카드빚을 갚기 위해 도둑이나 유괴 심지어 살인까지 하는 세태를 접하거나, 정치권 실세들이 차떼기나 사과상자에 든 썩은 돈을 먹고 배탈이나 검찰에서 줄줄이 불려가는 모습이 언론에 비춰질 때면 '대체 돈이 뭐기에' 하는 원망이 절로 나온다.

이 모든 것들이 결국엔 돈 문제로 귀결됨으로써 '돈이 싫어질 때도 있다'고 한 말이 오히려 돈의 필요성이나 그 가치만 더욱 강조하는 것처럼 들리기도 한다.

한편, 돈은 좇아가기엔 진절머리 나는 것이지만, 만나보기엔 아주 매력적인 존재라고 한다. 부가적인 설명이 불필요할 듯하다.

그런 돈은 바닷물 같다. 마시면 마실수록 더욱 갈증을 느끼기 때문이다. 분뇨(糞尿) 같다는 얘기도 있다. 쌓여 있으면 코를 찌르는 악취를 풍기지만, 밭에 뿌려지면 흙을 기름지게 한다는 의미에서다. 하지만 제 아무리 악취가 나도 필사적으로 껴안고 놓치려 하지 않는 게 돈에 대한 인간의 본능이다.

돈과 부에 관한 유명한 격언들을 몇 가지 소개해 보자.

- 돈이 나가면 정의도 움츠린다. _독일 속담
- 돈이 앞서가면 모든 길이 열린다. _셰익스피어
- 부자의 헛소리는 격언으로 통한다. _세르반테스
- 황금이 말을 하면 진실은 입을 다문다. _로마 속담
- 가장 큰 죄악과 가장 나쁜 범죄는 가난이다. _버나드 쇼
- 부란 현명한 자를 섬기지만 어리석은 자에게는 명령한다. _샤론
- 돈은 모든 사람이 그 앞에서 엎드리는 유일한 권력이다. _버틀러
- 부자가 전쟁을 일으키면, 죽는 것은 가난한 사람들이다. _사르트르
- 돈이 많으면 죄가 크다. 그러나 돈이 없으면 죄가 더욱 커진다. _러시아 속담
- 인생은 바다, 뱃머리는 돈이다. 돈이 없으면 제대로 살아갈 수가 없다. _베크헤를린
- 100만 원이 있으면 100만 원의 지혜가 생긴다. 돈이 모든 것의 밑천이다. _오오타니 요네타로
- 돈은 무엇보다 천한 것이지만 그래도 그것이 그리운 것은 그것이 인간에게 재능까지 부여하기 때문이다. _도스토예프스키
- 아버지가 누더기를 걸치면 자식은 모르는 척하지만 아버지가 돈주머니를 차고 있으면 자식들은 모두 다 효자가 된다. _셰익스피어

사실 만인에게 평등하다고 하는 법률도 부자에게는 특별대우를 한다. 하나도 틀리지 않았다. 죄를 저지른 사람이라 할지라도 일정액의 보석금을 지불하면 구류를 피해 석방될 수 있다. 하지만 가난뱅이 죄수에게는 법도 한 치의 인정이나 자비를 베풀지 않는다.

세상엔 가난할지라도 정신만은 행복하다고 주장하는 사람들이 있다. 과연 이런 사람들은 부자일까? 가난뱅이일까? 그리고 왜 그렇게 생각하는 걸까?

참고로 경험론자 베이컨은 "부를 경멸하는 사람이 있는데 그것은 부자가 될 가능성이 없기 때문이다."고 했다. 자본주의 체제를 살아가는 한 우리 모두에겐 부자 될 권리가 있다. 자본주의 체제의 의무이기도 하다. 경영학은 그 첫 삽을 뜨는 계기를 마련해 줄 것이다.

무바라크 퇴진 배경은 빵이다!

이스라엘과의 평화협정을 맺으며 국제무대에 두각을 나타낸 전임자 사다트 대통령이 반대 세력의 총구 앞에 쓰러지자 부통령으로서 권력을 승계한 무바라크는 30년간 이집트를 좌지우지해 왔다. 수년 전 그런 무바라크의 철권통치가 31년 만에 막을 내렸다.

그 배경에는 여러 가지 설(說)이 있으나 반정부 시위는 지난 2010년 러시아의 기상 이변으로 인한 최악의 가뭄이 도화선이 되었다.

130년 전 통계기록 이후 가장 강력한 폭염과 극심한 가뭄까지 겹치면서 드넓은 러시아의 흑해연안 밀밭은 땅이 갈라지고 곡창지대의 4분의 1이 엄청난 타격을 입었다. 세계 3위 곡물 수출국인 러시아 정부는 그해 8월 곡물과 밀로 만든 생산품의 수출 금지를 발표했다. 러시아 내 식품가격의 폭등을 막고 재고량을 늘리기 위해서는 곡물의 수출금지가 필요했다.

한편, 이집트는 연간 630만t의 밀을 수입하는 세계 최대의 밀 수입국이다. 특히 러시아 한 나라에서만 수입 물량의 60%를 들여오고 있었다.

러시아의 곡물 수출금지 조치에 이집트는 다른 수입처를 찾느라 비상이 걸렸으나 밀 작황이 나쁜 건 러시아만이 아니라 세계 최대의 밀수출국인 캐나다를 비롯해 주요 밀 수출국의 하나인 우크라이나 등의 상황도 마찬가지였다. 비가 한 사람에게만 내리지 않듯 지구온난화로 인한 기상 이변은 지구 전체 규모로 미친 까닭이다.

특히, 러시아에서 생산하는 밀은 부드러워 누룩을 사용하지 않고 빵을 만드는 중동 국가들이 주요 고객이었다. 때문에 러시아에서 가장 많은 양을 수입하는 이집트는 식량 수급에 대한 불안감이 확산되고 있었다. 급기야 미국에까지 손을 내밀었지만 가격 폭등으로 결과는 여의치 않았다.

당시 이집트 사람들의 주식인 밀의 재고량은 넉 달 분량을 보유하고 있어 그 해 연말까지는 버텼으나 이윽고 재고물량이 소진되면서 밀반죽을 화덕에 구워낸 '아이쉬(Aysh)' 가격은 급격하게 치솟았다. 무바라크가 권력을 유지하려면 먼저 이집트 국민들에게 아이쉬 만큼은 안정적으로 공급해야 했다.

하지만 이번엔 지구온난화로 인한 최악의 작황으로 그게 불가능했다. 이에 이집트는 정치 및 사회 불안에 빠져

들었고 마침내 반정부 시위로까지 이어졌다.

실제로 2011년 새해부터 발화되기 시작한 이집트의 반정부 시위는 원래 빵에서 시작되었다. 길거리로 쏟아져 나온 사람들의 입에서 곧장 '무바라크 퇴진'이 등장한 게 아니었다. 곡물가격이 오르면서 이를 원료로 하는 각종 식료품 가격이 상승했고 중간상인들이 사재기를 하는 등 서민들의 고통이 가중되면서 "빵을 달라!"던 구호가 점차 "자유를 달라!"고 변모된 것이다.

이처럼 무바라크의 퇴진은 30년에 걸친 철권통치에 대한 억압과 분노임엔 분명하나 그 단초를 제공한 것은 지구촌을 엄습한 지구온난화라 하겠다.

식량이 가장 강력한 무기로 등장하고 있는 요즘, 곡물 자급률이 26%밖에 안 되는 대한민국은 괜찮은 걸까?

1950년 말 한국 전쟁이 한창이던 그 무렵, 태백산맥 줄기를 타고 함백산 절벽들 속에 자리 잡은 아늑한 낙원 '동막골'. 마을 사람들은 전쟁이 일어난 줄도 모른 채 서로 상부상조하며 평화롭게 살아간다. 그러던 중 어떤 일을 계기로 국군, 인민군, 연합군이 동막골에 모이게 되고 그로 인해 동막골은 극도의 긴장감 속으로 빠져든다.

영화 '웰컴 투 동막골'은 관객 800만 명을 넘어 지난 2005년도 최고의 흥행작으로 뽑혔다. 전쟁이라는 대립과 긴장감, 여기에 산골의 소박함이 어우러져 한층 재미를 돋구어준다. 게다가 영화 속의 대사도 이른바 깊은 여운이 묻어난다.

호기심 가득 찬 인민군 장교가 동막골 촌장에게 묻는다.

"위대한 영도력의 비결은 뭐요?"
"머를 마이 매기야대지, 뭐!"

그렇다. 촌민들이 무엇이든 배불리 먹을 수 있도록 한 것이 동막골에 평화가 자리 잡게 된 가장 큰 배경이었던 셈이다. 인간의 가장 기본적인 욕구 가운데 하나인 '먹고사는' 문제가 얼마나 중요한지를 의연 중에 암시하고 있다.

기본이론
Management Theory

경영학의 핵심 건드리기!

경영학의 장르

오늘날 자본주의 체제를 살아가는 방법에는 두 가지가 있다.
하나는 '경영학' 지식을 제대로 습득한 삶이며,
또 하나는 그렇지 못한 삶이다. 전자는 자본주의 고유 목적인
부(富)를 한껏 취해 풍요로운 삶을 누리는 반면,
후자는 힘겹고 빈(貧)한 삶을 이어간다.

경영학의 인기 비결!

'경영학!'

그 인기의 끝은 어디일까? 앞에 붙은 '경영'이라는 단어만큼이나 그 인기와 위상은 실로 대단하다.

먼저, 일전 사회에서 활동하고 있는 직장인 대상으로 이루어진 여론조사 결과를 살펴보자. 교육의 기회가 주어진다면 '어떤 분야의 공부를 하고 싶은가?' 하는 질문에 많은 직장인들은 '경영 관련 분야'라고 답했다. 또 대학 진학을 눈앞에 둔 고교생(남자)들에게 '가장 선호하는 학과는 어딘가?'라는 질문에 '경영학과'를 맨 먼저 꼽고 있었다. 이처럼 대한민국 사회 곳곳에서 경영이나 경영학의 인기와 위상은 날로 높아만 가고 있다.

이러한 인기 배경엔 경영학은 그 이름처럼 매력적(선진적)이며 어떤 학문보다 실용적일 것이라는 막연한 이미지도 한 몫 했을 듯싶다. 더불어 IMF 외환위기가 불러온 급속한 고용 시장의 변화, 그리고 10년 뒤인 2008년의 미국발(發) 금융위기는 우리 사회 전

반에 걸쳐 돈(money)이나 부(富)에 대한 의식변화도 함께 가져와 일반인들도 차츰 경영(경영학)이란 장르에 관심을 가지게 된 때문으로 풀이된다.

격심한 오늘날의 사회 변화는 그 구성원들에게 과거와 미래의 단절(斷絶)을 강하게 촉구하고 있다. 과거의 분석을 통해 미래를 예측할 수 없고 설령 예측했다고 해도 새로운 가치 창조로의 연장선 위에 있지 않는다는 이유 때문이다.

이른바 과거는 과거일 뿐, 과거는 미래의 창(窓)이 아니다. 다가올 미래는 과거와는 전혀 색다른 대단히 생소한 것이다. 이런 사실들은 갈수록 경영 현장에서 다양하게 목격되고 있다. 과거의 구조가 미래의 구조를 예측하는 중요한 요인(factors)이 되는 회귀분석(回歸分析)형 사고에서 하루 빨리 탈피해야 한다. 그 때문에 경영학은 더욱 많은 주목을 받고 있다.

경영과 경영학의 정의!

우리들이 별 생각 없이 사용하는 각종 단어의 앞뒤엔 '경영'이라는 말이 자연스럽게 따라붙는다. 이를테면, '○○경영'이라거나 '경영○○', '경영학적 ○○' 따위가 대표적이다. 사용자의 의식 여부와 무관하게 경영(학)은 이미 우리들 일상 속에 깊숙이 자리 잡고 있다.

그럼에도 '경영' 혹은 '경영학'이란 얘길 끄집어들면 모두들 자신과는 일정한 거리가 있는 다소 까다롭고 고차원의 전문지식이나 이론이 요구되는 영역으로 받아들인다.

여기에는 '경영'이나 '경영학'이라고 하면 적어도 대기업의 최고경영자나 행정자치단체의 수장, 관련 전문가 정도는 되어야 접할 수 있고 탐독할 것 같은 이미지나 편견이 강하기 때문이 아닌가 싶다.

사실 일상생활 가운데 맞닥뜨리는 무수한 과정 과정은 모두 경영 혹은 경영학적 발상을 통해 선택되고 이루어진다. 나와 무관한 것도 반드시 고차원의 전문지식이나 난해한 이론이 필요한 것도 아니다.

그럼, 경영학에서 수없이 언급되는 기본 골격 '경영'이란 무엇일까? 이에 대한 대답은 아마 현직의 기업 경영자나 학자(전문가), 관련 연구자 등 그 수만큼이나 다양하게 존재할 것이다.

조직이론의 대부 '바나드(Chester Irving Barnard)'는 경영이란 조직을 구성하고 운영하는 것이며 동시에 '의사결정'이라 규정하고 있다.

또 시중에 나와 있는 각종 경영학 원론(개론)서에 실린 '경영'에 대한 정의를 요약하면 이렇다.

> "가용(可用) 자원의 효율적인 활용과 치밀한 '의사결정'을 통해 조직 목표를 달성해 가는 일련의 모든 활동."

한 마디로 '경영(經營)'이란 조직을 효율적으로 이끄는 데 필요한 의사결정을 내리는 행위라고 해도 과언은 아니다. 그리고 '경영학(經營學)'은 그러한 의사결정을 보다 합리적으로 할 수 있도록 오랜 기간 축적된 노하우와 과학적인 방법, 그리고 현실성을 기초로 리더 및 구성원들에게 그 해법을 제시하는 이론적 도구(tools)라 할 수 있다.

오늘 점심은 뭐로 할까?

사안에 따라 빵 한 조각으로 간단하게 때울 수도, 혹은 고즈넉하게 여유를 부리며 스테이크를 자를 수도 있는 것이 우리네 점심이다. 그런 점심이지만 오늘 뭘 먹을 건지를 한번쯤 고민한 적이 있다면, 이미 우리들은 '경영'을 몸소 체험한 것이나 다름없다. 이런 이유 때문이다.

- 먼저 내가 오늘 뭘 먹고 싶은지?
- 오늘 날씨와 음식 궁합은 맞는지?

● 주머니 사정은 괜찮은지?

● 식사 시간은 넉넉한지?

● 식사를 같이 할 동료(상사)의 취향은 어떤지?

● 이동 시간은 적절한지?

● 소화(건강)나 기타 컨디션(알러지)에 문제는 없는지?

이런 내용들은 순식간에 떠올리고 결정해야 한다. 식사 후 곧바로 회의가 잡혀 있다면, 스피드가 생명인 중국집에 전화를 걸어 짜장면으로 점심을 해결하려 할 것이다. 면이 왠지 거북하다면 간단히 햄버거와 커피 한 잔으로도 때울 수 있다.

오전 근무나 시간도 넉넉하고 주머니 사정도 괜찮다면 닭갈비에다 막걸리 한 잔 곁들이며 동료들과 여유로운 식사도 생각할 수 있다.

아침부터 비가 주룩주룩 내리고 몸도 여기저기 쑤시고 조금 어시시하다면 얼큰한 해물탕이나 매콤한 감자탕 집으로 발길을 옮길지도 모른다.

한 국가를 이끌어가는 최고통수권자의 장기적인 정책 판단이나, 기업의 생사가 걸린 최고경영자의 치밀한 의사결정 과정에만 경영학 지식이 필요한 것은 아니다. 우리 일상에서 맞닥뜨리는 개개인의 아주 사소한 판단과 선택에서부터 국가경영에 이르기까지 경영학 지식은 활용될 수 있다.

분명한 것은 경영학을 모르고서는 '21세기의 미래상'이니 '조직의 생존'이니 나아가 '부(富)의 축적'이니 하는 논의는 사상누각에 지나지 않는다.

이제 경영학은 자본주의를 살아가기 위한 생존 지침서요, 부의 축적을 앞당기는 지름길이며, 살아 움직이며 현실을 반영하는 역동적 학문이다. 나아가 음악이나 미술, 체육, 종교 등 지금까지 거의 무관하다고 여겼던 영역에서도 경영학 지식의 필요성이 대두되고 있다. 경영학은 어느새 현대인의 교양필수로 다가와 있다.

다루는 주요 영역!

경영학에는 여러 장르가 있다. 개별 장르의 지식을 통해 기업 운영과 관련된 체계적이고 전문적인 지식은 물론이고, 조직을 둘러싸고 벌어지는 각종 사례나 실용적인 내용들을 습득할 수 있다.

경영학 영역이라고 하면 굉장히 넓은 것 같기도 하지만, 크게 본다면 다음의 다섯 가지 핵심 장르로 분류할 수 있겠다.

- 마케팅(Marketing)
  : 제공하는 제품과 서비스의 이미지 등을 널리 알리기 위한 핵심 도구
- 경영전략(Strategic Management)
  : 조직의 비전과 성장 그리고 생존을 위한 치밀한 청사진
- 인사조직(HRM & Organization)
  : 조직 구성원들을 파악하고 동기유발을 일으키기 위한 지침서
- 생산관리(Production Management)
  : 제공하는 제품과 서비스를 보다 효율적으로 창출키 위한 설계도
- 재무회계(Finance & Accounting)
  : 조직의 자원(돈) 관리와 그 흐름을 원활케 하는 나침반

이러한 다섯 가지 핵심 장르의 기능이 유기적인 조화를 이룰 때 비로소 경영이 가능해진다. 어느 한 가지라도 부실한 기능을 하게 되면 전체적인 균형이 깨지면서 한 쪽으로 기울어질 수 있다. 그렇게 되면 조직은 무너진다. 다름 아닌 경영 실패를 의미한다.

나아가 조직 내부의 문제만이 아니라, 기업 경영에 직·간접적으로 많은 영향을 미치는 정치와 경제, 문화의 분석도 경영학의 중요한 연구 대상이 된다.

기업 경영의 발전 형태와 그 역사를 다루는 '경영사', 산업의 기반을 떠받치고 있는 '중소기업', 기업 및 시장의 글로벌화에 따라 '국제경영'도 경영학의 중요한 장르 가운데 하나다.

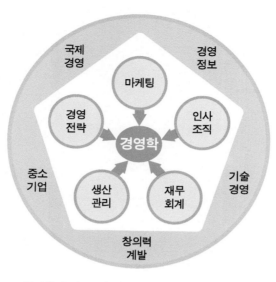

경영학의 핵심 장르

아울러 최근에는 인공지능(AI)과 사물인터넷(IoT), 로봇 등 제4차 산업혁명과 관련된 첨단 지식 및 노하우가 기업 경영에 필요 불가결해지고 있어 경영정보(MIS)와 기술경영 (MOT), 창의력 계발 관련 과목 등이 많은 주목을 받고 있다.

경영학을 꿰어야 풍요로운 삶을 보장 받을 수 있다.

생각해
보기

경영의 유래를 더듬다!

경영의 어원(語源)

'경영학'의 최종 목적지는 어디이며, 또 그 출발점은 어디일까?
이에 대한 논리적인 대답을 위해선 먼저, '경영(經營, Management)'의
어원부터 살펴보아야 한다. 각종 경영학 원론(개론)서를 뒤져 보았으나,
그에 관해 언급하고 있는 자료를 발견할 수 없어 직접 더듬어 보았다.
그냥 한 번 가벼운 마음으로
읽어보길 권한다.

군기 이야기

한반도를 거쳐 일본 땅에 전래된 한자(漢字)는 오랫동안 일본 내에서 사용돼 오다가 메이지유신(明治維新, 1868년) 초기 서양에서 영어가 들어오면서 새로운 환경에 직면한다. 당시 일본의 선각자들은 고뇌를 거듭하며 영어를 한자로 바꾸는 명명(命名) 작업을 하게 된다.

이를테면 'Science'는 科學(과학)으로, 'Philosophy'는 哲學(철학)으로 명명하게 되는데, 이 때 'Management'는 經營(경영)으로 이름 붙여지게 되었다. 한자의 발원지 중국에는 당시 존재하지 않았던 말들이다.

일본의 대표적인 국어사전〈일본국어대사전〉에서 '경영'의 의미를 찾아보면, 다음과 같은 설명들이 등장한다.

① 경계를 치고 토지를 마련해 건물을 세우는 것.
(縄(なわ)を張り土台をすえて建物をつくること.)

② 일체 사물의 근본을 정해 사업을 행하는 것.

(ものごとのおおもとを定めて事業を行うこと。)

③ 일체 사물의 준비와 그 실현을 위해서 최선을 다해 노력하는 것.

(物事の準備やその實現のために大いにつとめはげむこと。)

④ 뜻밖의 일 등을 만나 갑자기 당황하는 것.

(意外なことなどに出會って急ぎあわてること。)

⑤ 궁리하면서 시와 문장 등을 만드는 것.

(工夫して詩文などを作ること。)

⑥ 왕래하는 것, 여기저기 돌아다니는 것.

(往來すること、めぐり歩くこと。)

오늘날 우리들이 사용하고 있는 '경영'의 의미는 ②에 한정된다고 해도 과언이 아닌 듯싶다. 위 사전에서 ②를 보다 상세히 살펴보았다.

● 정치, 공적인 의식, 비영리조직의 운영을 계획하여 실행하는 것.

● 회사, 상점, 기관 등 주로 영리적, 경제적 목적을 위해 설치된 조직체를 관리·운영하는 것.

여기에 대한 추가 설명이 뒤따르고 있는데, 먼저, '정치, 공적인 의식, 비영리조직의 운영을 계획하여 실행하는 것'의 용례(用例)로는 14세기 후반 일본 남북조시대(南北朝時代)의 군기에 관한 이야기(軍記物語)에 "즉위 대례는 세상 경영에 있어 승려·일반인의 광경과는 비교할 수 없기 때문에"[1]와 같이 등장하고 있다.

앞의 문장을 통해 이해할 수 있는 것은 이미 14세기경 일본에서는 경영이라는 단어를 '다스린다'는 의미로 사용하고 있다는 점이다.

---

1) ご卽位の大禮は、四海の經營にて緇素(しそ)の壯觀比すべき事なければ。

그리고 "회사, 상점, 기관 등 주로 영리적, 경제적 목적으로 설치된 조직체를 관리·운영하는 것"의 용례는 〈화류춘화(花柳春話)〉(1878~1879)라고 하는 책에 "한 집안의 주인이 되어 사업을 경영하지 않는 사람은 없다"[2]라고 쓰여 있어 현재 우리들이 사용하고 있는 영어의 'Management'와 일맥상통하고 있음을 알 수 있다.

육법(六法)

전혀 다른 분야에서 경영이라는 단어가 사용된 경우도 있다. 산수화의 수준을 판단하는 기준 가운데 하나가 바로 경영이라는 것이다.

경영(經營)의 어원을 4세기 후반 중국의 남제사혁(南齊謝赫)이라고 하는 사람이 〈고화품록(古畵品錄)〉에서 주창한 '육법(六法) : 산수화의 수준을 가리는 기준'의 하나라고 했다.[3]

육법이란, '기운생동(氣韻生動)', '골법용필(骨法用筆)', '응물상형(應物象形)', '수류부채(隨類賦彩)', '경영위치(經營位置)', '전이모사(轉移模寫)'의 여섯 가지다.

「氣韻生動」(氣韻生動是也 : 생동감이 있는가)

「骨法用筆」(骨法用筆是也 : 붓을 제대로 사용하고 있는가)

「應物象形」(應物象形是也 : 조형이 제대로 표현되고 있는가)

「隨類賦彩」(隨類賦彩是也 : 색채는 좋은가)

「經營位置」(經營位置是也 : 배치는 좋은가)

「轉移模寫」(轉移模寫是也 : 모사가 잘 되어 있는가)

산수화의 수준을 가늠하는 용어 가운데에 경영이라는 용어가 사용되고 있어 조금 의외라는 느낌마저 들기도 한다. 하지만 배치가 제대로 되고 있는지를 가늠한다는 의미에서 현대의 경영(management)과도 흡사한 뜻을 지니고 있다.

---

2) 一家の主人となり、事業を經營せざる者なし。

3) http://kei.diamond.co.jp/column/5.html

측량과 시행

경영이라는 단어는 원래 측량이나 공사를 의미하는 말로 사용되었으며, 그것이 점차 비즈니스를 의미하는 단어로 고착되었다는 것이다.

다시 말해, "경영은 원래 국가의 도읍을 정하면서 성곽, 사당, 궁궐, 시장 등의 위치를 미리 계획에 따라 측량하여(經) 공사를 시행하는 것(營)을 뜻하는 말이었다. 철저한 사전 계획과 측량에 따라 정비된 계획도시를 세웠던 셈이다. 그러다 보니 경영이라는 말은 자연히 방침을 정하고 기초를 설정해 필요한 사업을 일으키고 키워 나간다는 의미로 쓰이게 되었다"[4]는 지적이다.

시경(詩經)

국내의 또 다른 자료(웹사이트)를 추적해 보았더니 위의 설명들과는 그 배경이 색다른 부분에서 경영이라는 말이 쓰이고 있었다.

경영(經營)이란 말은 경(經)과 영(營)이 합해진 단어이다. 經이란 원래 배를 짜는 밑실을 가리키는데, 그 실은 처음부터 끝까지 변치 않으므로 변하지 않은 것에 대하여, 예를 들면 경서(經書)처럼 經이라고 하였다. 그러면서 또한 무엇을 이루어 나간다는 의미로도 쓰게 되었다. 경영이라는 말은 〈시경(詩經)〉에 처음 나타난 것으로 보인다. 시경의 "대아(大雅)"편 가운데 '영대(靈臺)'라는 제목의 시를 보면 다음과 같은 구절이 있다.

經始靈臺(경시영대 : 영대를 재기 시작하여)

經之營之(경지영지 : 재면서 또 표하니)

庶民攻之(서민공지 : 많은 사람들이 지어서)

不日成之(불일성지 : 하루도 안 되어 이루어졌네)

---

4) http://www.dongeui.ac.kr/~chinese/study/study_hanja.htm

여기에 나오는 영대(靈臺)란, 지붕이 없는 높은 집으로 일종의 관람대이다. 여기서 '경지영지(經之營之)'가 바로 경영이란 말의 처음인 듯한데, 무엇을 재보고, 잰 것을 표시하고 하는 것이 바로 경영이다[5]라고 했다.

불교 용어

'경영'이란 단어는 불교에서 유래된 용어라는 지적도 있다.

"경(經)은 진리, 영(營)은 영위한다는 뜻으로 경영이란 진리를 깨닫고 그것을 실천해 나가는 것"[6]이라고 일본의 불교용품 전문기업 '하세가와(http://www.hasenet.co.jp/company/ gaiyo.htm)'의 하세가와 유이치(長谷川裕一) 사장은 설명한다.

봉사하다

경영(經營)이라고 하는 말의 어원은 이 정도에서 멈추고, 이번에는 영어 'Management'의 어원에 대해서도 살펴보기로 하자.

Management의 'Man'은 라틴어 'Hand(손)'에서 유래되고 있다. 인간의 훌륭한 손재주가 발휘되는 것이 Management, 즉 경영인 모양이다.

또 경영을 'Management'라는 영어 표현 이외에 'Business Administration'이라는 단어도 함께 사용하고 있다. 여기서 'Administration'은 행정한다(Administer)는 말로 라틴어 'Administrare'에서 온 것으로써, 어원은 라틴어의 'Ad + Ministrare'이다. 그 의미는 봉사한다(to serve)라는 뜻으로부터 유래된 것이다[7]는 설명도 있다.

---

5) http://pro-web.suwon-c.ac.kr/~seunghye/hanja/thema_33.html

6) http://www.donga.com/fbin/searchview?n=200205160212

7) http://song3052.hihome.com/moksin.htm

기업이 기업으로서 수행해야 할 대표적인 책무 가운데 하나가 '사회적 공헌(책임)'이다. 그러한 측면에서 본다면, 기업 경영자는 비즈니스를 통해 '봉사한다(to serve)'라고 하는 경영의 어원을 충족시킬 수 있도록 평소 힘써야 할 것 같다.

'경영'의 어원

출전	등장 시기	내용
군기 이야기(軍記物語)	14c 후반	즉위 대례는 세상 경영에 있어 승려·일반인의 광경과는 비교할 수 없기 때문에
화류춘화(花柳春花)	19c 후반	한 집안의 주인이 되어 사업을 경영하지 않는 사람은 없다.
육법(六法)	4c 후반	배치는 좋은가(經營位置是也)
측량과 시행		계획에 따라 측량하여(經) 공사를 시행하는 것(營)
시경(詩經)		재면서 또 표하니(經之營之)
불교 용어		경(經)은 진리, 영(營)은 영위한다.

지금까지 경영의 어원에 대해 더듬어 보았는데, 정확히 그 출발점이 어딘지 꼭 집어 단정하기는 어렵다. 다만, 독자들은 '경영'이란 두 글자의 출발점을 두고 이처럼 다양한 해석이 존재한다는 점도 염두에 두었으면 한다. 그만큼 경영은 심오(深奧)하다는 의미다.

이런 경영자를 원한다!

경영자와 경영학

한 직장인이 입사 30년 만에 대망의 사장 자리에 오르게 되었다.
취임식이 끝난 후 전임 사장은 그에게 봉투 세 개를 슬며시 내밀며
경영이 어려울 때 차례로 열어보라고 했다.
1년 뒤 경영 위기가 다가왔다.
전임 사장의 당부를 떠올리며 첫 번째 봉투를 열게 되었다.
"모든 걸 전임 사장 탓으로 돌리시오."
전임 사장을 안주삼아 씹어가며 위기를 무사히 넘기는가 싶더니
또 다시 위기가 닥쳐왔다. 그래서 두 번째 봉투를 뜯었다.
"인원 감축을 단행하시오."
대대적인 정리해고를 통한 슬림화로 경영 위기를 겨우 넘겼다.
몇 년 뒤 다시 위기가 닥쳐 마지막 하나 남은 봉투를 열게 되었다.
"당신도 이제 봉투 세 개를 마련하시오."

경영자의 능력!

그대가 떠올리는 '경영자'의 모습은 어떤가?

경영자라고 하면, 흔히 으리으리한 빌딩 최고층에 위치한 사무실에서 높은 등받이 의자에 몸을 기댄 채 근엄한 표정으로 아랫사람들에게 지시 내리는 모습을 떠올리기 쉽다. 특히, 육중한 배는 빠질 수 없는 사장의 이미지다.

실제로 1970, 80년대까지만 해도 아랫배가 불룩하게 나온 사람(배불뚝이)을 가리켜 '사장'이라거나 '인격'이라거나 하며 부러워했다. "이 설움 저 설움 해도 배고픈 설움이 제일"이란 말도 있듯 배라도 나와야 사람 체면이 서던 궁핍한 시기였다.

덕분에 각종 드라마나 만화, 잡지 등에 등장하는 사장의 캐릭터는 이랬다.

우선 헤어스타일은 기름진 올백에다 윤기가 자르르 흐르는 얼굴하며, 쭈뼛 튀어나온 입 사이엔 예외 없이 이쑤시개가 물려져 아래위로 널뛰기를 하고 있었고, 오른손은 연신 튀어나온 아랫배를 '통통' 두드리며 자신의 부(富)를 강조하는 것이었다.

당시 우리의 어려운 경제상황에서 불룩 배나올 만큼 잘 챙겨먹을 수 있는 사람은 분명 돈 많은 사장이라야 가능한 일이었다.

이제 세상이 바뀌었다. 요즘 속칭 똥배 나온 사람이라면 진급은커녕 해당 조직에서 퇴출 1호로 지목되는 것이 현실이다. 구성원들이 배가 나올 만큼 게으르고 한가하다면 그 조직이나 기업의 현재 상황은 묻지 않아도 될 듯싶다. 또 근엄한 표정보다는 다정한 얼굴로 직원들과 수시로 소통을 꿈꿔야 한다.

흔히 '경영자' 혹은 '사장'이라 부르는 사람 가운데는 몇 십만 명 단위의 종업원을 거느리고 있는 세계적 대기업에서부터 몇 십 명 혹은 몇 명 단위의 중소 영세기업에 이르기까지 실로 다양하다.

그 연령대 또한 80살의 산수(傘壽) 사장에서 불과 20살의 약관(弱冠) 사장까지 그 폭도 넓다. 최근엔 10대 사장도 가끔 얼굴을 내민다. 하지만 모든 조직에 반드시 필요한 존재가 경영자다.

또 경영자라고 하는 의미만큼이나 그 능력의 차이도 천차만별이다. 국제적으로 그 능력을 인정받아 '글로벌 경영자'로 자리매김한 사장이 있는 반면, 평생 종업원 몇 명에다 여러 번 부도 위기까지 몰려가며 허름한 공단의 한 모퉁이에서 근근이 수지를 맞춰가는 영세기업의 무명(無名) 사장도 있다.

일반적으로 '유능한 경영자'란 어떤 사람을 가리키는 걸까? 그 능력에는 크게 세 가지 정도를 꼽을 수 있을 것 같다.

① 고독을 이겨내는 능력
② 명확한 의사결정 능력
③ 타인을 신뢰하는 능력

고독을 이겨내는 능력

경영자는 의사결정 가운데 경험하는 '고독(孤獨)'을 받아들이고 이겨낼 수 있는 도량이 필요하다. 중대한 의사결정을 타인으로부터 자문 받는 경우는 있지만, 마지막 결론은 언제나 경영자 혼자서 내려야 한다.

굳이 고독을 추구하거나 고독을 좋아할 필요는 없지만, 의사결정 과정에서 일어나는 고독으로 인해 최종 결론이 결코 동요하거나 해서는 안 된다.

반민주적이라 비난 받을지 모르겠으나 경영 행위를 다수결 원칙과 합의를 통해 결정 짓는 것은 분명 문제가 있다. 그러한 행위는 경영자로서 행하는 경영과는 거리가 있다. 합의와 다수결로 이루어진 의사결정엔 책임 소재가 불분명하기 때문이다.

기업이 행하는 행위는 고객과 거래처, 종업원, 나아가 지역사회에 대한 책임이 반드시 따르게 된다. 그리고 경영자는 스스로가 행하는 사업에 대해 모든 책임을 지지 않으면 안 된다. 그러므로 모든 경영 행위가 합의와 다수결로 의사결정이 이루어져서는 안 된다. 경영 행위는 민주주의를 추구하지 않는다.

명확한 의사결정 능력

경영자가 내리는 의사결정은 명확해야 한다. 즉, '분명'하고 '간단'해야 한다. '분명'하다고 하는 것은 이를테면 '할지(Yes)' 혹은 '안 할지(No)'와 같은 것이고, '간단'하다는 것은 그 의사결정에 따르는 구성원들이 그 결정을 쉽게 이해할 수 있어야 한다는 뜻이다. 그러자면 변화하는 환경 속에서 객관적 자료를 추출해내고 이를 논리적으로 분석한 뒤 선택과 집중을 분명히 해 방향성을 제시할 수 있어야 한다.

경영자의 태도가 명확하면 주변 사람들도 신뢰를 하게 된다. 신뢰를 밑바탕으로 조직 구성원들이 움직인다면 성과는 반드시 따르게 마련이다.

또 경영자의 의사결정이 명확하다는 것은 한번 내린 결정과 추진에 대해 일관성이 있다는 것으로도 해석할 수 있다. 사람에 대한 신뢰는 그 사람의 사고와 행동의 일관성을 기반으로 생겨나는 것이다. 행동의 일관성은 장래 행동을 예측할 수 있어 "저 사람은 신뢰할 수 있다."라고 하는 근거가 된다. 따라서 경영자의 의사결정은 분명하고 간단하며 일관성이 있어야 한다.

타인을 신뢰하는 능력

〈명심보감〉에 이런 말이 있다.

> "疑人莫用 用人勿疑(사람이 의심나거든 쓰지 말고, 일단 썼으면 의심하지 마라.)"

해당 분야의 전문가에게 과감히 일을 맡길 수 있는 사람이 진정한 경영자다.

큰 틀에서의 의사결정은 경영자가 내린다할지라도 세부적인 것까지 전부 그렇게 할 수는 없다. 특히, 사업 규모가 커지게 되면 세부적인 의사결정은 담당자와 현장에서 이루어지게 마련이다. 그렇게 되면 이번에는 중요한 의사결정을 얼마만큼 타인에게 맡길 수 있을지 여부가 경영자 역량이다.

즉, 제품 컨셉이라면 디자인 담당자에게, 설계라면 연구개발자에게, 생산이라면 생산 담당자에게, 홍보라면 마케팅 담당자에게, 판매라면 영업 담당자에게와 같이 각 분야의 담당자가 스스로 책임을 지고 과감히 추진할 수 있도록 보조하는 사람이 유능한 경영자라는 것이다.

경영자 역량은 그 사람이 얼마만큼 능력이 있는가 하는 것보다는 다른 사람에게 얼마만큼 과감히 일을 맡길 수 있는지, 그리고 이를 통해 다른 사람의 힘을 얼마만큼 이끌어 낼 수 있는 지로 평가받는다. 이것은 얼마만큼 '사람을 신뢰할 수 있는가?' 하는 것과 깊은 관계가 있다.

경영자는 이런 사람이어야 한다!

토끼 한 마리가 이끄는 사자 무리보다는, 사자 한 마리가 이끄는 토끼 무리가 훨씬 더 강력한 군대가 될 수 있다.

세상엔 독불장군이 없다. 기업 경영자라면 무엇보다 타인의 머리를 빌릴 수 있어야 한다. 다른 사람의 의견을 적극 청취해야 한다. 또 그런 분위기를 만들고 스스로 유도해야 한다. 경영자의 기침 한 번에 종업원들이 감기 걸릴 분위기라면 그 조직의 미래상은 불을 보듯 뻔하다.

스코틀랜드에서 태어나 가난 때문에 미국으로 이민 온 집안의 아들 '앤드류 카네기(Andrew Carnegie)'는 아메리칸 드림을 실현시킨 대표적 인물이다.

방적공에서 시작해 세계 최대의 갑부가 된 카네기는 훗날 '철강왕'이란 별칭까지 얻었다. 별칭은 카네기가 27살이던 1862년, 피츠버그시에 철도 레일 공장을 세운 뒤 1875년 철강회사를 차려 떼돈을 번 그에게 붙여진 것이다.

카네기의 사회 공헌 정신은 지금도 경영자의 철학으로 면면히 이어지고 있으며, 건강한 기업가정신의 본보기가 되고 있다. 그의 묘비명(epitaph)을 통해서도 경영자의 이상적인 모습을 발견할 수 있다.

카네기와 그의 묘비

Here lies a man who was able to surround himself with men far cleverer than himself. (자기 자신보다도 더 현명한 사람들을 주변에 모여들게 하는 능력을 가진 한 남자가 여기에 잠들다.)

이 묘비명은 카네기 자신이 생전에 직접 준비해둔 문구라고 하는데, 치열하고 복잡한 현대사회를 헤쳐 나가는 경영자의 참모습을 간결하면서도 명확히 규정한 것으로 평가받고 있다.

또한 경영진의 사고나 판단에 문제가 있다고 생각될 경우, 이를 과감히 지적할 수 있는 자율적인 조직 내 분위기도 중요하다. 첨예한 현안을 결정할 때 CEO를 사이에 두고 관련 담당자들은 서로 간의 문제점을 꼬집으며 치고받을 수 있어야 한다. 필요하면 멱살잡이도 해야 한다.

앤디 그로브 인텔의 전 회장은 이런 형식을 '창조적 대립'이라 부르며 적극 장려하기도 했다. 정(正)과 반(反)이 존재할 때 비로소 훌륭한 합(合)이 도출될 수 있다. 이게 어쩌면 경영의 정도(正道)가 아닐까!

'추종자' 혹은 '신봉자'란 뜻을 가진 단어 'Follower'는 '돕다'거나 '후원하다'는 의미의 독일 고어(古語) 'Follaziohan'에서 유래한다고 한다. 그 어원(語源)대로 정의한다면 'Follower'란 '리더에게 반드시 필요하거나' 혹은 '리더가 갖지 못한 그 무언가를 갖추고 있는 파트너'라고 하겠다.

이처럼 자기 자신보다 뛰어난 사람(파트너)들을 끌어들여 그들이 가진 재능을 최대한 발휘할 수 있는 적절한 여건과 환경을 마련해 주는 것이 진정한 경영자다.

경영자에게 필요한 기능은?

다소 원론적 얘기로 돌아가 보자. 인사관리 교과서에 얘기하는 경영자에게 필요한 기능(skill)은 다음 세 가지다.

- 기술적 기능 (technical skill)
- 인간관계적 기능 (human skill)
- 개념적 기능 (conceptual skill)

기업 규모가 작은 경우는 전문지식과 기술 등 이른바 '기술적 기능'만으로도 사업이 번창할 수 있다. 어느 정도 종업원과 거래처가 늘게 되면 '인간관계적 기능'이 요구되는데 동기부여, 갈등관리 등의 능력이다. 또 조직과 역할분담이 가능하게 되면 이번엔 '개념적 기능'이 필요한데 경영관리 활동을 조정, 통합하는 등의 기술이다.

날로 복잡다단해지고 있는 오늘날에는 인맥형성과 다양한 거래처 관리, 노동조합과의 협력과 같은 '정치적 기능(political skill)'이 새롭게 요구되고 있다.

특별한 사람이 경영자는 아니다. 특별하게 되려고 노력하는 사람이 진정한 경영자다.

누워서읽는 **경영학원론**

기업, 네 정체가 뭐냐?

기업의 존재 의의

오늘날 우리 사회는 역동적인 기업 활동을 통해
보완·유지되고 있으며, 우리들 일상생활 역시
기업과 떼려야 뗄 수 없는 관계에 놓여있다.
그래서 경영학을 이해하는 것은 바로
기업의 본질을 이해하는 것이고,
나아가 우리 사회와 일상 삶을
꿰뚫는 것이다.

기업이란 뭘까?

경영학 관련 교재 속에 가장 많이 등장하는 단어(單語)로는 어떤 게 있을까? 이전에 경영학을 한 번이라도 접했거나 원론서를 긁적거린 적이 있다면 곧바로 답이 튀어 나온다.

'기업!'

그렇다. 기업은 경영학의 주요 연구 대상이다. 그럼 기업이 뭔지에 대해서도 알아야 한다. '기업'에 대한 사전적 정의는 매우 다양하다. 이를 간단히 정리하면 이렇다.

"영리추구를 목적으로 제품 및 서비스를 생산해 판매하는 개별경제의 단위"

기업을 의미하는 영어 Company의 어원을 보자면, Com은 '함께'라는 의미이며, Pan

은 라틴어로 '빵(밥)'을 의미한다. 모두 함께 잘 먹고 잘 살자며 만든 조직이 기업임을 어원을 통해서도 다시금 확인할 수 있다.

이번에는 '기업'의 한자 '企業'에 대해 알아보자. 먼저 기(企)는, 사람인(人) 아래에 멈출지(止)로 구성되어 있다. 다음으로 업(業)이란 글자는, 불교의 기본적 개념인 범(梵, karman)을 의역한 것으로 '행위'를 의미한다. 한자대로라면, 기업이란 사람이 없으면 멈춰서는 존재이기에 인재가 가장 중요하다고 하는 것이다.

이를 바탕으로 기업이란 두 글자를 해석해보면, 어떤 일을 추진하기 위해서는 앞 만 보고 곧장 나아가는 것이 아니라 이따금씩 멈춰 늘 자기반성과 복기(復棋), 그리고 주위를 둘러보는 여유와 냉정함을 동시에 가져야 한다는 의미를 담고 있다. 더불어 그런 행위의 주체는 바로 기업인(企業人)이라는 것이다.

그럼 현실적으로 접근해보자. 기업(회사)이라는 것은 무엇보다 '돈을 벌기 위해' 만들어진 조직이다. 이론(異論)의 여지는 없다. 기업은 돈을 벌기 위해 무엇인가를 만들고, 그것을 누군가에게 팔아야 이익(돈)을 남길 수 있다. 그 이익을 통해 기업 구성원(경영자, 종업원)은 재생산을 위한 에너지를 확보하게 되고, 기업은 더 많은 부를 내부에 축적해가며 지속적 성장을 거듭하게 된다.

기업은 벌어들인 돈의 일부를 '재투자(再投資)'라는 경영 행위를 통해 한층 더 늘리고 불린다. 그런 다음 또다시 기업에 투자하는 과정을 끊임없이 반복한다. 이러한 기업의 생산 활동을 가리켜 전문 용어로 '확대 재생산'이라 부른다. 그리하여 기업 규모가 커질수록 확대 재생산 규모 또한 커지게 마련이다.

기업이 뭔가를 만들어 시장에 내다 파는 제품에는 반드시 특정 모습을 갖춘 '유형(有形)' 제품만 있는 것은 아니다. 목욕탕에서 때를 밀고, 찜질방에서 마사지를 받고, 노래방에서 쌓인 스트레스를 풀고, 대학에서 경영학 관련 교육을 받는 것과 같이 그 형태가 없는 '무형(無形)' 서비스 판매 역시 제품 가치로 인정받는다.

우리들의 생활 중심인 집이나 자동차, 음식 등 어떤 형태가 있는 제품들을 가리켜 '재화(財貨)'라고 하며, 목욕탕이나 찜질방, 노래방, 대학 등에서 제공하는 것 가운데 그 모습이 없는 제품을 가리켜 '용역(用役, 서비스)'이라 부른다.

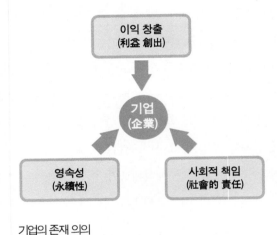

기업의 존재 의의

'이익 창출'을 해야 한다!

기업의 가장 큰 목적은 이익을 창출하는 것이다.
그 의무를 소홀히 하는 기업은 더 이상 기업이 아니다.

생(生)을 이어가야 하는 인간에게 절대적으로 필요한 것에는 두 가지가 있다. 하나는 배를 채울 '빵'이고 다른 하나는 영혼을 채울 '자유'다. 두 가지 모두 인간에게 있어 필요불가결한 것이지만 여기에도 분명 우선순위는 있다.

오늘만이 아니라 내일도 살아가야할 인간의 절대적 소명으로 본다면, '빵'이 우선이다. 그 다음이 '자유'다. 여기에 사족(蛇足)을 달 자는 아무도 없다. '금강산도 식후경'이라는 우리네 속담처럼 그 누구도 '빵보다 자유를 달라'는 허튼 소리는 하지 않는다. 본시 빵으로 배를 채워 허기를 달래지 못하고서 자유란 입에 담을 수도 없기 때문이다.

기업도 마찬가지다. 오늘만이 아니라 내일도 살아가야 한다는 절대적 소명이 기업에게 부여된다. 그러자면 기업은 무엇보다 '이익 창출'을 해야 한다. 이는 바로 인간의 빵에 해당한다. 이익을 내지 못하는 기업은 기업으로서의 존재 의의를 이미 상실했다고 보면 된다. 인간에겐 생을 연명할 빵이 필요하듯 기업에겐 이익이 절대적으로 필요하다.

더불어 경영자의 적극적인 이익 추구 행위야말로 기업을 기업으로서 유지시키는 강한 원동력이다. 경영자의 이익 추구에 대한 관점은 크게 네 가지로 분류된다.

● 적정 이익 (fair profit)
  : 투자자의 투자의욕을 불러일으키는 데 필요한 이익
● 필요최적 이익 (required minimum profit)
  : 기업이 존속되고 유지하는 데 필요한 최저 수준의 이익
● 만족 이익 (satisfactory profit)
  : 기업의 욕구수준에 따라 결정되는 이익
● 극대 이익 (maximum profit)
  : 기업 및 경영자의 목적은 바로 이익 극대화

위의 네 가지 가운데 일부 이해관계자들로부터 강한 반발을 불러올 수 있는 '극대 이익'의 개념은 유감스럽지만 접어야 한다.

일찍이 드러커는 말했다. "이익이란 사업을 계속하기 위한 미래 비용이다. 이익 극대화는 의미가 없다. 이익은 기업과 기업 활동에 있어, 목적이 아니라 제약조건이다." 기업의 극대 이익 추구에 쐐기를 박고 있다.

오늘날 기업 및 경영자는 기업의 장기적인 유지, 존속, 발전이 가능한 영역 안에서 '필요 최적 이익' 혹은 '적정 이익'을 추구하기에 이르렀다. 경영자 입장에서 보자면 극대이익 추구가 가장 이상적이라고 할 수 있으나, 기업도 사회의 일원이기에 지나친 이익 추구는 비난 대상이 될 수 있다.

우리들이 매일 아침 따끈한 밥을 챙겨먹고 자동차로 직장에 출근해 컴퓨터 모니터 앞에 앉아 자판기를 두드리며 커피를 마실 수 있는 것은, 농민과 자동차회사, 컴퓨터회사, 커피회사 사장의 무한한 자비심 때문이 아니다. 단지 이들 개별 기업의 이익 추구 행위 때문이다. 이러한 개별 기업의 철저한 이익 추구 행위는 우리 사회 나아가 국가 전체 이익으로 이어지게 된다.

'영속성'이 있어야 한다!

근대경제학의 창시자인 '앨프리드 마셜'은 한 기업 내에서 기업가 정신이 쇠퇴하게 되는 것은 피할 수 없는 운명이라고 했다. "창업자의 수명은 짧다. 그가 재능을 최고로 발휘할 수 있는 기간은 더욱 짧다. 경영권은 활력이나 창의력에서 창업자만 못한 자의 손에 넘어가게 된다. 이는 사기업의 수명을 재촉하는 자연법칙이다."

투자자(주주)로부터 적게는 몇 만 원, 많게는 몇 십억 아니 그 이상의 자금을 끌어모아 설립된 주식회사(株式會社)가 어느 날 갑자기 도산을 한다면 어떻게 될까? 주주들의 알토란같은 자금은 모두 허공으로 날아가 버린다.

이런 이유로 기업은 영원히 존속해야 한다고 하는 명제를 수반한다. 그것이 바로 '영속기업(going concern)'의 개념이다. 그래야 투자자는 안심하고 자신들이 가진 자금을 기업에 투자할 수 있기 때문이다.

우리말의 '장사'에 해당하는 말이 일본어로는 '商賣(しょうばい, 쇼우바이)'인데, 이를 'あきない(물리지 않는다, 아키나이)'로도 읽는다. 즉, 장사는 아무리 오랫동안 하더라도 결코 물리거나 하지 않는다는 의미로 해석된다. 역설적으로 비즈니스(장사)는

어느 순간에 그만두는 것이 아니라 물릴 때까지 영원히 지속하라는 말로도 들린다. 그런데 어쩌겠는가. 돈벌이는 결코 물리거나 하지 않는다고 하니, 영원히 계속해야 할 듯하다.

하지만 세상 어디에도 영원한 것은 없다. 있다면 '영원한 것은 없다'는 말만 영원할 따름이다. 애플의 전 CEO 스티브 잡스가 자서전에서 밝혔듯이 '영속성 있는 회사'는 모든 창업자들의 소망이다. 하지만 현실은 녹록치 않다. 오랜 기간에 걸쳐 후계 경영자를 교육하고 길러낸 기업들 가운데서도 실패하는 사례가 심심찮게 나온다. 기술과 시장 트렌드 변화가 심한 정보기술(IT) 분야는 특히 그렇다.

MS는 빌 게이츠 창업주가 스티브 발머 CEO에게 경영을 맡긴 이후부터 조금씩 사세가 위축되었고, 스타벅스는 2000년 하워드 슐츠 회장이 물러난 뒤 회사가 어려워지자 8년 만에 다시 경영에 복귀하기도 했다. 일본 소니도 공동 창업주인 이부카 마사루와 모리타 아키오 회장에 이어 사령탑에 오른 이데이 노부유키 전 회장 무렵부터 내리막길을 걷기 시작했다.

그래도 '영속성 있는 회사'를 만들려면 후계자 준비가 필요하다. 100년 기업 GE는 그 어느 기업보다 앞장서 경영 승계 프로그램을 마련했고, 다소 간의 부침이 있긴 했지만 한 세기 넘게 살아남았다. 잭 웰치 전 GE 회장은 "리더의 가장 중요한 역할은 차기 후계자를 양성하는 것"이라는 유명한 말을 남겼다. GE는 다양한 부서와 직급에서 20~25명의 CEO 후보를 지속적으로 뽑아 수년 동안 리더십과 위기관리 능력, 판단능력 등을 교육한 뒤 최종적으로 1명을 선발해 경영을 맡긴다.[8]

한편으로 얼마 전까지만 해도 기업의 평균 수명은 약 30년 정도라고 했는데, 오늘날엔 10여 년을 버티기가 버거울 정도다. 인간의 평균 수명이 80세를 넘어 100세 인생으로 가고 있는 요즘이지만 기업의 수명은 반대로 짧아지고 있다. 정보통신 붐을 타고 생긴 벤처기업처럼 출발 당시는 대단히 번창하고 엄청난 이익을 창출할 것처럼 여겨졌으나, 불과 2~3년을 버티지 못하고 수많은 기업들이 흔적도 없이 사라졌다.

---

8) 한국경제(2011.10.26).

지난 30년 동안(1965~1995) 전 세계 100대 기업 생존율은 38%이고, 미국기업은 21%, 일본기업은 22%의 생존율을 보이고 있다. 이 기간 동안 한국의 100대 기업 생존율을 보면 16개 기업만이 계속 100대 기업 순위에 포함되고 있으며, 10대 기업 가운데 계속 10대 기업 순위에 포함된 기업은 하나도 없었다.[9]

미국 포브스가 100대 기업 리스트인 '포브스 100'을 처음 발표하고 70년이 지난 시점에서 되돌아봤더니 겨우 18개만 남았더라는 얘기는 유명하다. 아직까지 살아남은 기업 가운데도 지금까지 평균 이상 성장을 지속하는 곳은 GE가 유일하다. 포춘지 선정 세계 100대 기업의 평균 수명도 30년 정도에 불과하다는 통계가 있다. S&P 500대 지수에 처음 포함됐던 기업들을 봐도 40년 뒤 74개 기업만 살아남았고, 그나마도 실적이 형편없어진 곳들이 대다수였다.[10]

시장 현실은 그렇다 치더라도 기업 경영자는 자신의 회사가 끊임없이 성장, 영속할 수 있도록 경영에 최선을 다해야 한다. 또 실제로 100여 년을 경과해도 일류 기업으로 굳건히 자리매김하고 있는 경우도 많다.

미국의 상업은행 시티뱅크(City Bank)는 100년 이상 경과한 지금도 전 세계 금융시장에 많은 영향력을 행사하고 있다. 일본의 스미토모(住友)가 400년, 미국의 듀폰(Dupont)이 200년 가까이 세계적 기업으로서 장수를 누리고 있다.

지식 정보화와 글로벌화로 대변되는 21세기의 기업 수명에 대해 혹자는 5년 아니 3년이라는 주장을 제기하기도 한다. 기업 수명이 평균 30년이란 표현은 이미 사어(死語)가 되어 버렸다. 이는 기업의 경영 환경이 얼마나 빠르게 변화하는지를 단적으로 표현해 주는 말이 아닌가 싶다.

그러나 기업이 영원한 존재이길 바란다면, 사회와 고객의 욕구(needs)에 맞추어 스스로를 바꾸어 가야 한다. 기업은 사회가 필요로 하는 욕구를 충족시키기 위해 존재하는 것이 목적이며, 이익은 그 존속을 보증 받기 위한 제약조건에 지나지 않는다는 주장에도 귀 기울일 필요가 있다.

---

9) 삼성경제연구소.

10) 한국경제(2011.10.5).

누워서읽는 경영학원론

더불어 이익을 내야하는 기업 입장에선 단시간에 최소의 노력으로 최대의 효과를 얻고자 한다. 그 때문에 자연히 위법이나 편법과 같은 주위의 유혹으로부터 자유롭지 못하다. 하지만 바로 이러한 유혹은 기업의 영속성을 방해하는 치명적 요소다. 이젠 이름조차 희미한 수많은 기업들이 '한순간의 유혹' 때문에 실패의 나락으로 빠져들어 패가망신했음을 잊어서는 안 된다.

'사회적 책임(CSR)'이 수반된다!

기업의 사회적 책임은 크게 세 가지 방향에서 바라볼 수 있다. 법적·윤리적 측면과 경제적 측면 그리고 마지막으로 지역사회 및 환경에 대한 사회적 측면이 그것이다.

기업이 시장에서 영원한 존속을 보장받기 위해서는 무엇보다 이익을 창출해야 한다. 그렇다고 반사회적 행위를 통해 무작정 돈만 벌어서도 안 된다. 우선 정당하게 벌어야 되고, 벌어들인 돈의 일부를 '사회 환원'이라는 이름으로 되돌려 줄 수 있어야 한다. 즉, 벌기만 잘해서도 안 된다. 쓰기에도 모범을 보여야 한다. 이처럼 기업은 '사회적 책임(Corporate Social Responsibility)'도 충실해야 할 의무를 지닌다.

지인(知人) 일본인 교수에게서 들은 얘기다. 연구를 위해 일본기업들을 대상으로 설문지를 돌리면, 그 회수율이 다른 한국이나 외국에 비해 높다고 한다. 이유는 설문지에 대한 응답도 일종의 사회적 책임 혹은 공헌으로 생각하기 때문이란다.

자본주의 체제가 성숙될수록 기업의 사회적 책임은 더욱 커진다. 이러한 책임이야 말로 반사회적 행위를 통해 돈을 벌어들이는 범죄조직과 기업의 결정적 차이점이라 보면 된다.

그 대가로 기업은 사회적 권력을 가진다. 오늘날 잘나가는 기업 삼성전자나 현대자동차 등을 보라. 사회적으로 엄청난 영향력을 지닌다. 증권시장에서 이들 기업이 기침을 하면 수많은 기업들은 감기에 걸리고 주주들은 폐렴에 걸려 줄줄이 병원으로 실려 간다.

한편으로 기업의 사회적 책임론에 대해 비판적 의견도 만만치 않다. 기업은 법률이 규정하는 범위 내에서 조직의 한정된 자원을 활용해 주주에 대한 이익을 최대화하는 사업에 종사하고 있다. 다시 말해, 기업은 주주에 대한 경제적 책임만을 가지며, 그 이외에 관해서는 법률에 위임해야 한다는 것이다. 이 얘기는, 'Business of Business is Business.(기업의 사업은 수익을 올리는 것이다.)'라는 말로 간단히 대변될 수 있겠다.

사회적 책임론에 대한 반대론의 대표에는 경제학자 '밀턴 프리드먼(Milton Friedman)'이 있는데, 그는 "법이 어떤 형태로 존재해야 할지의 판단은 정부에 맡기면 된다. 수익이 높은 비즈니스는 새로운 고용을 발생시킴과 동시에 오너와 사원의 생활수준을 향상시킴으로써 사회에 도움을 준다. 기업은 정부의 사회적 행위를 지탱하는 세금을 내고 있지 않은가…"라고 했다.

기업의 사회적 책임

사회성(社會性)	고품질, 저비용의 제품과 서비스를 효율적으로 제공해야 한다.
공익성(公益性)	기업 이윤은 공익적 성격을 가지며, 이해관계자에 대해 공평하게 배분할 책임이 있다.
공공성(公共性)	기업도 사회 일원으로서 사회 규범을 준수할 책임이 있다.(법령준수, 환경보존, 공해 방지, 반사회적 행동 금지)
긍정(肯定)	기업의 존재는 사회에 큰 영향을 미치기 때문에 영리목적 이외에 사회의 다양한 문제에 대해서도 적극적이며 자율적으로 공헌해야 한다.(기업의 이윤 추구는 목적의 하나에 지나지 않음)
부정(否定)	기업은 납세 등을 통하여 사회 시스템의 일부분을 담당하고 있으며, 기업 경제활동의 합리화, 즉 이윤 추구가 최종적으로 사회에 대한 공헌이라는 견해이다.

얼마 전 한국경제TV의 여론조사에서 '기업의 이윤은 어디로 가야 하는가'란 질문에 응답자의 50.2%가 '사회 환원'을, 35.6%는 '직원'을 꼽았다. '주주'는 불과 9.5%에 머물렀다.

그런데 가만히 생각해보라. 기업은 이윤을 낼 수도 있고 손실을 내고 망할 수도 있다. 그 위험은 모두 주주가 부담하는데, 이윤이 날 때도 직원과 사회가 다 가져간다면 누가 기업을 만들거나 투자하겠는가!

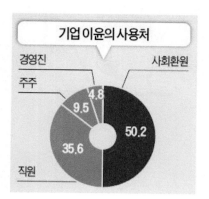

"기업의 목적이 부(富)의 사회 환원이라고 가르쳐서는 안 된다. 기업은 우선 부가가치(附加價値)를 창출하는 것이 사회에 기여하는 길이다."(박용성 전 대한상공회의소 회장)

기업의 목적은 이윤 창출에 있는데 각종 교과서에서는 사회 환원을 너무 강조한다는 재계(財界) 불만이 담긴 메시지다. 사실 지나친 사회적 책임론만 강조하다보면 예상치 않게 우리 국민들 사이에 반기업적 정서가 생겨날 수도 있다. 또 기업에 대한 주인의식이 사라질지도 모른다. 기업이 지속적 이윤 창출을 통해 발전하는 과정에서 일자리가 생성되고 국가 경쟁력이 높아진다.

더불어 기업은 사회 속에서 태어나 사회 속에서 존속하며 활동한다. 그러므로 기업은 단지 경제적 활동에만 머물러서는 안 되며 사회로부터의 다양한 요구를 수용하고 이에 부응할 의무가 있다. 이는 '기업시민(corporate citizen)'으로서의 당연한 책임이자 의무라 하겠다.

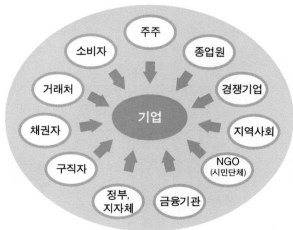

기업을 둘러싼 이해관계자(stakeholder)

이익 창출, 영속성, 사회적 책임은 기업이 기업임을 인정받는 가장 큰 잣대다.

생각해
보기

기업에게 주어진 막중한 책임!

기업의 사회적 책임(CSR)

글로벌 청바지 제조업체 리바이스 제품에는 '찬 물로 세탁, 자연 건조, 필요 없는 청바지는 기부하세요' 라는 라벨이 붙어 있다. 지구환경을 지키자는 의미에서다. 글로벌 식품업체인 네슬레의 경영진들은 의사결정을 할 때 기업이윤뿐 아니라 그 결정으로 사회에 미치는 영향과 공공 가치를 함께 고민한다. 열대우림을 훼손하는 원재료를 활용한 제품 생산을 중단하기도 했다. 글로벌 유통업체인 테스코는 월마트 등 경쟁 대형마트에 비해 공정무역 제품을 많이 취급하고 있고 이것의 중요성을 소비자들에게 인식시키려는 노력을 펼치고 있다.

'CSR'과 기업 경쟁력!

'기업의 사회적 책임'이 경제 및 사회 분야의 최대 이슈로 떠오르고 있다. 최근 국내에서도 대·중소기업 동반성장 등 기업의 사회적 책임이 강조되는 추세다. 기업의 사회적 책임은 단순히 기업 이익의 사회 환원 차원에 그치지 않고 지속가능한 성장을 위한 필수적 경영 이슈로 부각되고 있다.

기업은 '이익을 내고 이를 통해 고용 창출과 납세 의무를 충실히 수행했으면 사회적 책임을 다했다'는 종전 기업의 사회에 대한 책임 개념이 오늘날 크게 바뀌고 있다. 이제 기업은 환경이나 인권, 지역사회 등에 대한 책임도 함께 짊어져야 한다.

기업의 사회적 역할과 담당해야 할 책임은 기업의 리스크 회피와 브랜드 가치 향상, 우수한 인재 확보, 시장의 평가 등과 맞물림으로써 점점 더 중요한 요소로 부상하고 있다.

기업의 사회적 책임은 선진국과 국내 학계 및 재계 일각에서 진작부터 CSR (Corporate Social Responsibility) 또는 '지속 가능 발전 기업' 등의 용어로 널리 알려져 있다. 이는 재벌기업(총수)의 이익을 사회에 환원한다는 차원을 넘어서, 기업 활동의 전 과정을 아우르는 개념이다. 즉 소유지배 구조와 사업행태, 고용 창출·안정, 노동·인권 문제, 환경 문제, 부의 환원과 재투자, 사회적 통합 및 지속 가능 경영 등 기업 활동 전반을 포괄한다.

이러한 CSR에 관한 논의는 미국과 유럽, 일본기업을 중심으로 발전해 왔으나 글로벌화로 인해 국내기업의 사회적 역할에 대한 기대감도 점차 높아지고 있다.

누워서읽는 경영학원론

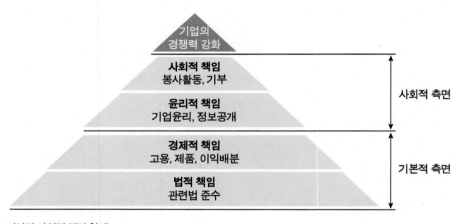

기업의 사회적 책임 확대

과거 기업의 주요 역할로는 종업원을 고용하고 이익을 창출하고 세금을 내는 등의 경제적(經濟的) 측면이 중요시 되어 왔다. 그러나 사회에 대한 기업의 영향력 확대로 인해 종래의 경제적 측면에 더해 사회적(社會的) 측면에서의 기대와 역할도 증가하고 있다.

CSR은 관련법 준수와 경제적 책임 등 기업 활동의 기본적인 측면은 물론이고 기업윤리와 사회 봉사활동, 기부와 같은 사회적 책임을 추가함으로써 최종적으로는 해당 기업의 경쟁력 강화로 이어진다는 장점도 있다.

세계 표준화 작업

사회적 책임에 관한 경영시스템(management system)을 구축하기 위해 CSR에 관한 규격 제정이 이뤄지고 있다. 국제표준화기구(ISO)의 주도 아래 CSR을 세계 표준으로 계량화한 작업이 대표적이다.

ISO는 지난 2010년 11월 ISO 26000, 즉 사회적 책임 국제 표준(guidance on social responsibility)을 제정했다. ISO 26000은 지배구조, 인권, 노동, 환경, 공정운영, 소비자, 커뮤니티 참여 및 개발 등 7대 핵심 주제에 대해 통합적인 국제표준을 제시하고 있다. 사회적 평판과 시장의 평가를 통한 검증이라는 점에서 기존의 '인증'보다 더 큰 구속성과 파괴력을 가질 수 있다. 사회적 책임이 더 이상 특정 단체나 비정부단체(NGO)에 국한된 사안이 아니라는 인식이 보편화되고 있다.

CSR이 세계 표준화 대상으로까지 된 발단은 지난 2001년부터 미국 엔론의 분식회계(粉飾會計)와 회계법인 아서 앤더슨의 엔론 관련 서류 파기, 세계적 스포츠용품 생산업체(나이키, 아디다스 등)의 어린이 노동 착취 시비 등이 터져 나오면서 금융기관들이 투자기업의 도덕성을 투자 결정의 주요 지표로 활용하면서이다.

2015년 9월 발생한 독일의 대표적 자동차 기업 폭스바겐(VW)의 배기가스 조작사태는 전 세계인에게 큰 충격과 실망을 안겨주었다. 이 사태를 계기로 폭스바겐에 대한 소비자들의 신뢰는 일시에 무너졌으며 세계 각국에서 민·형사 소송이 벌어지고 있다. 미국 환경보호청(EPA)이 낸 민사 소송에서 폭스바겐은 11조 원 이상의 보상금 제공에 합의했다. 사회적 책임을 다하지 않은 기업이 어떤 어려운 상황에 직면할 수 있는지를 폭스바겐 사태는 여실히 보여준다.

국내로 눈을 돌리면, 가습기살균제 사건에 대한 검찰 조사가 2016년에야 비로소 시작되었듯 ISO 26000과 관련해 정부의 소비자보호정책도, 기업의 사회책임도 제대로 작

누워서읽는 **경영학원론**

동되지 않고 있다.

한편으로 금융기관들이 '사회적 책임 투자(SRI, social responsibility investment)'의 개념에 눈뜨게 되면서, SRI는 미국, 유럽, 일본 등 선진국을 중심으로 급속히 퍼져나가 정착되고 있다.

사회적 책임을 다하는 기업의 이익은 앞으로 더욱 늘어날 것이고, 사회와 국가, 국민경제에 대한 기여도 또한 높아질 것이다. 기업의 사회적 책임은 세계 표준이자 '다함께 행복한 사회'의 필수조건이자 기업의 생존조건이 될 것이다.

기업의 위상과 CSR

CSR의 필요성을 기업의 영향력(규모) 측면에서 접근해 보자. 먼저, 한 나라의 경제 규모를 나타내는 GDP(국내총생산) 규모를 보자. IMF 자료에 따르면, 미국이 18조 5,581억 달러로 단연 1위였으며 다음으로 중국이 11조 3,830억 달러, 일본 4조 4,126억 달러, 독일 3조 4,678억 달러, 영국 2조 7,610억 달러, 프랑스 2조 4,648억 달러 순이었다. 한국은 1조 3,212억 달러로 캐나다(1조 4,623억 달러)에 이어 11위에 올랐다.

이런 가운데 국내 대표기업 삼성전자의 매출액(2016년) 규모는 무려 201.9조 원에 달했다. 다시 말해, 한국 GDP의 15% 규모에 해당하는 엄청난 매출액을 삼성전자라고 하는 기업 하나가 올렸다는 얘기다. 또 현대자동차도 매출액 93.6조 원을 기록해 한국 GDP의 7%에 해당하는 규모다. Top2 기업의 매출액을 합산하면, 한국 GDP의 4분의 1 수준에 근접한다.

특히, 삼성전자는 2016년 매출액 201.9조 원 가운데 영업이익이 29.2조 원, 2017년 1분기엔 매출액 50.5조 원에 영업이익 9.9조 원, 2분기엔 매출액 61조 원에 영업이익 14.1조 원, 3분기엔 매출액 62.1조 원에 영업이익 14.5조 원이라는 역대 최고 기록을 세웠고 4분기엔 또다시 이 기록을 갈아치울 것으로 보인다. 더해 국내 상장 종목 시가(時價)총액의 약 20%를 삼성전자가 차지하고 있어 그 영향력 또한 상상을 초월한다.

GDP 규모(2016년)와 삼성전자 및 현대자동차 매출액(2016년) 비교

순위	국가 (기업)	GDP (달러)
1	미국	18조 5,581억
2	중국	11조 3,830억
3	일본	4조 4,126억
4	독일	3조 4,678억
5	영국	2조 7,610억
6	프랑스	2조 4,648억
7	인도	2조 2,887억
8	이탈리아	1조 8,487억
9	브라질	1조 5,348억
10	캐나다	1조 4,623억
11	한국	1조 3,212억
한국 No.1	삼성전자(2016)	매출액 : 201조 8,667억 원
한국 No.2	현대자동차(2016)	매출액 : 93조 6,490억 원

자료 : GDP 규모는 International Monetary Fund.

이 정도 규모의 거대한 기업이 눈앞의 이익에만 몰두해 있다면 그 사회나 국가는 과연 어떻게 될까? 기업의 영향력은 이미 지구의 환경문제와 빈익빈 부익부의 확대 등 다양한 분야로까지 확산되고 있는 실정이다. 이로 인해 기업들은 자신의 위상에 걸 맞는 사회적 책임도 함께 요구받기에 이르렀다.

끝으로, ISO 26000은 법적 규제도 아니고 인증을 받는 규격도 아니며, 단지 사회적 책임 경영에 대한 가이드라인만을 제공한다. 그러나 이 규격은 향후 기업들에게 지속 가능한 성장을 위한 최소한의 기준을 제시하고 있다는 점에서 그 의의는 매우 크다.

누워서읽는 경영학원론

생각해
보기

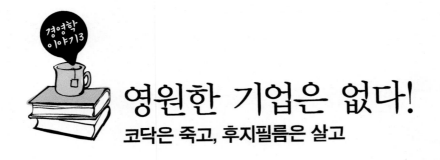

영원한 기업은 없다!

코닥은 죽고, 후지필름은 살고

영원한 강자도 존재도 없다.
일본 자동차가 미국의 빅3를 능가하리라고는 예상하지 못했다.
마찬가지로 삼성이 감히 소니를 따라 잡으리라고는 상상도 못했다.
누구에게나 기회는 다가온다. 상대가 자멸하든 스스로 따라잡든.
모두 긴장하라.

필름 제왕 코닥에게 닥친 위기!

현재 시장에서 자취를 감춘 필름카메라! 디지털카메라 이상으로 필름카메라의 추억은 많은 이들의 뇌리에 선명하다. 그 특성상 사진을 뽑아보기 이전엔 어떤 일이 벌어질지 모르는 게 필름인지라 그로 인한 에피소드는 차고 넘친다.

카메라의 필름은 한때 전 세계에서 오로지 4개 사만 생산할 수 있는 첨단 제품이었다. 여기에 우리나라는 끼지도 못했다. 미국의 코닥, 독일의 아그파, 일본의 후지필름과 코니카의 과점 시장이었다.

특히, 코닥은 1970년대 미국 필름 시장의 90%, 카메라 시장의 85%를 차지할 만큼 압도적인 시장 지배력을 소유하고 있었다. 1981년 코닥 매출액이 100억 달러를 기록할 정도로 위상은 대단했다. 코닥이란 말은 필름의 다른 이름이었다.

그러다 디지털카메라가 시장의 주류를 이루면서 철퇴를 맞았다. 코닥은 죽었다. 그런 와중에도 후지필름은 살아남았다. 둘의 생사를 가른 경계는 뭐였을까?

1880년 설립된 코닥은 1세기 넘게 사진과 영화의 다른 이름으로 불리며 철옹성 필름 제국을 이끌어왔다. 1970, 80년대 코닥은 미국 필름 시장에서 누구도 넘볼 수 없는 무소불위의 지배력을 가지고 있었다. 1990년에도 코닥은 후지필름의 1.5배나 되는 매출액을 자랑하고 있었다.

그러다 10년 뒤 두 회사의 매출액은 거의 같아진다. 이후 코닥의 매출액은 필름 수요의 감소와 함께 급속히 줄어든다. 그런 반면에 2000년 이후 후지필름의 매출액은 2배로 늘어난다.

2012년 1월 코닥은 마침내 파산한다. 130년이라는 장구한 역사와 영화가 일장춘몽이 되는 순간이었다. 후지필름은 여전히 승승장구를 이어가고 있다. 기구하게도 필름이란 동일한 핵심 사업을 두고서 정반대의 운명을 걷게 된 것이다. 대체 어떤 요인이 두 회사의 운명을 이리도 잔인하게 갈라놓은 걸까?

자승자박(自繩自縛)

"자본가는 자신의 목을 매는 밧줄을 판매하고 있다."

레닌은 그렇게 비웃었다. 자본가들은 종종 자신의 사업을 파괴하는 기술을 발명한다는 빈정거림이다. 적은 외부에 있는 게 아니라 내부에 존재한다는 거다.

코닥이 바로 좋은 사례다. 이 회사는 1975년 경쟁사에 한 발 앞서 전 세계 최초로 디지털카메라를 개발했다. 레닌의 지적처럼 디지털카메라는 코닥의 주력사업이었던 필름 및 카메라 사업을 결국 빈사 상태로 몰아갔다.

1990년대 중반에 들어 코닥은 디지털 영상 그룹으로 거듭나려는 전략을 구사했으나, 필름을 기반으로 디지털 부문에 발만 살짝 담그는 전략으로 일관했다. 그러는 동안 2005년까지 필름 시장점유율 1위라는 명예는 지켜냈으나 시장은 이미 디지털카메라가 대중화된 상황에서 필름에 주력해온 코닥의 성장은 한계를 드러냈다.

위기감을 느낀 코닥도 1994년부터 디지털 시장에 진출한다. 하지만 훨씬 일찍부터 디지털 시대 도래에 착실히 대비한 소니와 후지필름, 캐논, 니콘 등 일본기업에 밀려 노력은 무위로 돌아갔다. 필름 시장의 한계에 대비해 디지털 회사로 변화해야한다는 걸 알았지만, 필름이라는 눈앞의 수익에 안주하다 번득 정신을 차려보니 그땐 이미 디지털 시대의 낙오자가 되어 있었다.

잘 나가는 전통의 명문기업이 새로운 기술로 인해 한 순간에 시장에서 구축(驅逐)되는 경우가 있는데, 이를 가리켜 이노베이터의 딜레마(innovator's dilemma)라 부른다. 그 배경엔 선두기업이 누려온 과거의 성공 체험이 되레 부정적 가치를 유발해 후발기업에게 발목 잡히는 이른바 덫(success trap)으로 돌변한다는 거다.

안타깝게도 코닥은 세상의 변화를 미리 감지(디지털카메라 개발)했지만, 성공에만 도취해 고스란히 과거를 답습하다 쇠퇴하고 말았다. 대중에겐 화려한 비단 멍석을 깔아주는 선의를 베풀었으면서도 정작 자신은 앉을 자리조차 확보치 못한 채 축축한 맨땅으로 내동댕이쳐진 초라한 신세가 딱 코닥이다.

반면 똑같은 필름을 생산하던 경쟁사 후지필름은, 필름에서 화장품, 헬스 케어 및 의료 비즈니스로 핵심 사업을

전환해 다시 기업을 성장 궤도에 올려놓았다.

1934년부터 카메라용 필름을 만들어 온 후지필름에게 필름 사업을 접는 건 현대자동차가 더 이상 자동차를 만들지 않겠다는 얘기나 마찬가지다. 그랬음에도 후지필름은 2000년 초부터 본업이자 주력이었던 필름 사업을 과감히 정리한다. 그러면서 도출시킨 대안이 필름 제조로 축적한 기술을 다른 사업에 응용하자는 거였다.

그간 쌓아온 정밀 기술을 무기로 디지털카메라용 렌즈를 개발해 현재 세계시장 점유율은 50%에 이른다. 또 필름에서 축적한 기술을 화장품과 의약품 등 다른 사업에 응용했다. 그 결과 매출액은 2016년 2조 3,221억 엔(영업이익 1,772억 엔)으로 필름 시장이 절정에 달했던 2000년 1조 4,400억 엔(영업이익 1,490억 엔)을 크게 능가하고 있다.

특히 주목해야 할 대목은 화장품 분야라는 전혀 생소한 분야에 새로운 핵심 사업을 구축한 점이다. 사진 기술은 화장품 분야 기술과 매우 친화성이 높다고 한다. 기술적 시너지 효과가 크게 발휘될 수 있는 행운의 영역이었던 셈이다.

미국식 경영 vs. 일본식 경영

코닥의 붕괴를 이노베이터의 딜레마에서 찾거나, 후지필름의 생존을 궤도 수정을 통한 기술적 시너지 효과에서만 찾고자 한 것이 그간의 분위기였다. 허나 여기엔 이견(異見)도 여럿 존재한다. 자국기업(후지필름)이기도 한 일본 전문가의 목소리를 들어보자.

일본 코난(甲南)대학의 카고노 타다오(加護野忠男) 교수는, 코닥이 후지필름처럼 사업 다각화에 적극적이지 않았는데 여기엔 나름 이유가 있다고 한다.

기업의 다각화에 대한 미국 투자자의 부정적인 태도가 그것이다. 미국 투자자들은 사업 다각화를 통해 투자 효율이 개선될 여지는 적다고 본다. 다각화 할 바엔 차라리 그 돈을 투자자에게 환원해야 한다고 여긴다. 기업엔 잉여 현금이 없어야 하고, 사업은 핵심에 집중화해야 한다고 믿는다. 이러한 투자자의 의향을 소중히 한 코닥은 사업 다각화에 신중할 수밖에 없었다.

그런 측면에서 코닥의 경영이 단순히 실패했다고 결론지을 순 없다. 이익이 났을 경우엔 그것을 투자자에게 배분하고, 그렇지 못한 경우엔 신속하게 시장에서 퇴장해야 한다는 미국 투자자의 기대에 따른 의사결정이 이뤄졌을 뿐이다. 한국이나 일본 경영자에게 기업 도산은 심각한 실패이지만, 미국에서 파산은 한국·일본만큼 심각한 문제로 받아들이지 않는다.

존재 의의가 사라진 기업을 존속시키려는 행위는 부질없는 노력일 뿐, 그 노력은 처음부터 기업을 새로 세우거나 잘나가는 기업이 활용해야한다는 거다. 그런 선택이 노력 대비 효과가 크기 때문이다. 기업 내부의 기술도 마찬가지다. 쇠퇴하는 기업이 관련 분야에서 기술적 응용을 검토하기보단 그것을 사회에 환원함으로써 더 높은 수익의 기회를 찾아야 한다고 생각한다.

세계적인 경영컨설턴트 오마에 겐이치(大前研一)도 유사한 의견을 제시한다. 코닥과 후지필름의 운명을 가른 유일하면서도 가장 큰 차이점이라면 그건 '배당 방침'이라고 지적한다.

일본기업은 배당이 적다는 이유로 외국인 투자자로부터 종종 비난을 받곤 한다. 하지만 그런 결정이 이번엔 후지필름을 긍정적인 방향으로 이끄는 계기가 되었다.

카메라 필름의 쇠퇴로 관련 기업들이 치명적인 상황을 맞았을 무렵, 후지필름은 무려 2조 엔에 달하는 풍부한 현금을 보유하고 있었다. 그런 현금 덕분에 후지 제록스 주식을 더 보유할 수 있었고 후지화학을 인수하는 등 전략적 투자가 가능했다. 만약 미국처럼 주주에게 배당을 했다면, 2조 엔의 현금이 남아 있을 리 만무했다.

돈이 필요하다면 은행에서 빌리거나 혹은 시장에서 조달하면 돼 배당에 보다 적극적이어야 하는 게 미국식 사고방식이다. 이런 논리가 지배하는 상황에서 코닥은 가진 현금이 없었고 원가절감 외엔 달리 뾰족한 방침이 없었다. 허나 쇠락해 가는 사업에서 원가절감은 큰 의미를 갖지 못한다.

코닥과 후지필름의 명암을 가른 배경은, 양국 문화에 기반을 둔 미국과 일본 주주(株主)의 사고방식 차이라는 게 위 두 전문가의 결론이다.

시골의 코닥 vs. 도심의 후지

'디지털화 결단을 후지필름은 가능했는데, 왜 코닥은 불가능했을까?' 이런 의문에 일본 츄오(中央)대학의 타케우치 겐(竹内健) 교수는 상당히 이색적인 주장을 펼친다.

디지털카메라가 시장에 등장하던 시절을 되짚어보면, 전 세계 전자업계를 둘러싼 디지털화의 중심은 일본이었다. 플로피 디스크와 필름을 대체할 목적으로 도시바가 플래시 메모리를 세계에서 한발 앞서 개발했다. 플래시 메모리 외에도 카메라의 디지털화를 추진하는 전자 부품으로 액정디스플레이(LCD)와 CCD 등도 일본 기업이 개발했다.

전자 부품뿐만 아니라 카메라 업계에도 큰 움직임이 있었다. 당시 카메라 업계는 니콘이나 캐논과 같은 기업이 거의 과점 상태였다. 디지털화는 기술의 큰 전환점이었다. 기업들에겐 카메라 시장에 신규로 진출할 수 있는 절호의 기회였다.

카메라의 디지털화를 추진한 것은 올림푸스와 같은 카메라 제조사도 있었지만, 오히려 카시오나 소니 등 그때까지 카메라 사업에 발을 담그지 않았던 기업이 적극적이었다.

마침내 1994년 카시오가 세계 최초로 상용 디지털카메라 QV-10을 발표했다. 그때까지 텔레비전 방송용 등 전문가용 디지털카메라는 있었으나 높은 가격 탓에 대중 속으로 파고들진 못했다.

그랬던 것이 플래시 메모리, LCD, CCD와 같은 전자 부품의 고성능화, 저가격화로 인해 일반 소비자도 쉽게 손을 내밀 수 있는 디지털카메라가 탄생한 것이다.

이처럼 카메라 업계에선 니콘이나 캐논과 같은 기존 세력도, 디지털화로 카메라 시장에 신규 진출을 노리는 곳도, 나아가 디지털화의 핵심인 전자 부품을 개발하는 곳도 모두 일본기업이었다. 기존 세력과 신진 세력의 공방이 일본을 무대로 치열하게 펼쳐지고 있었다.

반면, 코닥은 미국이 본거지였다. 게다가 뉴욕주 북서부로 캐나다와 가까운 로체스터가 본거지다. 디지털화의 중심인 일본과는 지리적으로 멀었고 디지털화의 공세를 피부로 느끼는 데는 한계가 있었다. 코닥이 적어도 실리콘 밸리 등 미국 서해안에 존재했다면 코닥의 역사는 바뀌었을지도 모른다.

물론 코닥도 기존의 카메라 업체인 니콘이나 캐논 등과도 빈번한 교류를 했을 것이다. 다만, 기존 시장의 플레이어와 대화를 하더라도 새로운 시장에 대해선 이해력이 부족할 수 있다.

1990년대 일본에서 디지털카메라가 탄생한 배경엔 고객과 거래처 등 공식적 관계만이 아니라 지인이나 친구 등 비공식적인 정보도 한몫을 했다. 즉, 다양한 분야의 인적 교류를 통해 전자 기술 동향의 힌트를 얻었던 게 주효했다.

후지필름은 분명 디지털카메라에 적극적인 기업 가운데 하나였으나, 당시 일본 전자업계에 몰아친 디지털화의 큰 물결이 후지필름의 디지털화에 불을 붙였다는 게 타케우치 교수의 주장이다.

다시 말해 경쟁자로 넘쳐나는 큰물에 놀아야지 혁신으로 나아갈 동력과 방향성을 제때 정확히 읽을 수 있다는 뜻이다. 더해 후지필름 경영진의 재빠른 대응도 주효했지만, 디지털화로 나아갈 수밖에 없게 만든 당시 일본 시장의 경쟁 환경도 후지필름에겐 큰 축복이었다.

결론적으로 미국과 일본 주주의 사고방식 차이가 코닥과 후지필름의 명암에 영향을 끼쳤음은 부정할 수 없는 사실이다. 더해 당시 전자업계에 몰아친 디지털화의 큰 물결에 휘말려 있던 후지필름과는 달리 거기서 한 발짝 뒤로 물러나 있던 코닥, 그런 두 회사의 입장 차이도 생사를 가른 경계가 되었음이 분명하다.

알고도 당한다는 말이 있다. 코닥의 입장이 딱 그렇지 않았을까. 시장엔 늘 낙관론과 비관론이 교차한다. 그런 현실을 CEO가 실기(失機)하지 않고 얼마나 직시할 수 있느냐 하는 점도 생사의 관건이라 생각된다.

기업 종류는 몇 가지일까?

기업 형태와 분류

한 마디로 기업이라고 해도 모두 같은 기업은 아니다.
사기업과 공기업. 그리고 주식회사와 유한회사,
합명회사, 합자회사로 분류된다.
물론 그 형태만큼이나
특징도 다르다.

사기업

사기업(私企業)이란, 민간인이 출자해 경영하는 형태를 취하며 자본주의 경제체제 아래 가장 전형적인 기업 형태이자 중심적인 존재라 할 수 있다. 사기업은 이윤추구를 목적으로 하지만, 사회적 책임 수행과의 조화를 위해 원래 '이윤 극대화'가 아니라 '이윤 최적화'를 도모해야 할 존재다.

사기업은 개인 형태, 회사 형태, 상호회사·각종 조합 등의 특수 형태로 분류된다. 회사 형태는 인간의 신뢰감으로 형성된 '인적회사(합명회사)'와 자본적으로 연결된 '물적회사(주식회사)'로 나뉜다.

공기업

공기업(公企業)은 글자 그대로 공공의 이윤촉진을 목적으로 공적기관(지방, 지방자치단체, 공공단체)이 출자하여 경영이 이루어지는 기업이다. 공공 이익의 증진을 목표로 하고 있으며, 필요한 비용은 그 사업의 수입을 통해 충당해야 한다는 '원가보전', '독립채산'을 원칙으로 하고 있다.

공기업은 정부 공기업, 지방 공기업, 정부·지방 공기업 등으로 분류된다. 국가 공기업은 정부기업, 정부투자기관, 정부출자기관 등으로 구분된다. 지방 공기업은 상수도 사업과 같이 지방 정부가 직접 운영하는 것을 말하며, 지자체가 공사 형태로 운영하는 지방공사도 지방 공기업에 포함된다.

공사합동기업

공공의 이윤촉진을 목적으로 민간인과 공적기관이 공동으로 출자하여 경영을 하는 것이 공사합동기업(公私合同企業)이다. 사기업은 영리추구를 목적으로 하고 있기 때문에 대규모의 장기적 사업에 대한 투자는 채산성 관점에서 소홀히 취급되기 쉽다. 반면에 공기업은 공권력과 연결되어 있어 장기적이며 대형 사업일지라도 별문제는 없으나, 다만 경쟁원리가 작동하지 않아 효율성에 다소 문제가 있다.

공사합동기업은 사기업과 공기업의 결점을 배제하고 쌍방의 장점만을 살려 공공성이 높은 사업을 효율적으로 행하기 위해 탄생된 형태라 보면 된다.

사기업의 특징

개인기업

출자 자본의 전부 또는 대부분을 한 개인이 출자하고, 그 자본운영에 관한 책임을 출자자인 개인이 전적으로 지는 기업이다. 개인기업은 설립·폐쇄가 용이하고, 비밀 유지, 의사 결정 신속, 통일성 등의 장점이 있다.

반면에 자금 조달의 한계, 대규모 경영 불가능, 모든 위험 단독 부담, 영속성이 보장
되지 않는 근본적 취약점이 존재한다.

주식회사

주식회사(株式會社)는 물적회사의 대표적인 형태로써 자본주의 경제체제에 있어 커다
란 발명이라 일컬어지며 기업 형태의 중심적 존재라 할 수 있다.

이러한 주식회사의 기원은 1602년에 설립된 네덜란드의 동인도회사라는 것이 정설이
다. 500년이 지난 지금까지 이 제도가 이어지고 있는 것은 다음과 같은 특징 때문이다.
이론(異論)이 없는 것은 아니지만, 우리나라 최초의 주식회사는 1897년에 설립된 '한성
은행(조흥은행의 전신)'이 꼽히고 있다.

수많은 투자가로부터 모은 자금을 기초로 경영자가 사업을 하여 이익을 내며, 투자
가는 주주(株主)라고 불리고 회사가 획득한 이익은 주주에게 배분된다. 주주는 주식회
사에 출자한 만큼의 책임, 즉 유한책임만 진다.

기업 경영에 불만이 있다거나 급히 자금이 필요하다면 언제든지 주식을 팔아 현금화
할 수 있다. 이런 주식 거래가 이루어지는 곳이 증권거래소이며 그 승인을 받아 시장에
서 유통시키는 것을 상장(上場)이라고 한다. 상장회사가 되면 시장 거래를 통해 결정된

주식 가격을 근거로 시장에서 새로운 자금을 모을 수 있게 된다.

주주는 스스로 이익을 지키기 위해 회사의 경영을 감시한다. 주주는 회사를 감시하는 이사와 회계를 감시하는 감사를 임명하고 간접적으로 경영에 영향을 미치게 된다. 이를 위해 개최되는 것이 주주총회로 1년에 한 번 이상 열도록 되어 있다. 회사가 대폭적인 적자를 낸 경우에도 주주의 책임은 한정되어 있기에 손실은 돈을 투자한 만큼만 지게 된다.

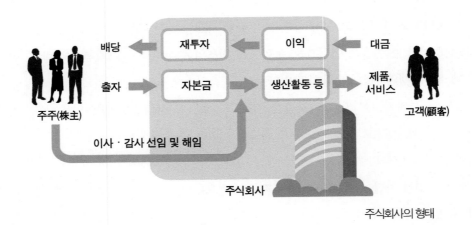

주식회사의 형태

유한회사

사원은 회사에 대해 출자금액의 한도 내에서만 책임을 질 뿐, 회사 채권자에 대해서는 아무런 책임을 지지 않는 사원만으로 구성된 회사이다. 유한회사(有限會社)의 본질은 주식회사와 마찬가지로 '물적회사'이지만, 자본적 결합과 인적 결합의 양면으로부터 주식회사와 합명회사의 요소를 가미한 중간 형태의 회사라 볼 수 있다.

합자회사

주식회사와 유한회사가 '물적회사'인데 반해 합자회사(合資會社)는 '인적회사'이다. 무한책임사원이 있는 점은 합명회사와 동일하지만, 회사 채권자에 대해 출자액의 한도 내에서만 연대해 책임을 지는 유한책임사원이 있는 점이 합명회사와 다른 점이다.

합명회사

출자와 경영이 완전히 일치하는 회사 형태이다. 따라서 사원은 회사 채무를 회사 채권자에 대해 직접 연대하여 변제할 무한책임을 진다. 규모와 활동에 한계가 있으며 사원지분의 양도에는 사원 전원의 승인이 필요하다. 주식회사가 자본적 결합이 강한 회사 형태인 반면에 합명회사(合名會社)는 인적 결합이 강한 회사 형태를 갖는다.

기업통치 형태

전 세계에 걸쳐 기업의 가장 일반적 형태는 바로 '주식회사'다. 주식회사라면, 이사회가 주주의 이익을 반영해 경영자를 감시하는 기능을 가지고 있으나, 국내 경우는 주식이 공개된 기업이라고 해도 경영자가 주주로부터 경영 책임을 직접 추궁 당하는 경우는 흔치 않다. 국내 대기업의 기업통치(corporate governance) 실태는 경영자의 독재체제라고 해도 과언이 아니다.

더욱이 경영자는 주주의 위임을 받아 회사를 움직이는 대리인으로서 주주의 이익, 기업의 이익에 충실해 경영 판단을 내려야 하지만 실제로는 본인의 이익을 위한 선택을 하는 도덕적 해이(moral hazard)가 대리인 문제(agency problem)로 자주 거론된다.

기업의 말단 사원에서 출발해 오를 수 있는 최고의 자리가 이사(理事)다. 흔히 군대 조직에 빗대어 '기업의 별(star)'이라고 한다. 이 자리는 대내외적으로 명실공이 경영자의 일원으로 인정받기 때문이다.

원래 이사는 대표이사의 경영 행위를 감독하는 역할을 하도록 되어 있다. 그 증거로 이사회에서 결정한 업무는 대표이사를 통해서 집행이 이루어진다는 것이 법률로 규정되어 있다.

상법은 이사에게 대표이사의 경영 행위를 감시하는 역할을 주고 있음에도 불구하고, 이사가 대표이사의 영향력 아래에 있다는 것이 국내 기업의 현실이다. 다시 말해, 이사가 현 업무를 담당하고 있다는 점에서 이미 사장의 지휘 아래에 들어가 있다.

기업 의사결정에는 가급적 많은 사람들이 참가해 이들의 의견을 수렴하는 것이 효율적이다. 이는 기업 경영을 둘러싼 내외부 환경이 너무나도 급속도로 변모하고 있기 때문이다. 기업 내부에 존재하는 생각과는 전혀 다른 새로운 아이디어와 의사결정 프로세스가 요구된다.

이러한 취지에서 도입된 시스템이 바로 '사외이사(社外理事)' 제도이다. 그러나 국내 많은 기업의 사외이사들은 안타깝게도 그 본연의 구실을 못한 채 거수기 노릇에만 머물러있다.

미래세대정책연구소가 삼성·현대자동차·에스케이·엘지·롯데 등 5대 그룹 상장기업 62곳의 '2016년도 사업보고서'를 근거로 사외이사 운영 실태를 조사했다. 이들 기업의 지난 2016년 사외이사 평균 보수는 6,400여만 원이었으며, 이사회는 평균 9차례 열었다. 사외이사가 비상근으로 이따금씩 열리는 이사회에만 참석한다는 점을 감안하면, 회의 한 차례 당 받은 보수는 700여만 원에 달한다.

반면, 이들 기업의 이사회가 같은 해 처리한 안건 1,615건 가운데 사외이사의 반대로 가결되지 못한 안건은 3건(반대 2건, 보류 1건)에 불과했다. 가결 비율이 무려 99.8%나 된다.

사외이사들이 제구실을 하지 못하는 이유는 명료하다. 대주주가 학교 동문이나 전직 임직원 등 자신의 뜻을 거스르지 않을 지인, 혹은 사회적으로 유력(?) 인사이거나 관련기관 낙하산들이 포진되어 있기 때문이다.

그러다 보니 최고 경영자(CEO)의 경영을 감시하면서 경영에 관한 적절한 조언을 한다는 사외이사 본연의 임무와는 너무도 동떨어진 게 사실이다.

더해 일 년에 불과 몇 번 얼굴을 내비치는 사외이사가 무슨 재주로 기업경영 내부까지 깊숙이 관여해 파악할 수 있겠는가!

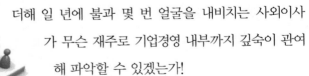

진정한 '경영자 의식'!

경영자는 자사의 주식 공개를 한 이상, 기업 가치를 높여나가야 할 책임을 주주로부터 지고 있다. 그리고 이러한 공개를 통해 지금까지의 '나의 회사(my company)'가 '주주의 회사(your company)'로 바뀌었음을 경영자는 인정하고 받아들여야 한다. 기업을 경영하는 데 필요한 자금을 주주들로부터 가져왔기 때문이다. 그러나 국내 기업, 특히 중소기업에서는 여전히 수긍할 수 없다는 분위기가 팽배해 있다.

미국 대기업의 최고 경영자들은 대주주를 가리켜 '나의 상사(my boss)'라고 부른다. 최고 경영자는 대부분 대주주가 아니며, 경영 전문가로써 고용된 존재이다. 따라서 경영자가 대주주를 나의 상사로 인식하는 것은 지극히 당연한 일이다.

주식 공개와 경영자 인식

기업 공개는 지금까지 '나'라고 하는 '사적기업(private company)'에서 '우리'라고 하는 '공적기업(public company)'으로 바뀌게 된다는 것을 의미한다. 따라서 그러한 인식이 뒷받침되지 않는 기업 공개는, 자칫 기업의 성장과 발전을 저해하는 걸림돌이 될 수 있다.

생각해
보기

지식이 경영을 만난다면?
지식경영(KM)의 개념

'지식경영'은 기업경영의 경쟁력 강화에
없어서는 안 될 필수요건이다. 21세기에는 노동(man),
토지(material), 자본(money), 정보(information)와 함께
'지식(knowledge)'이 중요한 경영자원의 하나로
자리메김하고 있다.

지식경영(KM)의 부상!

"토지, 노동, 자본과 같은 전통적 생산요소의 효용은 이제 한계에 이르렀으며 앞으로는 지식이 생산의 유일한 근원이 될 것이다."

경영의 대가로 칭송받았던 '피터 드러커'의 지적이다.

"아는 것이 힘이다.(Knowledge is power.)"

경험론자 '프란시스 베이컨'의 설파다.

두 현인의 주장은 한 마디로, 지식은 부(富)이자, 동시에 개인이나 조직의 경쟁력 원천이라는 말로 재해석할 수 있을 것 같다.

다시 말해, 남보다 많은 지식이나 정보를 가지게 되면, 경쟁에서 상대적으로 유리한 입장에 설 수 있고, 그로 인해 경제적으로 높은 소득이나 좋은 결과를 획득할 수 있음을 가리킨다.

정보의 양은 5년마다 두 배씩 늘어난다고 한다. 아니 어쩌면 현재는 1년 단위로 두 배씩 늘어나는 지도 모른다. 분명 갈수록 이 기간은 짧아지게 될 것이다. 작금의 신문 한 부는 19세기 평균적인 사람에게 일생 동안 노출되는 정보보다 더 많은 정보를 제공

한다.

　지금껏 각 개인이나 조직이 가지고 있던 지식을 이제는 서로 간의 공유를 통해 보다 효율적으로 기업 경영을 추진하려는 움직임이 몇 년 전부터 거세게 일고 있다. 개인의 힘을 조직의 힘으로 바꾸어 경쟁력의 원천으로 활용하자는 취지이다.

　그러한 일련의 움직임이 바로 '지식경영(KM, Knowledge Management)'이다. 조직의 개별 구성원이 각자 가지고 있는 지식과 경험(암묵지)을 발견하고, 이를 조직의 지식으로 공유·활용할 수 있는 정보(형식지)로 바꾸어, 조직이 제공하고 있는 제품과 서비스 등의 부가가치를 창출하는 수법이다.

　여기서 공유(共有), 즉 함께 나눠 가진다는 것은 단순한 데이터나 정보가 아니라, 일상의 비즈니스 활동을 통해 얻은 경험과 노하우로 이루어진 다양한 '지식(knowledge)'을 일컫는다.

　사실 지식은 사방에 널려져 있다. 우리가 그것을 어떻게 체계적으로 조직하고 활용하느냐에 따라 산출물이 달라질 뿐이다. 지식경영 이론을 창안한 '노나카 이쿠지로 (野中郁次郎)' 교수는 다음과 같이 주장한다.

　　"21세기는 지식사회다. 지식을 창조하고 활용해 가치를 창출하는 일이 생산
　　활동의 중심이 된다. 지난 20세기 산업사회의 중심적 생산요소가 노동, 자본, 토
　　지였다면, 21세기에는 이들 가치가 상대적으로 낮아지고, 지식이 가장 의미 있는
　　자원으로 등장할 것이다."

결국, 지식경영이란 과거의 일상적 입소문(口傳)이나 관행, 소유의 문화를 기록과 공유의 문화로 바꾸는 혁신적 경영 활동이라 보면 정확하다.

암묵지 vs. 형식지

암묵지	형식지
● 말로 표현할 수 없거나, 표현하기 어려운 지식	● 말로 명확히 표현되는 지식
● 경험과 오감을 통해 얻은 직접적인 지식	● 체계적인 지식
● 현재의 지식	● 과거의 지식
● 몸으로 체득한 기능	● 매뉴얼화 된 지식
● 개인적, 주관적	● 사회적, 객관적
● 정서적, 감정적	● 이성적, 논리적
● 아날로그 지식	● 디지털 지식
● 특정한 사람이나 장소, 대상 등에 한정	● 정보기술을 통해 이동, 이전, 재활용이 가능
● 공동 작업을 통해 공유하거나 발전 증식이 가능	● 언어적 매개체를 통해 공유, 편집이 가능

가가가가가?(그 사람 성이 가씨란 말이오?)

지식은 언어와 문장으로 표현하는 것이 어려운 주관적 '암묵지(暗黙知, tacit knowledge)'와 언어와 문장으로 표현할 수 있는 객관적 '형식지(形式知, explicit knowledge)'라고 하는 두 가지 형태로 나뉜다.

구체적으로는 사고, 시점, 숙련, 노하우, 기술 등의 경험지식이 암묵지이며, 컴퓨터 네트워크와 데이터베이스 등의 정보기술(IT)을 활용해 용이하게 축적하거나 조합할 수 있는 언어가 형식지다.

경상도 산골에서 농사를 짓고 계신 부모님께 서울에서 직장을 다니고 있는 아들이 모처럼 만에 전화를 드렸다.

어머니 왈, "쩌번에 우리 집에 온 '가'가 '가'가?"

아들 왈, "예, '가'가 '가'임더."

어머니 왈, "알아떼이, 다음에 '가'한테 가가 물어 보마."

아들 왈, "지금 '가'한테 가가 물어 보지애."

위의 어머니와 아들의 대화 가운데 수차례 등장하는 '가'에 주목해보자. '가'는 그 사람 혹은 그 친구에 해당한다. 또 그 사람(친구)에 해당하는 '가'와 간다(가서)에 해당하는 '가(go)'와도 전혀 헷갈리지 않는다. 이런 '가'야 말로 어머니와 아들 간에 통용되는 '암묵지'라고 말할 수 있다.

이런 경우도 상정해 볼 수 있다. 지난 2003년 가을에 개봉된 이준익 감독의 역사 코미디 영화 "황산벌". 이 영화의 가장 큰 흡인력은 뭐니 뭐니 해도 사투리라는 언어가 주는 재미와 상상력이다. 신라의 스파이가 계백장군의 "거시기 할 때까지 갑옷을 머시기 한다!"는 '거시기'를 해독하지 못해 쩔쩔매는 장면에 관객들은 웃음보를 터뜨린다. 영화 속에서 등장하는 '거시기'의 의미는 참으로 거시기(난해)하다.

① "아니, 우리 '거시기' 아녀?"

② "역시 밥은 전쟁터에서 묵는 밥이 제일 '거시기' 혀."

③ "우리는 '거시기' 하기 전엔 절대로 갑옷을 벗을 수가 없다."

④ "아, 글고 나가 출정 전에 갑옷에 대해서 '거시기' 헌 거 까먹지덜 말고 병사들에게 다시 한 번 '거시기' 잘 허라고 단단히 들 혀."

⑤ "싸움은 이제부터여. 여기서 무너지면 그동안 '거시기' 한 거 말짱 황이여!"

필자는 태생이 신라 진영이라 조금 달리 해독됐을지도 모르겠으나 대충 이런 뜻이다. 차례대로 "①아들 ②맛있어 ③싸움에 승리 ④아까 말한, 확인 ⑤공들여 온"으로 해독될 수 있다.

'거시기'는 말하지 않아도 알아듣는 상징어이자 또 한편으로는 도저히 알아듣지 못

영화 '황산벌'의 포스트

하는 암호 같은 존재다. 그 의미가 엄청나게 포괄적이며 심지어 심오하기까지 하다.

이처럼 '거시기'의 정체는 다양하고도 엄청난 수의 뜻으로 통용되고 있지만, 이를 사용하는 백제 진영에서는 동일한 이미지로 부각돼 아무 문제없이 커뮤니케이션이 가능하다. '거시기'는 백제인 고유의 '암묵지'인 셈이다.

또 수십 년 동안 쇠 덩어리 표면을 '줄(금속 등의 표면을 다듬는 공구)'로 다듬어 온 장인(匠人)이라면 어느 정도 줄을 밀어야 요구사항을 만족할 수 있을지 잘 알고 있다. 이는 오랜 기간 동안 몸으로 체득한 것이어서 좀처럼 말로 표현할 수 없다. 이러한 장인의 노하우나 지식 역시 암묵지라 할 수 있다.

그럼, 기존의 일부 구성원 사이에서만 통용되거나 활용되는 암묵지를 어떻게 하면 형식지로 바꾸어 일반화시킬 수 있을까?

입사한지 얼마 되지 않아 경험이 적은 영업 사원이라면, 선배 영업 사원의 뒤를 따라 다니며 경험 공유를 통해 선임자가 가진 영업 노하우(암묵지)를 습득할 수 있을 것이다. 이러한 과정을 통해 암묵지인 영업 노하우를 메모나 발표 자료와 같은 형태로 만들어 언어로 표현할 수 있다면, 그 부분은 형식지로 일반화 가능한 것이다.

이렇게 표출화 된 형식지는 디지털 데이터로 바꿀 수 있어 일진월보의 정보통신기술(IT)을 활용하면 시간과 공간을 초월해 구성원이 공유하거나 조직 내에 침투시키는 것은 시간 문제일 따름이다. 또 형식지는 다양한 분리나 결합을 통해 새로운 형식지를 낳기도 한다.

더불어 암묵지를 형식지로, 형식지는 다시 암묵지로 축적해 가는(암묵지 → 형식지 → 암묵지 → 형식지) 순환이 계속된다면 보다 질 높은 지식을 창출할 수 있다. 이러한 순환 가운데 창출되는 새로운 지식을 제품에 반영시키거나 혹은 영업 담당자의 의식 변화를 유도할 수 있다면, 최종적으론 고객만족도 향상으로도 이어질 수 있다.

지식창조의 기본원리인 암묵지와 형식지의 상호 순환 프로세스를 나타낸 것이 다음 그림이다.

공동화(Socialization)와 표출화(Externalization)는 창의력과, 결합화(Combination)와 내면화(Internalization)는 효율성과 관련된다. 지식이 개인, 집단, 조직 사이를 순환하고 증폭되어 가는 일련의 'SECI' 프로세스야말로 조직적인 지식창조의 기본원리라 하겠다.

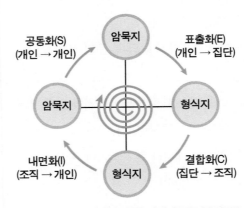

자료 : 노나카 이쿠지로(野中郁次郎).

지식창조와 그 활용

결국, 지식경영이란 암묵지를 어떻게 하면 눈에 보이는 형식지로 변환시켜, 조직 전체에 보급시키는가 하는 것이 조직에 부여된 지식창조의 핵심이다.

정보 공유는 필수적이다!

정보 공유라는 측면에서 볼 때, '지식경영? 지식경영!' 말로만 떠들지 말고 하루 빨리 우리의 각종 조직 속에 체계적으로 도입·정착되어야 한다.

1990년대 초반 필자가 직접 경험한 내용이다. 도쿄에서 열린 일본 S전자와 한국 K전자의 기술 협정에 통역으로 참가한 적이 있다. 당시 한국인이라면 누구나가 당연히 국산화되어 있을 것으로 생각했던 부품을 전량 일본에서 수입하고 있다는 사실에 필자는 꽤나 충격을 받았다. 또 기술 협정을 위해 K전자 측이 준비한 자료는 여기저기 모순투성이로 가득 찼다.

그러나 정작 필자를 놀라게 한 것은 다른 데 있었다. 그것은 똑같은 내용을 두고서 K전자의 부장 얘기와 담당 대리 얘기가 전혀 달라 어느 말을 통역해야 할 지 혼란스러웠다. 기술 협정을 위해 도쿄로 건너오기 전 사내 구성원 간의 의견 조율 및 정보 공유가 전혀 이루어지지 않았음을 엿볼 수 있었다.

그런 탓에 기술 협정은커녕 K전자의 협상력과 기술 수준만 고스란히 노출시켜 차기 협상의 주도권이 일본 S전자로 넘어가 엄청난 기술료를 지불했다는 소식을 나중에 접했다.

우리나라의 경제 규모가 연평균 5%씩 확대되고 국내 총생산(GDP)의 3%를 연구개발에 투자한다면, 미국이 지난 2000년에 확보한 국가 지식축적량을 따라잡는데 50년이 걸릴 것이라는 지적에는 차라리 충격적이라는 표현이 적합할 것 같다.

이제 동일 조직 내의 구성원이라면 이들 간의 원활한 정보 공유는 기본이 되어야 한다. 이를 통해 내부적으로는 불필요한 비용을 줄이고, 외부적으로는 해당 조직의 경쟁력 향상으로 연결되도록 힘써야 한다. 이것이야말로 지식경영이 추구하는 궁극적 목표다.

더불어 지식경영을 제대로 정착시키기 위해서는 무엇보다 개인 경쟁력의 원천인 지식을 금과옥조처럼 취급해 마냥 간직하고만 있을 것이 아니라, 적극적으로 조직에 제공할 수 있어야 한다. 이를 위해서는 지식 제공자에 대한 공정한 평가와 보상이 조직 내에서 이루어져야 한다.

지식경영 구축에 있어 유념해야 할 사항은 형식지의 진부화(陳腐化)다. 애써 축적한 형식지도 현재와 같이 급변하는 비즈니스 환경에서는 그 가치가 짧은 시간 안에 무용지물이 될 수 있다. 형식지의 진부화를 막기 위해서는 그 출발점을 찾아 새로운 데이터를 보충하거나 하는 등의 업그레이드를 게을리 해서는 안 된다. 지식은 반드시 진부화한다.

지식과 정보가 돈이다!

1929년에 시작된 미국 대공황 시절 얘기다. 당시 미국 내의 금융기관 수 십 개가 하루아침에 무너졌다. 지난 IMF 외환위기 직후처럼 관련 기관의 수많은 직원들이 길거리로 나앉게 되었다.

그 가운데 하나였던 은행의 한 은행장이 세상이 허무하다고 하며 어느 날 주변사람들로부터 모습을 감추었다.

몇 달이 지난 후 한 공원에서 그의 모습을 볼 수 있게 되었다. 은행장에서 하루아침에 노숙자로 전락해 공원에서 기거하고 있는 모습이었다.

흔히 "노숙자와 교수는 그 생활 사흘이면 그만둘 수 없다"는 말을 입증이라도 하듯 "죽어라 경쟁하는 세계는 두 번 다시 싫다"며 공원의 한 모퉁이에서 빈둥거리며 살아가고 있었다. 노숙자의 자유로운 생활 속에서 참다운 삶을 오랜만에 만끽하고 있었다.

아침부터 유난히 비가 많이 쏟아지던 어느 날이었다. 공원을 어슬렁거리던 한 노숙자가 그에게 다가와 물었다.

"비를 피해 쉴 수 있는 곳 좀 알려줍쇼?"

"여기 처음인가 보네! 저기 다리 아래쪽에 빈집이 있는데 그 곳에 가보슈!"

그러자 노숙자는 그의 손에 5센트를 집어 주었다. 그 5센트를 받아 쥐는 순간 그의 몸속에서는 불현듯 사업가의 뜨거운 피가 다시 흐르기 시작했다.

"비 피할 곳을 알려주었더니 5센트를 주었다…!"

"내가 아무리 노숙자라지만 돈은 필요치 않은가!"

"나는 공원 내 휴식처를 몇 곳 알고 있는가!"

그는 즉시 노트를 꺼내 자신이 평소 눈 여겨 보아왔던 장소를 기록하기 시작했다. 얼마가 지난 후 공원 내 노숙자들 사이에는 다음과 같은 얘기가 회자되었다.

"잠자는 데 불편이 있으면, 그 사람한테 가면 좋은 장소를 얻을 수 있다. 다만 그 대가로 5센트를 지불해야 한다."

이런 소문 덕분에 그는 돈을 벌었을 뿐만 아니라, 여러 사람들과 만날 기회가 많아 져 더욱 다양한 정보를 얻을 수 있게 되었다. 그리고 그 정보 역시 팔았다.

"혹시 LA에서 온 '찰리' 라는 녀석을 알고 있소?"

"그 사람은 공원 동쪽 정문 가까이에 있죠."

"뉴욕에서 온 '로버트' 는 모르오?"

"다리 쪽으로 가보슈."

이런 식으로 이른바 '정보산업' 을 시작한 것이다. 1년 후 그는 공원 옆에 점포를 내 고 부동산 중개업자로 돌변했다. 10년 후 그의 회사는 이전 자신이 은행장으로 근무했 던 은행보다 규모가 커지게 되었다.

공원을 어슬렁거리는 노숙자라면 누구든 한 두 곳 정도 '비바람을 피해 쉴 수 있는 장소' 는 알고 있을 것이다. 그러나 지식과 정보의 힘을 비즈니스에 적용시킨 노숙자는 많지 않다. 많은 노숙자들이 여전히 그 생활을 벗어나지 못하는 원인은 이런 차이에 있 는지도 모른다.

지식과 정보는 바로 돈(money)이고 부(富)다.

생각해
보기

벤처 생태계를 조성하라!

벤처 비즈니스

'벤처 비즈니스'의 의미를 한 마디로
축약하자면 이렇다.
Nothing ventured, Nothing gained.
(아무런 위험도 감수하지 않으면, 아무런 이익도
얻을 수 없다.)

벤처기업이란 뭘까?

벤처기업(venture company)! 수시로 이 단어를 입에 떠올리면서도 정작 그 개념을 압축 정의하기란 대단히 어렵다. 국가마다 다르게 정의되고 있고, 이 용어를 사용하는 연구자나 경영자 등 사람에 따라 다양한 의미와 해석이 가능하기 때문이다.

일반적으로 벤처기업이란 고도의 기술력, 첨단기술을 가지고 고수익과 고성장을 추구하는 비교적 소규모이기는 하나 유망하고 창의적인 기업을 지칭하며, 모험기업, 지식집약적 중소기업, 연구개발형 기업, 하이테크 기업 등의 용어도 혼용되고 있다.

다시 말해, 지식집약적이고 혁신적 경영을 행하여 뚜렷한 연구개발을 통해 적극적으로 틈새시장(Niche Market)을 개척하는 소기업을 가리켜 벤처기업이라 말한다. 그래서 높은 성장과 이익이 기대되는 반면에 높은 위험이 따르는 비즈니스이기도 하다.

벤처기업 = High Risk, High Return(高危險 高收益)

이러한 벤처기업은 원래 미국에서 발생한 연구개발 혹은 디자인개발을 담당해온 소기업이 그 출발점이다.

미국에서는 통상적으로 'Small Business'라고 부르며 기술(technology)을 중시하고 새로운 비즈니스에 도전한다는 의미로 'Risky Business', 'Venture Company', 'High Technology Business', 'New Technology Company', 'New Venture', 'Small Business Venture' 등 다양하게 부르고 있다.

특히, 급속도로 성장하고 있는 신흥(新興) 기업이라는 의미도 포함하고 있기에 'Emergent Company' 또는 'J커버 기업'이라고도 한다.

더불어 향후 성장 가능성이 매우 높은 Small Business에 투자하는 기업을 '벤처 캐피털(venture capital)'이라 부른다.

벤처기업은 국가에 따라 조금씩 다르게 정의되고 있는데, 미국에서는 기술집약적 또는 하이테크 신규사업이라는 개념으로 본다. 일본에서는 기술개발 투자비가 전체 매출액의 3% 이상이고 설립한지 5년 미만의 특정 중소기업자로 정의한다.

우리나라의 경우 '벤처기업육성에관한특별조치법'상의 벤처기업은 중소기업법상 중소기업으로서 기술 및 경영혁신에 관한 능력이 우수한 것으로 평가받은 기업이 중소기

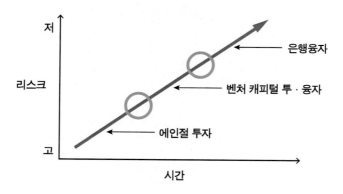

업창업투자회사(조합), 신기술사업금융업자(투자조합) 등에 일정비율 이상 투자 받거나 연구개발비가 일정비율 이상 또는 특허권 또는 법령에 정한 기술을 이용하여 사업화하는 기업이 기술성 또는 사업성이 우수한 것으로 평가받은 경우가 해당된다.

한편, 각종 통계에 따르면, 벤처기업은 그 이름에 걸 맞는 위험성 때문에 많아야 1~10% 정도밖에 성공하지 못한다고 한다.

또한 금융기관과 벤처 캐피털만으로는 벤처기업의 자금수요를 충당할 수 없다. 그래서 '고위험 고수익'을 원하는 경영자, 교수, 변호사, 공인회계사, 의사 등 비교적 높은 수입과 전문지식을 갖춘 개인 투자가들이 출현하고 있다.

위험이 높음에도 불구하고 벤처기업의 높은 가능성에 꿈을 걸고 투자를 하는 개인 투자가를 가리켜 에인절(angel)이라고 부른다. 이러한 자금을 에인절 캐피털(angel capital), 또는 러브 머니(love money)라고 한다.

우리 기업을 위해 자신이 가진 알토란같은 자금을 보태 준다고 하니 어찌 천사 같고 사랑스럽지 않겠는가!

벤처기업의 발전과 금융지원

벤처기업의 진정한 의미!

벤처기업이 처음 등장한 곳은 미국이었다. 1950년대부터 미항공우주국(NASA)을 중심으로 군수산업, 우주개발 등의 분야에서 기술을 축적한 전문가들이 벤처 비즈니스의 기업화를 추진하게 된다. 1960년대에는 반도체산업의 발달로 실리콘 밸리를 중심으로 다양한 벤처기업이 탄생하였고, 1970년대 말부터 1980년대에 걸쳐서는 PC, 유전공학 등 첨단기술을 중심으로 한 벤처 비즈니스가 얼굴을 내밀기 시작했다. 1990년대에 들어와서는 정보기술(information technology)을 중심으로 등장한 벤처기업은 마이크로소프트, 시스코 시스템즈, 델 컴퓨터, 아마존, 야후, 2000년대 들어서는 구글, 페이스북, 트위터와 같은 성공 신화를 일구어냈다.

이러한 과정에서 벤처기업은 미국 경제에 지대한 공헌을 하게 된다. 첨단산업을 주도함으로써 미국 경제의 구조 조정과 산업의 고도화를 이끌었다. 또 구조 조정으로 대기업에서 방출된 인력을 벤처기업이 흡수하면서 신규고용을 창출하는 산파 역할도 하였다. 미국의 벤처기업은 정부의 정책적 배려나 지원에 의지하기보다는 벤처 기업가들과 투자가들의 힘과 노력이라는 철저한 시장원리에 근거해 성장해 왔다.

세계 최고의 발행부수를 자랑하는 경제지 니혼게이자이(日本經濟, 2010.2.1) 신문이 분석한 '실리콘 밸리가 강점을 유지할 수 있는 8가지 요인'은 다음과 같다.

- 기술혁신 등의 변화에 곧바로 대응할 수 있는 높은 유연성
- 신규 사업에 리스크 머니를 제공하는 자본시장
- 직접 개발보다는 여러 기업을 통해 협업을 지향하는 기업 자세
- 인재의 높은 유용성을 낳는 열린 노동시장
- 켈리포니아주(州)의 높은 고등교육 수준
- 높은 스킬을 가진 이민자 수용
- 고수준의 연구개발 투자
- 신기술을 상업화 하는 재빠른 스피드

우리나라 경우는 미국보다 벤처 비즈니스의 성장이 늦었는데 그것은 연구개발이나 투자, 분위기 조성, 방향성 등이 주로 정부의 전폭적 지원 아래 이루어졌기 때문이다.

벤처기업은 위험(risk)을 먹고 성장하는 기업이다. 그런 기업을 정부가 나서 적극 육성, 지원한다는 얘기는 이미 벤처기업이 아니다. 벤처 기업가나 투자가 모두 모험을 전제로 경영과 투자가 이루어져야 한다. 벤처기업은 정부가 인증한 기업이 아니라, 자율적인 시장 논리가 인증한 기업으로 거듭나야 한다.

벤처기업이 현재와 같이 본격적으로 대두된 이유는 산업구조의 변화에서 찾을 수 있을 것 같다. 섬유, 철강, 조선, 자동차 등을 중심으로 하는 산업사회에서 정보통신, 전자공학, 생명공학, 소프트웨어와 같은 정보화 사회로 탈바꿈한 것이 벤처기업의 출현과 성장을 촉진시키는 결정적 계기가 되었다.

국내외적으로 벤처에 대한 거품이 사라지면서 기업들이 다소 주춤거리고 있다. 다행히 최근 스타트업(신생 벤처기업)이라는 용어에서 확인되듯 제2 벤처·창업 붐을 맞이하기 위한 반가운 신호들이 곳곳에서 감지되고 있다.

아울러 스마트폰·클라우드 서비스 보급 확산 등 모바일 IT혁명이 숨 가쁘게 진행되면서 창업에 따른 비용이 급격하게 감소하고 글로벌 시장에서 국경 개념도 점차 사라지고 있다. 또한 SNS, 소셜커머스, 인공지능, 3D 프린팅, 로봇 등 다양한 창업의 블루오션이 열리고 있다.

더불어 '창업→실패→재창업→성공→에인절투자자 변신→새로운 벤처의 멘토'로 이어지는 선순환 벤처 생태계가 한국에도 하루 빨리 조성되길 기대한다.

벤처기업과 기업가정신!

흔히 기업 경영을 성공으로 이끌기 위해서는 해당 경영자에게 '기업가정신(entrepreneurship)'이 요구된다고 한다. 특히, 중소벤처기업의 성공을 좌우하는 핵심요소 가운데 하나가 기업가정신이다.

그 중심에 서있는 '기업가(entrepreneur)'란 도대체 어떤 사고방식과 능력을 가진 사람을 가리키는 것일까?

위험 감수(Risk-taker)

신규 사업에 필연처럼 따르는 것이 있다면, 그것은 단연 위험(risk)이다.

위험을 두려워해서는 결코 혁신적인 기법이나 아이디어를 비즈니스와 접목시킬 수 없다. 예견되는 위험을 단순히 최소화하려는 노력만이 아니라, 가령 실패하더라도 굴하지 않고 다시 일어나 도전하려는 정신이 기업가에게는 필요하다.

발명왕 에디슨은 수만 번의 실패를 거듭하면서도 "실패했다고 생각하지 않는다. '어떻게 하면 제대로 되지 않는가' 하는 방법을 발견한 것이다."고 했다. 이 같은 불굴의 도전정신이야말로 기업가에게 무엇보다 소중한 가치라 판단된다.

창의적 사고(Creative Thinker)

기업가가 과거에 만들어진 원칙이나 규율, 관습 등에 얽매여서는 새로운 비즈니스를 창출하기란 대단히 어렵다.

많은 대기업이 신규 사업에 실패하는 원인 가운데는 창의적 사고를 짓밟는 낡은 전통이나 기업가의 진부화 된 사고, 사내의 불합리한 유·무형 규칙들의 존재 때문이다. 기업가라면 이러한 요소들을 과감히 깨트리고 앞으로 나아갈 수 있어야 한다.

> "거의 대부분의 인간은 더 이상 아이디어를 생각해내는 것이 불가능하다고 할 때까지 이르러 그 곳에서 의욕을 상실하게 된다. 이제부터라고 할 수 있는데…"
> _에디슨

경영학 지식 습득(Jack of All Trades)

세상에 존재하는 훌륭한 아이디어들이 좀처럼 비즈니스로 연결되지 못하거나 혹은 제대로 결실을 맺지 못하는 원인은 어디에 있을까?

여기에는 무엇보다 기본적인 경영학 지식(마케팅, 전략, 인사, 생산, 회계, MIS 등)을
기업가 스스로 갖추지 못하였기 때문이다. 기업가는 경영과 관련된 기본 지식을 사전에
충분히 습득할 필요가 있다. 알아야 면장(免墻)을 한다.

자료 : Timmons (1999).

'기업가(entrepreneur)'란 누구인가?

기
본
이
론

생각해
보기

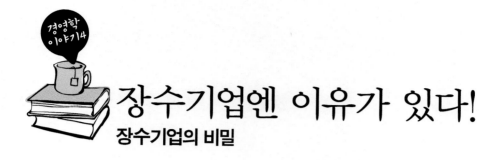

장수기업엔 이유가 있다!
장수기업의 비밀

기업은 유성처럼 반짝하고 나타났다가 곧바로 사라지는 존재가
아니다. '창업자의 후계자 그 후계자의 후계자 또 그 후계자의…' 로
끊임없이 이어지면서 '동해물과 백두산이 마르고 닳도록' 무한히
존속해야 할 책임을 지닌다. 그래야 진정한 기업으로 인정받는다.

1400년의 기록이 역사 속으로!

일본 오사카(大阪)의 건축회사 '곤고구미(金剛組)'는 장수기업으로 유명하다. 이 회사는 서기 578년 일본 황실
의 쇼토쿠태자(聖德太子)가 '시텐노지(四天王寺, 593년)' 창건을 위해 백제에서 금강(金剛), 조수(早水), 영로(永
路)라고 하는 세 사람의 장인을 초빙했는데, 이들이 창업한 기업이다. 참고로 시텐노지는 현존하는 일본 최고
(最古)의 절로 알려져 있다.

일찍이 백제에서 건너온 세 장인 가운데 금강은 그 이름을 '시게미쯔(重光)'로 칭하고 일본에 귀화했다. 2005년
까지는 곤고(金剛) 일족이 경영해왔으나 같은 해 11월부터는 다카마쯔(高松)건설의 자회사가 됨으로써 1429년
을 이어온 곤고 일족에 의한 경영체제는 사실상 막을 내렸다.

곤고구미는 원래 사원(신사)이나 사찰의 설계·시공, 성곽과 문화재의 복원 및 수리 등을 주로 해왔다. 특히 전
통 양식의 건축 분야에 명성을 떨쳐왔으나 사원과 사찰에도 콘크리트 건축이 증가하면서 대형 건설업체와의
가격경쟁에 휘말리게 되었고 그 결과 매출액 감소와 자금 운용이 악화되어 경영위기에 빠졌던 것이다.

한편, 곤고구미는 일본에서 가장 오래된 기업일 뿐만 아니라, 비록 창업 당시의 문헌이 남아 있지 않아 기네스
북에는 등재되지 못했지만, 세계 최장수 기업일 가능성이 높다고 한다.

고베대학의 '카고노 타다오(加護野忠男)' 교수에 따르면, 일본 국기 스모우(일본 씨름)는 그 토양이나 성격이 특
이하지만, 곤고구미와 '스모우협회'는 대단히 유사한 조직을 갖추고 있다고 지적한 바 있다.

곤고구미라고 하는 큰 조직 속에는 '구미(組)'라고 하는 작은 조직을 따로 두어 목수들은 각각의 구미에 소속되어 있다. 각 구미의 인원은 7명 내지 8명의 목수로 구성된다. 이를 통해 각 구미 간에는 서로 경쟁을 하면서 기술을 갈고 닦는 방식을 취하게 된다.

곤고구미 본부에서는 각 구미의 역량을 평가해 작업을 할당한다. 구미는 기술 후계자를 스스로 발굴해 그 기술을 전수 받도록 한다. 또 곤고구미에는 실력을 닦아 훌륭한 기술자가 되면 자기 자신의 구미를 이끌고 독립할 수 있게 하는 제도도 마련하고 있다.

건축회사라고 하면 왠지 군대의 종적(縱的)인 문화나 폐쇄적일 것이라는 막연한 이미지가 먼저 머리를 지배하지만, 적어도 곤고구미에서 만큼은 내부적으로 매우 자율적인 경쟁 시스템이 작동되고 있어 그러한 이미지를 불식시키고 있다.

무려 1,400여 년 동안 곤고구미가 살아남은 것은 대를 이어가며 건축물의 품질에 책임을 지면서도 시대변화에 잘 적응했기 때문이다.

제2차 세계대전 기간인 1940년대에는 곤고구미에 사찰 개·보수 주문이 전혀 들어오지 않았다. 게다가 당시 정부가 추진한 회사통폐합안으로 인해 다른 회사에 통합될 번한 위기도 맞이했다. 이러한 어려운 상황 아래서도 곤고구미는 군인들의 관(棺)을 짜서 판매하는 등 닥친 위기를 훌륭히 극복했다. 근래에는 불교 건축과 관련해 주문이 줄자 학교나 요양시설 등으로 그 영역을 확대하고 있다.

곤고구미의 32대 당주인 곤고기조(金剛喜定)가 유언서(職家心得之事)로서 남긴 게 현재의 가훈으로 내려오고 있다. 실은 곤고구미에 오랫동안 전해 내려온 것을 32대 당주가 새로운 문장으로 재정리한 것이다. 오늘날에도 유효한 몇 가지만 언급해 보았다.

- 독서, 주판을 익혀라.(끊임없이 지식을 쌓고 업무 스킬을 향상시켜라.)
- 음주에 주의 하라.
- 신분 이상의 화려한 복장을 하지 마라.

시텐노지와 축제

- 사람을 공경하고 말을 온화하게 하며 말을 많이 하지 마라.
- 아랫사람에게도 정을 베풀고 온화한 말로 대하라.
- 어떤 경우에도 타인과 싸우지 마라.
- 사람을 경시하거나 위세를 부리지 마라.
- 사람을 차별을 하지 말고 정중하게 대하라.
- 거래처(고객)에 사심을 갖지 말고 정직하게 대하라.
- 입찰 시에는 정직한 견적서를 제출하라.
- 스스로 판단할 수 없을 때는 친척들과 논의한 후 신중히 결정하라.

1,400년이란 곤고구미의 유구한 역사에는 그만한 생존 비결이 있었다. 오늘을 살아가는 이들의 지침서로도 전혀 손색이 없는 가훈처럼 보인다.

장수기업의 비결을 밝힌다!

기업도 인간처럼 태어나고 성장하고 늙고 죽는 생로병사 과정을 거친다. 그럼에도 어떤 기업은 생로병사에서 비켜나 사뭇 자유스러워 보인다. 바로 몇 백 년을 이어오고 있는 장수기업이 그 주인공이다. 일본에는 그런 장수기업이 대단히 많다.

신용조사사업체인 데이코쿠(帝國) 데이터뱅크의 조사에 따르면, 창업 100년 이상 된 장수기업은 모두 26,144개(2013년 8월 기준)라고 한다. 또 200년 이상을 넘긴 기업은 3,000개를 훌쩍 넘는다.

무려 창업 1,000년을 넘긴 기업도 있다. 세계적으로 창업 1,000년 이상 된 기업은 곤고구미를 필두로 6위까지 모두 일본기업으로 채워진다. 7위가 오스트리아 Stiftskeller St. Peter(음식, 803년), 독일의 Staffelter Hof(와인, 862년), 영국의 The Bingley Arms(술집, 953년) 등 12개가 존재한다. 그 가운데 절반을 넘는 7개가 일본에 존재하고 있다.

유감스럽게도 우리나라에는 100년을 넘는 기업조차 거의 없는 실정이다. 재벌닷컴에 따르면, 2013년 말 기준 자산 100억 원 이상 상장사와 비상장사 30,827개 사를 대상으로 한 조사결과 창립 100년이 넘는 장수기업은 두산그룹(1896년), 동화약품(1897년), 신한은행(1897년), 우리은행(1899년), 몽고식품(1905년), ㈜광장(1911년, 국내 최초 상설시장 운영), 보진재(1912년, 인쇄 출판업체)로 모두 7개에 불과했다.

한편, 곤고구미처럼 창업한 지 천몇백 년이 지났음에도 여전히 성장을 이어가고 있는 장수기업이 존재한다. 도대체 이들 기업은 어떤 경영 방식을 취하고 있기 때문일까?

영국 런던 비즈니스 스쿨의 '아리에 드 지우스(Arie De Geus)' 교수팀의 연구에 따르면, 현존하는 세계 27개 최장수 기업의 경영사를 해부한 결과 네 가지 공통되는 특징을 발견할 수 있었다.

- 다가올 위험에 대비한 보수적이고 안정적인 재정 운영
- 새로운 아이디어 제시
- 적극적인 변화 수용과 환경 변화에 재빨리 적응하는 자기변신 노력
- 기업에 대한 조직원들의 강한 정체성(corporate identity)

이에 덧붙여 장수기업들은 창업 이래 지금까지 일관되게 눈에 띄는 강력한 공통분모를 가지고 있었다. 사람(조직원)을 기업경영의 최우선 가치이자 가장 중심에 둔다는 대원칙과 이를 철저히 지켜나가려는 실천의지였다.

장수기업들은 어떤 상황에서도 '자본' 이전에 '사람'을 중시했다. 그것은 바로 사람을 기업 경영의 최우선 가치로 여기고 가장 중심에 둔다는 점이다. 자본과 수익은 이들 기업에게 생존을 위해 필요한 생존 장치일 뿐이며 그 자체가 궁극적 목표는 아니었다. 그 결과 오래 살아남을 수 있었다는 것이다.

결국, 사람을 기업경영의 최우선적 가치로 삼고 인적 자원에 의존해서 변화에 적응한 기업들은 위기를 뚫고 장수를 누리고 있으며, 그렇지 않은 기업들은 도태된 것이다.

장수기업 연구 가운데 특히 눈에 띄는 것은, 세계적인 에너지 메이저인 '로열 더치셸(Royal Dutch-Shell)'이 1980년대에 행한 연구가 아닐까 한다. 1970년대 두 번의 쓰라린 석유위기를 맞아, 어떻게 하면 오랜 기간 성장을 계속할 수 있을지를 찾기 위해 이루어진 것이었다. 그 결과 밝혀진 장수기업의 주요 특징은 이렇다.

- 환경 변화에 민감하다.
- 사업의 독자성과 종업원의 결속력이 있다.
- 경영이 분산적으로 이뤄져 자율성이 높다.
- 재무 면에서는 보수적이다.

새로운 비즈니스 기회 혹은 위협과 같은 환경 변화나 흐름을 정확히 인식할 수 있는 역량을 가지고 있었다. 그러면서 내부적으로는 이러한 변화에 신속하게 대응(적응)할 수 있는 시스템을 갖추고 있다는 점이 장수기업의 가장 큰 특징이다.

위상 추락이나 몰락한 많은 기업들의 특징 가운데 하나는, 변화에 기민하게 대응해야 했음에도 내부의 우수한 종업원들이 나중엔 변화의 저항세력으로 둔갑했다는 점이다.

영국의 역사학자 아놀드 토인비는 그의 저서 〈역사연구〉에서 이렇게 말했다.

"문명 쇠퇴의 궁극적인 원인은 내부에 있으며, 외적 침입과 기술 혁신 등 외부요인이 아니다."

대제국 로마가 내부적인 문제로 붕괴됐으며, 오늘날에도 No.2 기업은 절대 No.1 기업을 물리치고 선두로 올라오지 못한다. No.2 기업이 No.1 기업을 물리쳤다면 그건 필시 No.1 기업의 내부 문제가 원인을 제공했을 가능성이 높다.

기업이 장수하기 위해서는 변화를 전제로 외부환경에 대한 인식과 그에 대한 유연한 대응, 그리고 무엇보다 내부적으로 끊임없이 그 존재가치를 이어갈 수 있는 환경이나 시스템이 갖추어져 있어야 한다.

일본 최고이자 세계 최고의 자동차 생산대수를 자랑하고 있는 도요타 자동차. 창업 이래 지금까지 도요타의 경영 이념이 되고 있는 게 바로 '도요다 강령(豊田綱領)'이다.

● 상하 일치, 지성으로 업무에 임하고, 산업보국(報國)의 열매를 거둬라.

● 연구와 창조에 심혈을 기울이고, 항상 시대를 앞서가라.

● 화려함과 아름다움을 경계하고, 질박하고 꾸밈이 없으며 강건해야 한다.

● 온정과 우애의 정신을 발휘하고, 가정적 분위기를 일으켜 세워라.

● 신불(神佛)을 숭배하고 보은 감사의 생활을 하라.

이 강령은 도요타 그룹의 창업자인 도요다 사키치(豊田佐吉)의 생각을 정리한 것으로 이후 임직원의 행동방침이 되었으며, 오늘날엔 '도요타 기본 이념'에 그 정신이 녹아 면면이 계승되고 있다.

가족경영엔 이런 장점이 있다!

일본 장수기업은, 곤고구미처럼 중소 규모에다 가족경영 형태를 가진다는 것이 큰 특징이다. 가족경영의 강점이라면, 자신의 재산을 투자해 만든 기업의 오너 경영자는 샐러리맨 경영자보다 어떤 일의 결정에 더 많이 생각하고 고민한다고 한다.

이들에게 실적이란 정기적으로 다가오는 '분기(分期)' 기준이 아닌 대를 이어나갈 '세대(世代)' 기준이다. 더해 결정된 사안의 추진은 훨씬 신속하게 이뤄지는 특징을 지닌다.

기업에게 변화란 성장과 역동성 나아가 영속성을 의미한다. 그런 측면에서 일본 장수기업은 변화를 두려워하지 않았다. 장수기업에는 '보수'와 '혁신'이란 상반되는 요소를 항시 혼재케 하면서도 이를 균형과 조화로 잘 풀어냈다. 이거야말로 장수기업이 장수기업으로서의 영속성(going concern)을 유지하는 소중한 비결이 아닐까.

장수기업은 경영권을 물려줄 때 장자계승이라는 원칙을 세워 기업들이 분리되지 않았다. 이를 통해 기업을 자손에게 대물림하는 과정에서 반목과 불화의 소지를 없앴으며 가족들 간 화합과 신뢰를 첫 번째 덕목으로 삼아왔다.

다만, 가족경영의 경우 오너들이 풀어야 할 최대 난제는 역시 후계자 문제다. 니혼게이자이신문[11]은 이를 세 가지로 요약해 설명하고 있다.

첫째, 장남에게 너무 집착하지 마라!

---

11) 日本經濟新聞(2003.9.14).

장수기업들의 창업주는 무조건 장남에게 회사를 물려주지 않았다고 한다. 장남의 능력이 출중하다면 금상첨화겠지만, 그렇지 못하다면 외부로부터 총명한 양자를 들여 가업을 잇게 한다는 것이다.

에도시대 상도(商道)와 실천적 윤리사상을 주창한 사상가 '이시다 바이간(石田梅岩)'은 다음과 같은 문답을 남기고 있다. "양자로 들어간 후 실부(實父)가 양부(養父)를 살해하는 일이 벌어졌다면 어떻게 할 것인가?"

대답은 "실부의 목을 베어 양부의 원수를 갚아라!"였다. 양자로 들어가 가업을 잇는 후계자의 위상과 무게를 느낄 수 있게 한다. 우리라면 어땠을까?

참고로, 이시다 바이간의 가르침은 '석문심학(石門心學)'이라 불리고 있으며, 유교와 불교, 일본 고대의 신도(神道) 사상을 접목한 것으로 당시 미움과 질시의 대상이었던 상인의 영리활동을 적극적으로 인정하고 근면과 검약을 장려했다.

또 그는 상인이 '인(仁; 타인을 배려하는 마음)', '의(義; 사람으로서의 올바른 마음)', '예(禮; 상대를 존경하는 마음)', '지(智; 지혜를 제품에 담는 마음)'라고 하는 네 가지 마음을 갖추고 있으면 고객의 '신(信; 신용·신뢰)'으로 표출돼 장사는 점점 번성하게 된다고 설파하고 있다.

둘째, 혈육 간의 다툼을 피하라!

일단 후계자를 정하면 다른 형제는 회사에 관여하지 못하게 하는 기업이 많다. 가령 장남일지라도 사업 수완이 떨어지면 곧바로 동생에게 가업을 넘기고 한 발짝 뒤로 물러선 경우도 있었다.

셋째, 자식이 귀여우면 여행을 시켜라!

세상의 온갖 풍파도 모른 채 자란 자식에게 곧바로 기업 경영을 맡기지 말고, 다른 기업의 밑바닥에서 일하며 뼈아픈 경험을 많이 쌓게 하라는 것이다. 우리나라 재벌기업에 던지는 메시지가 예사롭지 않다.

세계 10대 장수기업

기업명	설립 연도	업종	국적
곤고구미(金剛組)	578	건축	일본
호우시료칸(法師旅館)	718	호텔	일본
샤토 드 굴랭(Château de Goulaine)	1000	포도농장	프랑스
폰데리아 폰티피시아 마리넬리(Fonderia Pontificia Marinelli)	1000	종 제조	이탈리아
바로네 리카솔리(Barone Ricasoli)	1141	포도주	이탈리아
바로비어&토소(Barovier & Toso)	1295	유리 가공	이탈리아
호텔 필그림 하우스(Hotel Pilgrim Haus)	1304	호텔	독일
리차드 드 바(Richard de Bas)	1326	종이 제조	프랑스
토리니 피렌체(Torrini Firenze)	1369	귀금속	이탈리아
안티노리(Antinori)	1385	포도주	이탈리아

마케팅
Marketing

마케팅, 생사(生死)를 좌우하다!

마케팅의 개념

마케팅은 너무나 중요하기 때문에
마케팅 담당자에게 맡길 수 없다.

_휴렛패커드 CEO

마케팅의 기원!

마케팅, 마케팅, 또 마케팅!

오늘날 '마케팅'이라는 단어만큼 언제, 어디서나, 수많은 사람들의 입에 아주 자연스러우면서도 친숙하게 회자(膾炙)되는 단어도 없을 것이다. 또한 수많은 단어들의 전후에 떼었다 붙였다 자유롭게 조합되어도 전혀 어색하지 않다.

그럼에도 '마케팅이란?' 물음에는 그 대답이 쉽지 않다. 그것은 인구에 회자되는 수만큼이나 대답이 다양해서 일수도 있다. 또 시간의 흐름이나 연구자들에 따라 달리 표현될 수 있기 때문이기도 하다.

본시 '마케팅'이라고 하는 말은 시장에서 거래행위를 한다는 의미의 동사 '마켓(market)'으로부터 파생된 동명사로, 20세기 초 미국에서 만들어지고 사용되기 시작했다.

종종 상거래를 가리켜 'Trade', 판매활동을 'Selling'이라 하지만, 그러한 단어를 통해서는 마케팅 고유의 뉘앙스가 제대로 전달되지 않는다. 마케팅이라고 하는 것은 상거래와도 판매활동과도 다른 개념이기 때문이다.

당시 미국은, 산업혁명을 통해 선진공업국이 되었던 영국이나 프랑스와는 달리 식민지를 갖지 못해 해외에 시장을 가지고 있지 않았다. 그런 가운데 미국 내 공산품의 생산력이 높아져 생산과 소비의 균형이 깨지면서 시장점유율을 둘러싼 기업 간 판매경쟁이 날로 격화되고 있었다.

기업의 생산력이 향상돼 소비 규모를 상회하게 되었고, 이에 재고를 떠안게 된 기업은 어떻게 해서든 그 재고를 소진시켜야 했다. 이를 위해서는 시장점유율 확대를 위한 전략적인 판매활동과 수요를 창출할 수 있는 새로운 경영기법이 필요하게 되었다. 그리고 이러한 경영기법의 개념을 '마케팅'이라는 말로 풀어쓰게 되었다.

필자는 '마케팅(marketing)'을 이렇게 정의한다.

"끊임없는 시장(market) 변화(ing)에 부응하기 위해 주요 대상인 고객(customer)이 최고의 만족(satisfaction)을 경험하도록 최상의 가치(value)를 제공하는 것이다."

아울러 그러한 활동은 해당 '기업의 경쟁력' 및 '고객과의 관계 향상'으로 연결될 수 있어야 한다. 그러면서도 Marketing이란 단어 끝머리에 붙은 'ing'가 의미하듯 종결이 아닌 항상 진행 상태여야 한다.

마케팅의 이미지

마케팅 활동이나 그 전략은 특정 행위를 통해 단숨에 끝을 맺는 완결판 승리를 추구 하지는 않는다. 애초부터 마케팅의 완전한 승리란 있을 수 없기 때문이다. 우리 기업이 시장에 존재할 때까지 방심하거나 한눈팔지 않으면서 승리를 쟁취해 가야 할 영원한 과제일 따름이다.

또한 '시장(market)'은 재화나 용역(서비스)을 판매하려고 하는 사람들과 이를 구매하려는 사람들을 연결시켜주기 위해 오프라인(off-line) 상에 존재하는 유형(有形)의 공간이라고만 생각해서도 안 된다. 고객의 머릿속에 존재하는 무형(無形)의 공간도 더 없이 중요하다는 사실이다.

앞서 마케팅의 정의 가운데 등장하는 '가치를 제공'한다는 것은, 자신이 제공하는 제품이나 서비스의 '가치'를 소비자들에게 '공감(共感)'시킨다는 의미다. 예를 들면 이런 것들이다.

> '품질 하나는 끝내준단 말이야!'
> '와우~, 손님 접대 만큼은 정말 훌륭해!'
> '시원한 해물 칼국수, 바로 이 맛이야!'

이런 감탄이나 환호를 한번쯤 연발한 경험이 있다면, 이미 그대는 마케팅을 체험한 것이다.

'마케팅'의 다양한 개념!

"No.1을 두고 펼치는 경쟁이 있기에 마케팅이 존재한다."

마케팅의 절대적인 정의(定意)는 없지만, 마케팅 분야의 이른바 '대가(大家) 중의 대가'나 그 관련 단체가 내리고 있는 정의에 대해서만큼은 잠시 귀 기울여 보자.

'필립 코틀러(Philip Kotler)'란 이름은 마케팅을 조금이라도 접해본 사람이라면 누구나 한번쯤 들어본 이름이다. 지금까지 마케팅이라고 하는 것을 영리를 목적으로 하는 기업과 관련된 문제라고 생각해오던 것을 사회적 마케팅(social marketing)을 제창하면서 대학이나 병원, 교회 나아가 행정까지 그 개념을 확대시킨 학자로 유명하다.

코틀러의 저서 〈Principles of Marketing〉은 전 세계에서 가장 많이 교재로 선택될 만큼 마케팅을 배우는 학생들의 기본서로 자리 잡고 있다. 이 책의 초판은 1980년에 출간되었으나 그 이후 2, 3년 간격으로 개정판을 내고 있는데 그만큼 마케팅의 개념도 급속히 변화하고 있음을 의미한다.

〈Principles of Marketing〉 제8판의 변화에 주목할 필요가 있는데, 여기에는 '고객 만족'이라는 단어가 마케팅의 정의에 포함되어 있다. 이는 생산 경제에서 점차 서비스 경제로 이행됨에 따라 기업 이익의 원천은 '서비스의 품질수준'에 달려있음을 시사한다.

> "Marketing is the delivery of customer satisfaction at a profit. The twofold goal of marketing is to attract new customers by promising superior value and to keep current customers by delivering satisfaction."
> (마케팅이란 이익을 고려해가며 고객 만족을 제공하는 것이다. 마케팅의 두 가지 목표는 우수한 가치를 약속함으로써 새로운 고객을 유치하는 것이며, 만족을 제공해 기존 고객을 유지하는 것이다. 제8판[1999])

또 코틀러는 "마케팅은 수익성 있는 고객을 찾고 유지하고 키우는 과학이자 기술(예술)이다.(Marketing is the science and the art of finding, keeping, and growing profitable customers.)"라고도 표현했다.

다음으로 마케팅의 발상지 미국 마케팅협회(American Marketing Association, 2013. 7)의 정의는 이렇다.

"Marketing is the activity, set of institutions, and processes for creating, communicating, delivering, and exchanging offering that have value for customers, clients, partners, and society at large." (마케팅이란 고객, 의뢰인, 파트너, 사회 전체에 가치 있는 제공물을 창조·전달·배달·교환하기 위한 활동이며, 일련의 제도, 그리고 프로세스이다.)

AMA의 정의는, 마케팅은 조직의 한 기능임과 동시에 일련의 제도이자 프로세스로 정의하고 마케팅의 영역을 가치라는 개념 도입과 함께 기존의 4P보다 한층 포괄적인 영역으로까지 확장시키고 있다. 고객 지향(志向)으로 마케팅의 무게중심이 확실히 옮겨 갔다는 점이 눈에 띈다.

마케팅에 대한 정의가 처음 시도된 것은 1935년이었다. 그 이후로부터 1985년 개정 하기까지 무려 50년간 최초의 정의가 계속 사용되어 왔다. 그러던 것이 2004년에 이어 2013년에 새롭게 정의를 개정하게 된 것은 시장 환경의 급격한 변화가 개정 필요성을 절감했기 때문인 것으로 풀이 된다.

감성에만 어필했던 과거 아날로그식 마케팅이 점점 자리를 잃으면서 그 빈자리를 데이터에 기반을 둔 과학적 마케팅이 대체하고 있다. 근래 글로벌 이슈가 된 클라우드·빅데이터·기계학습(머신러닝)·사물인터넷(IoT) 등은 모두 마케팅 시장에서 각광받는 기술이자 트렌드다.

소비자 행동이나 습관에 대한 데이터와 이를 활용한 머신러닝은 마케팅 기술을 더욱 구체화시킨다. 인공지능도 마케팅에 영향을 미치는 중요한 요소다. 조만간 고객 상담, 개인 맞춤형 추천, 멀티채널 광고 등 모든 마케팅 영역이 자동화되고 소프트웨어로 구현될 것이다.

지난 20세기 마케팅은 매스 마케팅(mass marketing)이 중심이었다. 반면 21세기는 매스의 상대 개념이라 할 수 있는 '개별(one)'이 중시되고 있다. 스마트 폰과 같은 정보 단말도 한 몫을 했다. 이는 새로운 마케팅 정의에 포함된 단어를 통해서도 확인이 가능하다. 특히, '고객'이나 '의뢰인', '사회', '가치' 등은 개별 고객을 지향하는 마케팅에

결여되어서는 안 될 핵심 단어들이다.

참고로 일본마케팅협회(日本マーケティング協会, 1990)가 정의하고 있는 마케팅은 다음과 같다.

> "마케팅이란, 기업 및 여타 조직이 글로벌 관점을 가지고, 고객과의 상호이해를 주고받으며, 공정한 경쟁을 통해 이루어지는 시장창조를 위한 종합적인 활동이다."
>
> (マーケティングとは、企業および他の組織がグローバルな視野に立ち、顧客との相互理解を得ながら、公正な競争を通じて行う市場創造のための綜合的活動である。)

AMA의 정의든 일본마케팅협회의 정의든 고객을 가장 중심에 둔다는 마케팅의 핵심 철학은 변함이 없다. 결국 마케팅을 종합적으로 정리하면 이렇게 된다.

> "기존 시장을 확장시켜 새로운 시장으로 거듭날 수 있도록 전략적 접근과 더불어 정확한 고객 니즈(needs)를 읽어 고객에게 최상의 가치(value)를 제공하는 것이다."

또 그런 활동은 관련 기업의 '이익 창출과 경쟁력 향상'으로 직결되어야 하며, 동시에 고객과의 '관계(relationship) 향상'을 통해 한 차원 높은 고객만족을 이끌어 낼 수 있어야 한다. 고객만족 없는 마케팅은 이른바 팥이 빠진 단팥빵이다.

Marketing is Everywhere.
God is Everywhere.
ERgo, Marketing is God.

ⓒhugh

시장의 진실을 파헤친다!

시장의 본질

시장에 제품을 개발해 판매하려고 할 때 가장 중점을 둬야 할 사안은 무엇일까?
생산 담당자 왈, '대량생산을 통해 저렴한 가격의 제품을 출시하자!'
R&D 담당자 왈, "우리의 우수한 기술력을 살려 성능으로 승부하자!'
영업 담당자 왈, '전국에 걸친 탄탄한 영업망에 승부를 걸자!'
모든 주장은 옳다. 그래서 기업의 CEO가 어느 쪽에 손을 들어주건 그것은
그 기업의 자유다. 그러나 마케팅을 담당하거나 잘 이해하고 있는 사람이라면
이렇게 주장할 것이다. "소비자가 진정으로 원하는 것이 무엇인지 파악한 다음,
소비자를 만족시킬 수 있는 제품을 만들자!'

시장의 본 모습!

수많은 기업 경영자와 기술자(개발자)들이 오해하고 있는 대표적 논리 가운데 하나가 바로 이거다.

"우리 회사 제품은 기술(기능) 및 디자인 측면에서 뛰어나고, 품질 또한 우수해 시장에 내놓으면 틀림없이 공전의 히트를 칠 것이다."

심지어 마케팅 담당자들 가운데도 간혹 그런 사람이 있다.

반론 차원에서 이런 질문을 하나 던져보자. 현재 시중에서 인기를 얻고 있는 노래나 책 등이 작사·작곡, 내용 등의 측면에서 그 인기에 견줄 만큼 훌륭하거나 충실하다고 생각해서 우리는 그걸 구입하는가?

아마 그렇지 않을 것이다. 가령 책이라면 유명 서점이나 TV, 신문, 잡지 등에 베스트

셀러로 소개되고 있거나 우연히 서점에 들렀다 가판대에서 전시된 책을 집어 들게 되는 경우가 일반적이다. 때로는 '창의력'이나 '돈'과 관련된 얘기, '청춘'과 같은 사회적 화두 때문에 구입하기도 한다. 우수한 내용의 전문서적이 시시콜콜한 3류 연예기사로 가득 찬 주간지만큼도 판매되지 못하는 경우가 비일비재하다.

시장의 진정한 의미

"품질이 우수한 만큼 좋은 결과가 예상 된다."라거나 "기술이 뛰어나 반드시 히트를 칠 것이다."와 같은 제품지향적 사고는 특히 엔지니어들이 금과옥조(金科玉條)로 받아들이는 신념 가운데 하나다. 이것은 어떤 의미에서 지극히 건전하며 합리적인 사고임에 틀림이 없다. 하지만 오늘날의 시장 현실은 이러한 신념이 그대로 통용될 만큼 순진하지 않다.

이처럼 시장에서 '인기(人氣)있다는 것'과 작품성 측면에서 '우수(優秀)하다는 것'은 일치하지 않는 경우가 훨씬 많다. 특히, 최종 소비자가 기업이나 기관이 아닌 일반 소비자인 경우에 그런 경향은 뚜렷하다.

그럼 이번엔 제품 가격이 저렴하면 인기는 있을까? 솔직히 가격이 저렴하다는 점은 소비자들의 입장에서 보면 구미가 당기는 얘기다. 그러나 이게 다는 아니다.

우리 경제가 불황에 신음을 하고 있는 가운데도 소비자들의 고급지향적인 소비패턴은 눈에 띈다. 백화점의 명품관이 붐비고, 고가의 수입 외제차가 그 어느 때보다 인기를 끌고 있다. 게다가 골프장비나 가구 등과 같은 고급 소비재의 수입은 매년 확대일로를 걷고 있다. 한 마디로, 시장 소비 패턴의 양극화가 뚜렷한 것이 현실이다.

자료 : Kotler (1991).

다양한 마케팅 환경

그러나 단돈 1,000원짜리 균일제품을 찾는 소비자도, 고가의 수입 외제차를 찾는 소비자도 결국 이들이 원하는 것은 단 하나다. 중요한 것은 '보다 저렴한 제품'만이 아니라 '보다 만족'하거나 혹은 '보다 가치를 지닌' 제품을 고객은 원한다는 사실이다.

자동차를 새로 구입했을 당시를 떠올려 보라. 분명 3만여 가지의 부품으로 이루어진 승용차 그 자체를 원했기에 자동차를 구입하지는 않았을 것이다. 새로운 자동차를 통해 느낄 수 있는 편리함과 안락함, 위상(시선) 등을 원했던 것이다. 한 마디로 당신은 자동차라는 제품을 통해 '만족(satisfaction)'을 바랐다.

'지각품질'에 승부를 걸어라!

앞서 언급한 것과 마찬가지로, 한 마디로 '좋은 제품'이라고 해도 그 내용은 천차만별이며 전문가의 눈으로 본 '좋은 제품'과 대중에게 인기가 있는 '좋은 제품'과의 사이에 반드시 접점이 존재하는 것은 아니다. 전문가의 눈에는 정말 '좋은 제품'이라고 보일지라도 세상엔 인기 없는 제품이 수없이 많다.

다시 말해, 제품을 판매하기 위해서는 소비자가 인식하는 지각품질(知覺品質)도 중요하지만 그것이 제품의 객관적 품질(기술적 품질)과 반드시 동일한 것은 아니라는 점을 먼저 깨달아야 한다. 여기에는 몇 가지 근거가 있다.

● 소비자가 지각하는 제품의 품질에는 객관적 품질만이 아니라 제품의 브랜드와 이미지 등, 보다 주관적인 품질요소가 많이 포함돼 있다.

● 블라인드 테스트(브랜드를 모르게 하고서 유사제품을 소비자에게 구별하도록 하거나 어느 것이 좋은지를 묻는 테스트)를 하면 종종 유사제품과 제대로 구별하지 못하는 사례로부터도 알 수 있다. 이처럼 소비자가 제품의 객관적 품질을 정확히 인식한다고는 할 수 없다.

● 소비자는 제품의 품질 전체에 관심이 있는 것이 아니라 종종 자신이 관심이 있는 품질(기능)에만 흥미가 있다. 그러므로 그 이외의 품질이 아무리 좋아도 그러한 품질수준은 무시되는 경우가 적지 않다. 일반적으로 사람은 모든 자극을 지각하는 것이 아니라 자신이 관심을 가지는 자극에만 지각을 하는 경향이 있으며, 이것을 '선택적 지각(selective perception)'이라 부른다. 소비자의 지각품질은 이 선택적 지각의 영향을 받는 경우가 적지 않다.

● 품질이나 디자인의 개량은 소비자에게 '개량'으로서 인지되지 않는 경우가 있다. 일반적으로 자극의 차이는 그것이 일정량 이상 되지 않으면 인지되지 않는다. 자동차의 경우 신차가 출시되고부터 몇 년 후 '페이스리프트(face-lift)'를 하게 되는데, 이 경우 소비자의 눈에 기존의 자동차가 많이 바뀌었음을 인지하도록 앞부분과 뒷부분 디자인을 주로 바꾼다.

특히, 자동차의 눈에 해당하는 전조등(head light)이나 방향 지시등(turn signal lamp), 그릴(grill) 등과 같은 디자인만 바꾸어도 자동차가 훨씬 달라 보인다.

결국 엔지니어가 생각하는 '좋은 제품(기술적 품질)'과 소비자가 생각하는 '좋은 제품(지각품질)'이 반드시 같을 것이라는 편견(偏見)은 버려야 한다.

스탠포드대학 '윌리엄 밀러(William F. Miller)'는 최근의 급속한 기술변화 및 소비자 욕구변화를 거론하면서 기업의 연구개발(R&D) 인력도 변화해야 한다고 주장한다. 그러면서 고객의 요구와 기술적 역량을 동시에 고려하는 '테크놀로지 마케팅'이라는 단어를 사용하고 있다.

공급이 수요를 앞지른 현 상황에서 시장 수요를 제대로 이해할 수 있는 R&D 인력이 기업에 절대적으로 필요하다. 이제 엔지니어들도 시장 동향, 소비자 욕구(needs)를 제대로 읽어가며 그에 맞는 제품의 연구개발에 심혈을 기울이라는 뜻이다.

그렇다고 해서 '기술적으로 품질이 열악하더라도 시장에서 잘 판매만 되면 문제는 없다'라는 식으로 넘어가서는 곤란하다. 그것은 사회 전체적으로 보자면 엄청난 마이너스 요인이기 때문이다. 기술적으로 뛰어난 제품을 창출하려고 하는 엔지니어의 신념은 우리 사회에서 당연히 존중받아야 마땅하다.

시장에서 큰 인기를 누린다고 해서 콘텐츠도 그에 비례해 탄탄하다는 논리가 꼭 성립되는 건 아니다.

히트 제품에는 이유가 있다!

STP 마케팅

S = 세그먼테이션 (시장을 세분화한다)
T = 타깃팅 (표적시장을 선정한다)
P = 포지셔닝 (제공하는 제품 및 서비스 가치의
위치를 결정한다)

시장과 STP

모두가 잠든 야밤, '롯데타워' 123층에 올라 아래를 향해 엽총(산탄총)을 마구 갈겨 대고는, 그 탄환에 고객이 '맞아도 팔자! 안 맞아도 팔자!'라는 식의 논리로 시장 공략에 나서서는 곤란하다. B29식의 무차별 폭격은 기업의 자원 낭비는 물론 이미지 훼손으로 이어지기 쉽다. 시장 공략에는 양(量)이 아니라 철저히 질(質)을 추구해야 한다.

더불어 기업이 가지고 있는 자원(인재, 기술, 에너지, 자본 등)에는 한계가 있다. 무차별 식으로 뿌려질 만큼의 경영자원은 어디에도 없다.

그럼, 주어진 경영자원을 효율적으로 활용하기 위한 구체적인 대안은 뭘까? 그것은 바로 고객을 분류해 접근해야 한다는 것이다. 모두를 고객으로 생각했다간 아무도 고객이 아닐 가능성이 높다.

마케팅 활동 가운데 중요한 것은 여전히 충족 혹은 개척되지 못한 수요를 발견하고 그것을 충족시켜줌으로써 고객만족을 제공하는 하는 것이다.

고객이 모여 있는 곳은 시장이다. 흔히 '시장을 개척한다!'는 표현을 곧잘 사용하는데, 불모지 마냥 막연하게 시장이 존재하는 것은 아니다. 충족되지 못한 상태를 느끼는 각각의 사람들이 있으며 이런 사람들이 모여 시장은 형성된다.

단적으로 시장(市場)이라고 해도 모두 동일한 것을 가리키는 것은 아니다. 부자와 빈자, 직장인, 주부, 공무원, 대학생, 고등학생, 중학생, 초등생, 유치원생, 고령자, 독신자, 외국인 등 다양한 입장이나 위상을 가진 사람들이 존재하며 각각 충족되지 못한 상태, 즉 수요가 서로 다르다.

고객의 수요를 만족시키려 해도 대한민국 5,000만 사람들의 구미에 맞는 제품과 서비스를 준비해 제공할 수는 없다. 그렇기에 어떤 고객 그룹에게 만족을 제공할 것인지를 명확히 하는 것이 무엇보다 중요하다.

다른 말로 하자면, 모든 고객에게 주목을 받을 수 있는 새로운 제품이란 있을 수 없다. 고객은 제각기 다른 특성을 가지고 있기 때문이다.

그래서 애써 개발한 제품을 고객에게 알려 판매로 연결시키기 위해서는 보다 체계적으로 고객과 시장에 접근해야 한다. 그 체계적 기법이 바로 'STP'이다.

STP의 핵심은 먼저 시장을 자세히 세분화(Segmentation)하고, 표적을 세분화된 시장의 어느 쪽인가에 맞추어(Targeting), 경쟁 제품에 비해 우리 기업 제품이 한눈에 부각돼 상대적 우위를 차지할 수 있도록 포지셔닝(Positioning)을 하는 것이다.

STP 과정을 순차적으로 거치게 되면, 혹시라도 놓치기 쉬운 중요한 핵심사항들을 빠짐없이 체크할 수 있다. 그로 인해 신제품 도입 시 기업이 나아갈 방향성은 물론이고 신제품 개발 직전엔 체크 리스트로도 활용할 수 있다.

시장 세분화(S)

시장은 다양한 연령, 직업, 수입, 가치관, 태도, 행동 등을 가진 다수의 고객으로 구성되어 있다. 기업은 시장 전체를 고객으로 생각해 획일적인 제품 개발을 추진하기보다는 자기 제품을 보다 강렬히 원하는 소비층에 대해 마케팅 노력을 집중하는 편이 분명 합리적이다.

고객의 집합체인 시장을 수요의 상이(相異)에 따라 몇 가지 그룹으로 나누는 세분화 작업을 한다. 그 세분화가 '세그먼테이션(Segmentation)' 그리고 세분화된 그룹을 '세그먼트(Segment)'라고 부른다.

- ● 인구 기준 : 연령, 성별, 소득, 학력, 직업, 인종, 종교, 가족수 등 고객 개인 의 기본적 속성 차이에 근거한 분류 기준
- ● 지리 기준 : 국가, 지역(행정구역), 지방, 도시, 농촌, 인구밀도, 기후 등 지리 상 차이에 근거한 분류 기준
- ● 심리 기준 : 성격(보수 vs 진보, 사교적 vs 비사교적, 권위주의 vs 자유분방 등), 라이프스타일(활동, 관심사항, 의견 등) 등 고객의 사고나 가치관 차이 에 근거한 분류 기준

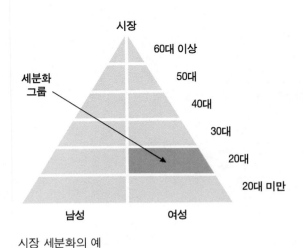

시장 세분화의 예

● 행동 기준 : 기존 제품의 구매량과 구매빈도, 광고와 가격에 대한 고객 반응 정도, 브랜드 충성도 등의 차이에 근거한 분류 기준

일반적으로 이러한 기준을 조합해 적절히 세분화된 그룹을 추출하고, 이를 통해 바람직한 시장 반응을 취합할 수 있다. 다만, 지나친 세분화로 인해 추출된 그룹의 규모가 너무 작아서는 곤란하다.

표적시장(T)

앞서 시장 세분화를 통해 몇 가지 그룹이 만들어졌다면 기업은 어느 세분화 그룹 (Segment)에 표적을 맞추고 어떻게 공략할 것인지 제품과 마케팅 계획을 추진한다. 이것을 타깃팅(Targeting)이라 부른다.

어떤 세분화 그룹에 표적을 맞출 것인가에 대한 기업의 선택에는 세 가지가 있다.

● 비차별 마케팅 : 세분화 된 시장 차이를 무시한 채 전체 고객을 대상으로 하나의 마케팅 전략을 구사. 규모의 경제성을 통해 비용절감에 기여함.

● 차별화 마케팅 : 복수의 표적시장을 선정해 각 시장에 적합한 마케팅 전략을 구사. 많은 종류의 제품과 다양한 마케팅 수단의 개발 및 관리로 인해 거액의 비용이 소요됨.

● 집중 마케팅 : 하나의 세분화 된 시장만을 표적으로 삼아 집중적으로 마케팅 활동을 전개. 가장 일반적인 타입이라 할 수 있음.

또한 어떤 세분화 그룹을 표적으로 삼을지를 검토할 때는 다음과 같은 내용을 충분히 고려해야 한다.

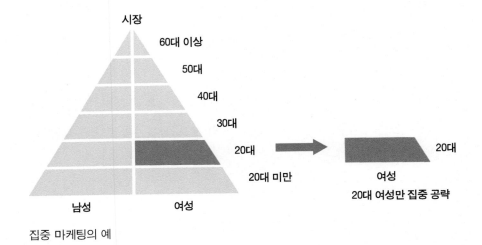

집중 마케팅의 예

- 시장 규모와 성장 : 세분화 시장의 매출액, 성장률, 수익률 등의 잠재력이 높음.
- 경영 자원 : 세분화 시장을 공략할 수 있는 기업의 자원 보유.(제조능력, 물류시스템 등)
- 기업 목표 : 기업 목표와 세분화 시장의 성격이 일치.(기업의 전략 및 재무상 목표)
- 경쟁 정도 : 표적시장 다음 단계인 포지셔닝에서의 경쟁 우위도 고려해 경쟁 현황을 평가.

지금까지 많은 기업들은 틈새시장(niche market)을 표적시장으로 삼아 성공하고 있다. 틈새시장은 경제적 보상도 클 뿐만 아니라 잠재 매력이 매우 높은 소규모 시장을 말한다.

포지셔닝(P)

STP의 마지막 단계가 제품 '포지셔닝(Positioning)'이다. 선정된 표적시장에 대해 기업은 경쟁기업 제품이 제공하는 가치와 우리 기업 제품이 어떻게 다른지를 검토한 후 시장 내에서의 전략적 위치를 명확히 할 수 있어야 한다.

즉, 기업은 제품의 위치를 잠재고객의 머릿속에 정확하게 심어주어야 한다. 그저 그런 성능을 가진 제품(저가격)인가? 아니면 우수한 성능을 가진 고급품(고가격)인가? 디자인이 독특한가? 호화스러운가? 소재가 독특한가? 이런 식으로 제품에 대한 고객의 인식(이미지)에 근거해 위치가 선정되어야 한다.

물론 고객의 머릿속에 그려지는 우리 기업 제품의 위치가 구매 시 긍정적이고 명확한 이미지로 자리매김할 수 있어야 한다. 가령 부정적이고 흐릿한 이미지라면 경쟁은 이미 끝난 것이나 다름없다.

예를 들어보자. 현대자동차는 지난 2015년 말 럭셔리 브랜드 '제네시스(GENESIS)'를 시장에 출시했다.

제네시스는 현대자동차가 벤츠, BMW, 렉서스 등 글로벌 고급차 시장에서 경쟁력을 갖추기 위해 새롭게 선보인 브랜드다. 이를 테면, 일본의 대표적인 완성차 브랜드 도요타자동차의 럭셔리 브랜드 '렉서스', 닛산자동차의 고급 브랜드 '인피니티'와 같은 개념이다.

제네시스 브랜드는 지난 2016년까지 대형 세단 '제네시스 G80'과 G80 스포츠, 플래그십 세단 'EQ900(현지명 G90)' 등 세 개 차종의 판매에 머물던 것을, 2017년 제네시스 G70을 시작으로 오는 2021년까지 대형 럭셔리 SUV 등 3개 모델을 추가해 모두 6개 라인업까지 확장된다. 이를 통해 제네시스는 아무나 탈 수 없는 국내 초대형 고급 승용차로 자리매김을 꾀하고 있다.

통상적으로 제품이 가진 특성을 2차원 그림(positioning map) 위에 위치를 설정함으로써 포지셔닝을 하게 된다. 이 그림을 통해 우리 기업이 제공하는 가치가 경쟁 기업에 비해 어떻게 다른지를 한 눈에 확인할 수 있다. 이 때 다음과 같은 점을 자세히 고

려해야 한다.

- 경쟁 제품의 포지셔닝
- 고객의 구입동기
- 제품의 특성

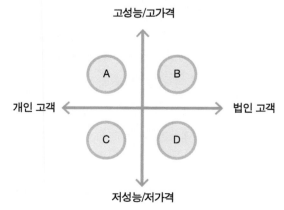

포지셔닝 맵 작성 예시

이상과 같은 일련의 과정을 통칭해 STP 마케팅이라 부른다.

STP는 어디까지나 일반적인 순서이며 제품개발 단계서부터 고객에게 제공하는 가치, 즉 포지셔닝이 사전 결정되어 있는 경우도 있다.

가령, 제네시스라면 개발 당시부터 고소득층을 대상으로 한 고급차로, GM대우의 스파크나 기아자동차의 모닝은 저소득층이나 젊은 층, 주부 등을 상대로 한 보급형 자동차로 포지셔닝 되었다. 쌍용자동차의 티볼리 역시 최초로 자동차(RV)를 구매하는 젊은 층이 타깃이다.

이처럼 마케팅이 성공하려면, 먼저 철저한 STP를 통해 진정 우리 고객이 누구인지를 정확히 가려낼 수 있어야 한다.

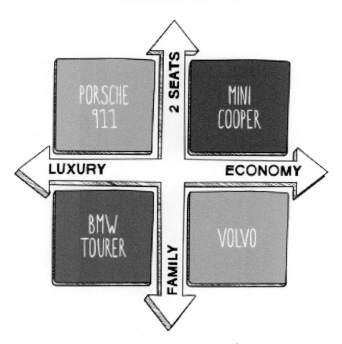

자료 : http://www.smartinsights.com

포지셔닝 맵 사례

생각해
보기

4P, 그게 뭐니?

마케팅 믹스

STP의 과정을 거쳐 우리 기업의 제품 및 서비스의
포지셔닝(Positioning)이 완료되었다면, 이제는 세그먼트(Segment)에
적합한 4P를 제공해야 한다. 이를테면,

- Product(제품) = 자동차
- Price(가격) = 3,000만 원
- Place(유통) = 직영점 혹은 대리점
- Promotion(판매촉진) = 신문, 잡지, 인터넷, TV, 광고전단(찌라시)

마케팅은 4P다!

기업의 생사(生死)를 가늠하는 잣대는 다름 아닌 '이익'이다. 그런 이익은 모두 시장
으로부터 창출된다. 또한 고객으로부터 획득할 수 있는 매출만이 기업 이익의 원천이
며, 기업은 그 이익을 통해 존속을 보장받게 된다.

실제로 기업이 시장과 접하는 유일한 통로는 '제품(서비스)' 이외에 아무 것도 존재
하지 않는다. 기업은 그 생사를 걸고 기업이 가진 모든 것을 표출하는 매체로써 제품
을 만들어야 한다. 그 제품을 구성하는 요소가 '마케팅 믹스(marketing mix)', 즉 4P
이다.

그래서 마케팅을 종종 '4P 이상도 4P 이하'도 아니라고 한다. 4P에 모든 것이 달려
있다고 해도 과언은 아니다. 4P는 마케팅의 기본 골격이자, 기업이나 조직 등에서 마케
팅 전략을 추진할 시 핵심이 된다.

이러한 4P는 제품(Product), 가격(Price), 유통경로(Place), 판매촉진(Promotion)으

로 알파벳 첫머리에 나오는 P에서 따온 것이다.

특정 제품이 소비자의 주목을 받고 있다는 것은 그 제품의 품질만으로 결정되는 것이 아니다. 가령 소비자가 그 제품을 '품질이 우수한 제품'이라고 인식했다고 할지라도 그 가격이 너무 높다거나 혹은 너무 낮다거나(가격전략), 제품을 입수하기가 너무 어렵다거나(유통전략), 경쟁기업의 광고 이미지가 더 좋다고(프로모션전략) 판단되면 소비자는 다른 제품을 선택하게 될지도 모른다. 이런 이유로 4P는 중요하다.

제품(Product)

기업 활동의 시작은 어떤 제품을 생산 또는 구입해 그것을 소비자나 기업에 어떻게 판매할 것인가에 있다. 무슨 제품을 어떤 형태로 만들어 판매할 것인지를 확정지었다면, 이번엔 제품 생산계획을 세우고 구체적인 사양을 결정한다. 그래서 'Product'는 마케팅의 출발점이라 할 수 있다.

세부적으로는 기능, 품질, 스타일, 종류, 디자인, 컨셉, 브랜드명, 패키지, 사이즈, 보증, 부속품, 서비스, 반품 등의 내용에 대해 상세히 규정한다.

가격(Price)

생산된 제품을 얼마에 판매할 것인가 하는 'Price'는 이익 창출을 비롯해 경쟁 제품과의 비교도 중요하지만, 무엇보다 소비자가 수긍하고 받아들일 수 있는 수준이어야 한다. 그 때문에 가격은 시장과 소비자와의 절충을 통해 결정되며, 생산 원가를 그대로 반영하는 가격이어선 곤란하다. 근래 제품 가격은 소비자가 결정한다는 원칙이 정착돼 있다.

구체적으로는 희망가격, 할인가격, 우대조건, 거래가격, 지불조건, 신용거래조건, 리베이트, 경쟁제품 가격 등에 대한 사안들을 자세히 정의하도록 한다.

유통경로(Place)

'어느 시장'의 '어떤 소비자'에게 우리 기업의 제품과 서비스를 부각시켜 판매할까 하는 것이 'Place'이다. 제품의 속성과 함께 기업 경영자원을 비교해가며 어떤 경로로 유통시키고 어디서 판매할지를 검토한다. 앞에서 말하는 '어느 시장'이란 생산자로부터 소비자에 이르는 유통경로를 말하며, '어떤 소비자'란 목표고객을 명확히 규정짓는 것을 가리킨다.

이를테면, 채널의 성질과 설계, 판매지역, 거래상대, 수송, 재고, 보관, 입지, 물류거점, 제품구비, 로지스틱 등에 관한 사안들을 결정한다.

판매촉진(Promotion)

제 아무리 우수한 제품을 생산하더라도 그것이 소비자에게 제대로 인지되지 않으면 판매로 연결되지 않는다. 게다가 오늘날의 시장상황은 이미 과당경쟁이라 할 만큼 수요보다 공급이 많은 상태다. 치밀한 판매촉진 활동 없이 판매를 기대하기란 우물에서 숭늉을 찾는 것과 별반 다름이 없다. 촉진 활동, 즉 'Promotion'의 관점은 소비자가 필요로 하는 정보를 얼마만큼의 예산으로 어떤 매체를 통해 적극적으로 전달할 것인가를 결정하는 것이다.

구체적으로는 홍보(PR), 광고(AD), 세일즈 프로모션(SP), 인적판매, DM, e-메일 마케팅, SNS 마케팅 등의 촉진 도구를 결정하고 실행에 옮긴다.

마케팅 믹스(4P)

어떤 제품이 소비자에게 부각되고 깊이 인지되기 위해서는 품질은 물론이거니와 가격, 경로, 촉진 등의 요소가 무엇보다 중요하다. 아무리 제품이 우수하다고 해도 고객에게 제대로 어필되지 않는다면 결코 판매로 연결되지 못하기 때문이다.

결론적으로 마케팅이란, 먼저 시장 수요에 맞는 우수한 품질의 제품이나 서비스를 생산한 다음(Product), 적정한 이익이 포함된 경쟁력이 있는 가격을 책정하고(Price), 효율적 유통경로를 활용해 제품을 시장에 노출시키고(Place), 고객이 제품을 구입할 수 있도록 판매촉진 활동을 적극 펼쳐나가는(Promotion) 일련의 과정이라 할 수 있다.

그래서 마케팅을 공부한다는 것은, 4P(marketing mix)를 습득하는 것이라 해도 결코 과장된 표현이 아니다.

효율적으로 조합하라!

성공적인 마케팅 활동을 위해서는 4P의 효율적인 조합과 그 무게중심을 어디에 둘 것인지를 세부적으로 따져보고 추진해야 한다.

제품에 초점

전혀 새로운 형태의 제품이거나 기술, 기능이 부가된 경우라면 제품 자체에 마케팅 활동의 초점을 맞추는 것이 적합하다. 다만, 오늘날엔 제품 간 성능에 뚜렷한 우위나 차별성이 없어 제품 중심의 마케팅 활동엔 한계가 있다.

가격에 초점

강력한 선발자가 시장에 존재하고 시장에서 해당 제품이 성숙단계로 접어들었을 무렵 후발자가 활용할 수 있는 유용한 전략이다. 하지만 가격이 저렴한 제품이라면 가격을 내려도 별 효과를 거두진 못한다.

유통경로에 초점

유통경로의 개척과 확보는 마케팅 활동의 시작과 끝이라 할 만큼 대단히 중요하다.

유통경로가 치밀하게 설계돼 있으면 마케팅 활동이 엄청난 역량을 지녔음을 의미하며, 반대로 그렇지 못하다는 것은 몸의 혈액이 제대로 돌지 않아 빈사상태에 있다는 얘기와 같다. 가령 차별화가 곤란한 제품이라면 유통경로에 초점을 맞추는 전략이 매우 효과적이다.

판매촉진에 초점

경쟁기업과 비교해 제품이나 가격, 유통경로에 큰 차이가 없다면 마지막으로 던질 수 있는 비장의 카드는 '판매촉진'이다. 4P 가운데 날이 갈수록 판매촉진의 비중과 역할이 점점 커지고 있다.

오늘날 기업이라면 제품(Product)에 관한 기본적인 능력은 이미 갖추고 있다고 보아도 무방하다. 따라서 제품을 제외한 나머지 3P를 어떤 식으로 규정하고 조합할 지에 마케팅 승패가 갈린다고 할 수 있다.

171

마
케
팅

환경에 적응하라!

자기 주변만 생각하는 것은 마케팅이라 할 수 없다. 성공적인 마케팅 전략을 추진하기 위해서는 외부 환경에 최대한 주의를 기울여야 한다.

최적의 마케팅 믹스를 도출하기 위해서는 해당 기업이 현 시장에서 어느 정도 매출을 확보할 수 있을지를 우선적으로 예측해야 한다. 유감스럽게도 매출 예측을 위해서는 다음과 같은 '불확실성'을 먼저 극복해야 한다.

- 경쟁 기업이 시장에서 어떤 식으로 치고 나올지 불투명하다.
- 기업은 소비자에게 영업은 할 수는 있지만 통제는 할 수 없다.
- 소비자는 기업의 통제가 미치지 않는 기업 외부의 존재다.

매출은 기업 스스로가 직접 나서 통제할 수 없는 소비자와 경쟁 기업의 행동으로부터 막대한 영향을 받는다. 더불어 경제적, 사회적인 외부 환경요인으로부터의 영향도 무시할 수 없다.

때문에 기업은 객관적 사고에 입각해 '시장 환경'과 '경쟁 환경'을 정확히 파악하고 그에 적합한 마케팅 믹스를 도출해야 한다. 시장 환경과 경쟁 환경이 바뀌고 있다면 그에 맞추어 마케팅 믹스도 변신을 도모해야 한다. 마케팅 전략의 핵심은 당면한 '환경 적응'에 있다.

제품 vs. 상품

마케팅 관련 교재를 펼쳐들었을 때, 가장 흔히 접하는 두 단어는 단연 '제품'과 '상품'이라 생각된다.

평소 별 생각 없이 사용하는 두 단어일지 모르지만, 제품과 상품의 차이는 발음이나 글자 모양의 차이 이상으로 확연하다.

제품(製造)은 그 한자가 의미하듯 제조(製造)된 물건을 의미하지만, '상품(商品)'은 매매(賣買)의 목적물로서의 물건을 의미한다.

때문에 제품이라고 하는 집합은 상품이라고 하는 범주에 포함된다고 할 수 있다. 이를 테면 '농산물'이나 '해산물'처럼 제조(가공)되지 않은 것은 상품이라고 하는 범주에는 들어가지만, 제품이라고 하는 범주에는 들어가지 않는다.

"이 제품은 상품으로서의 가치가 충분하다."라고는 할 수 있으나 그 반대 경우는 성립되지 않는다. 즉, "이 상품은 제품으로서 가치가 충분하다."는 말이 안 된다.

더불어 상품에는 구체적인 형태를 가진 유형(有形)의 물건만이 아니라, 무형(無形)의 물건이나 서비스,

아이디어처럼 명백한 형태가 없는 것도 포함된다.

이 정도 설명이면 두 단어의 일반적 개념 차이는 충분하리라 판단된다. 이제 마케팅 관점에서 두 단어의 개념 차이에 주목해보자.

마케팅 측면에서 보면, 위의 일반적 개념과는 다소 차이가 존재한다.

시장에서 소비자가 "와우~ 이거 괜찮은데!"하며 구입하는 것이 '상품'이고, 생산자가 "이런 걸 소비자는 필요로 할 거야!"라며 만드는 것이 '제품'이다.

시장에서 소비자가 적정 금액을 지불하고 제품을 구입할 때 비로소 제품은 상품으로 탈바꿈한다. 쉽게 말해, 생산자 시각에 무게중심이 실린 것은 제품이고, 소비자 시각에 무게중심이 실린 것은 상품이라 보면 그 의미 전달이 뚜렷하다.

그럼에도 필자는 이 책에서 시종일관 '제품'이란 용어를 사용하고 있다. 각종 이론이나 시장 환경 등을 설명할 시 제품이란 용어가 훨씬 전후 관계를 설명하기 쉽고 눈에 익숙해서다. 게다가 기업에 중심을 둔 경영학 원론서라는 점에서도 상품보다는 제품이라는 표현이 한결 부드럽다.

생각해
보기

제품에도 생로병사가 따른다!

제품수명주기(Product Life Cycle)

어떤 제품이 시장에 처음 선보였을 당시는
그 나름의 유용성과 편리성, 인기를 가지게 되지만,
점차 유사 제품이 쏟아져 경쟁이 심화되고
새로운 기능이 부가되면서 시장 환경도 바뀌게 된다.
이로 인해 수요는 차츰 줄게 되고 결국엔 시장에서
그 모습을 감추게 된다.

제품의 수명은 몇 년?

시작이 있으면 필연적으로 끝이 따르는 법!

지구상의 모든 생물(生物)들이 가지는 공통점은 바로 생로병사(生老病死)라고 하는 필연적 과정을 거친다. 제품 또한 마찬가지다. 수명주기를 가지고서 각 과정별로 서로 다른 특성을 표출한다.

제품이 시장에 처음으로 투입돼 일반인들에게 인지되기까지는 시간이 필요하지만(도입기), 어느 정도 보급되기 시작하면 가속도가 붙어 매출액이 급속하게 증가한다.(성장기) 그러나 영원히 성장만을 거듭할 것 같은 제품도 일정 시점부터 다수의 경쟁자가 출현하면서 수요는 포화상태에 이른다.(성숙기) 그리고 어느 순간 제품은 서서히 진부화되어 간다.(쇠퇴기)

● 인간 : 출생 → 유년기 → 청년기 → 중년기 → 장년기 → 노년기 → 생의 마감

● 제품 : 출시 → 도입기 → 성장기 → 성숙기 → 쇠퇴기 → 시장 퇴출

인간이 출생한 후 유년기와 청소년기에는 앞으로 펼쳐질 인생을 위해 열심히 공부하고 체력을 단련하는 일종의 투자기를 거친다. 중장년기에는 앞 단계의 투자를 이익으로 환원시켜 거둬들이는 단계를 거치고, 노년기에 들어서면 현역 은퇴와 더불어 체력 저하도 시작돼 이전 단계만큼 이익을 확보하지는 못한다.

이와 마찬가지로 제품 역시 도입기에서 성장기와 성숙기를 거쳐 쇠퇴기에 이르기까지 각 단계마다 시장 환경이 달라 제품을 통해 거둬들일 수 있는 수익도 달라진다. 따라서 기업은 그러한 환경에 적절히 대응할 수 있는 마케팅 전략을 구사해야 한다. 그러기 위해서는 우선 제품수명주기에서 보여지는 각 단계별 특징을 정확히 꿰뚫는 것이 급선무라 하겠다.

가로축에 시간의 경과가, 세로축에 매출액이 규정돼 시간의 경과에 따른 제품의 매출액 추이가 그려지게 된다. 물론 모든 제품이 동일한 패턴을 거치는 것은 아니다. 시장에 내놓았을 때 폭발적인 매출액을 기록하는가 싶더니 어느 날 갑자기 매출액이 뚝 떨어지는 것이 있는가 하면 매출액을 다시 회복해 제2의 전성기를 누리는 것 등 제품에 따라 그 수명주기는 실로 다양하다.

이를테면, '새우깡'이나 '신라면', '초코파이', '바나나우유' 등과 같이 오랜 기간 성숙기를 누리는 제품이 있는 반면에, '즉석 탕수육'이나 '조개구이', '안동찜닭'처럼 일시적으로 급속한 성장과 쇠퇴를 보여주는 제품(업종)도 있다. 또 일정 주기로 성숙기를 되찾는 제품들도 있다.

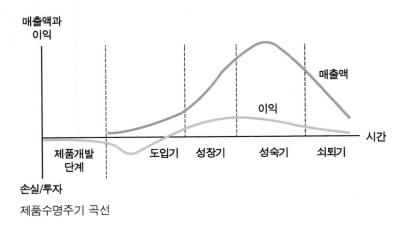

제품수명주기 곡선

도입기(Introduction Stage)

모든 제품에는 언제 세상의 빛을 받았는지를 기록한 탄생일이 존재한다. 이것은 그 제품이 시장에 처음으로 출시된 시점을 가리킨다. 최초 시점에서는 당연히 시간과 매출액이 모두 제로(0)다. 그 이후 시간의 경과에 따라 매출액은 서서히 상승할 것으로 기대되지만 처음에는 그 속도가 그다지 빠르지 않다.

이는 제품이 획기적 신제품일수록 소비자와 유통업자는 그 제품의 정체(내용)와 브랜드명 등을 인지하지 못하고 있기 때문이다. 이를테면 스마트폰이나 태블릿 PC가 처음으로 시장에 도입되었을 때 그 제품의 컨셉을 알고 있는 소비자는 소수였다. 이러한 단계를 가리켜 '도입기' 또는 '시장 도입기'라고 부른다.

이 단계에서 특히 눈여겨보아야 할 것은, 과연 자신의 제품이 시장에서 살아남을 수 있을 것인가 하는 '생존' 그 자체다. 그만큼 신제품은 실패할 확률이 높으며, 불확실성이라는 리스크에 적절히 대처할 수 있는 기업 능력이 시험대에 오른다.

그러나 무엇보다 이 단계에서 중요한 것은 '소비자 반응'이다. 기업은 먼저 제품 이미지와 기능, 사용방법 등을 소비자와 유통업자에게 인지시켜야 한다. 여기에 차질이 생기면 기업은 제품 도입 그 자체에 실패해 시장에서 사라질 운명을 짊어져야 한다. 가령 성공한 경우라도 이 단계의 소비자는 실험정신으로 똘똘 뭉쳐진 소수의 혁신 소비자라는 점을 명심해야 한다.

제품 개발과 제품의 이미지 광고 등을 위해 많은 비용이 투자되므로 이 단계에서는 적자(赤字)라고 보면 틀림이 없다. 그 때문에 제품 가격은 다소 높게 책정되는 경우가 일반적이다. 즉, 초기 고가격 전략을 취하는 셈이다. 소수의 혁신 소비자는 가격에 그다지 구애받지 않는다는 전제 아래 책정되는 가격이다.

하지만 모든 경우에 초기 고가격 전략을 취하는 것은 아니다. 특히 해당 시장에 후발(後發) 진입하는 기업은 선발기업의 시장점유율을 침식하기 위해 처음부터 저가격으로 진입하는 경우가 많다.

성장기(Growth Stage)

성장기 신호탄은 후발기업이 저가격 전략을 구사하면서 시장 진입을 시도하는 바로 그 시점이라고 보면 정확하다.

이 단계는 제품의 매출액과 이익이 급성장하는 시기인 동시에 각지에서 우후죽순 격으로 경쟁자가 출현해 시장이 확대일로를 걷게 된다. 또한 경쟁 격화로 인해 초기 고가격 전략은 폐기되고 저가격 전략으로 돌아서는 것이 일반적이다. 하지만 해당 제품으로 보자면 가장 좋은 시기라고도 할 수 있다.

이 무렵의 목표는 무엇보다도 수요증가에 따른 시장점유율 극대화이다. 이전 단계인 도입기에 제품 인지와 확대에 주력을 했다면, 이제부터는 동일 제품일지라도 가격과 성능이 다른 제품을 투입하면서 A/S나 보험, 금융 서비스 등을 하나로 묶어 보다 포괄적인 제품 개념으로 다루어야 한다.

소비자 가운데서도 신제품을 비교적 빠른 시기에 구입해 입소문(口傳) 등을 통해 다른 소비자에게 많은 영향을 미치는 조기 수용자 혹은 오피니언 리더가 제품을 구입하기 시작하고 그에 따라 소비층이 확대된다.

기업은 시장에서 자신의 위치를 확고히 하고 유통채널을 확충시키면서 이를 통해 시장점유율을 더욱 확대시켜나간다. 그러면서 이 시기에는 여전히 제품의 개량(모델 변경) 여지도 많아 차별화 전략을 적극 추진할 수 있다.

● 마케팅 전략 : 계속적인 성장 촉진, 시장점유율 극대화

성숙기(Maturity Stage)

꽃망울이 맺히는가 싶더니 어느 순간 만개(滿開)해 있다. 대다수의 소비자에게 해당 제품이 보급되게 되면 시장은 곧 포화상태로 접어들고 매출액도 이익도 거의 늘지 않는 '성숙기'가 찾아들게 마련이다.

이 시기에 들어서면 이미 구매자층은 대부분 개척돼 매출성장률은 점차 떨어지게 된다. 제품을 추가적으로 구입하거나 기존 제품을 버리고 신제품을 구입하는 수요가 중심이 된다. 게다가 제품 할인 등으로 기업 이익은 차츰 감소하게 된다.

우리 가정을 한 번 둘러보자. TV와 냉장고, 세탁기, 에어컨, PC 등 각종 전자제품이 이미 성숙기에 들어와 있다. 그렇다고 해서 기업들은 마냥 손을 놓고 있지는 않다.

제품에 대한 소비자 입맛은 날로 까다로워져 브랜드와 모델은 다양화되고 경쟁은 치열해지면서 경쟁 제품 간의 품질에서 차이를 발견하기란 쉽지 않다. 결국 승패는 마케팅 전략에 달려있다.

제품 개발 전략이라면 먼저 새로운 용도를 개발하는 것이다. 즉, 제품의 기본 성능에다 획기적인 기능 혹은 디자인 등을 추가한 제품을 투입하거나(일반 TV에서 평면 및 OLED TV, 나아가 QLED TV로), 새로운 용도 및 새로운 표적을 향해 제품, 이를테면 일반 냉장고가 김치 냉장고 및 와인 냉장고 등의 기능성 냉장고로 변신하듯 말이다.

가격과 광고전략에 있어서는 매우 구체적인 전략과 전술이 필요하다. 기능 개량과 모델 변경은 가급적 소폭으로 한다. 대신에 시장을 세분화하면서 브랜드 충성도를 높이고 시장점유율을 계속 유지할 수 있도록 한다.

이러한 전략이 성공을 거두게 되면 성숙기일지언정 다시 새로운 제품수명주기를 그릴 수 있게 된다. 즉, 제품수명주기를 더 늘려갈 수 있다는 얘기다.

● 마케팅 전략 : 시장점유율 방어, 이익 극대화

쇠퇴기(Decline Stage)

이 지구상에 영원불멸하는 존재가 없듯 끊임없는 성장만 할 것 같은 제품도 곧 성숙기를 거쳐 쇠퇴기로 접어들게 된다. 시작이 있으면 반드시 끝이 존재하기 마련이다.

그리고 마지막엔 시장으로부터 사라지면서 어느 순간엔 그 흔적조차 남지 않게 된다. 즉, LP 레코드판이 CD 혹은 MP3로 바뀐 지 오래고, 저장장치는 플로피 디스켓에서 CD롬을 거쳐 USB 메모리스틱, 클라우드로 바뀌었다. 필름 카메라는 디지털 카메라로, 휴대폰은 피처폰에서 스마트폰으로 급속히 탈바꿈했다.

물론 쇠퇴기에 들어서고 난 이후에야 비로소 제품을 구입하는 소비층도 있겠지만, 전체적으로는 매출액과 이익의 감소가 눈에 띄게 늘어나는 것이 쇠퇴기의 신호탄이라 보면 정확하다.

이 시기엔 시장에서 철수 타이밍을 놓치지 않도록 해야 한다. 가령 매출액이 떨어지고 있음에도 끝물 상태인 제품 및 브랜드를 계속 유지하려 고집한다면 비용이 가중돼 이익이 마이너스로 뒤바뀌는 사태를 초래할 수 있다. 다만, 철수 시 제품에 따라서는 A/S 체계와 사회적 책임도 고려할 필요가 있다.

시장 철수 후 사후관리 체계가 엉망이라면 곧바로 그 기업의 이미지 손상으로 연결돼 향후 출시될 제품(서비스)에 악영향을 미칠 수 있다. 유종의 미, 끝이 아름다워야 한다.

● 마케팅 전략 : 이익 확보, 철수 검토

인앤아웃버거, 들어봤니?

미국 여행 경험자에게 묻는다. 가장 맛있게 먹은 햄버거라면?
이런 물음에 그대는 어떤 답을 할 것인가?
필자는 단숨에 답할 수 있다.
인앤아웃버거 라고.
얇게 썬 양파와 햄버거와의
환상적인 조화를 잊을 수 없다.

맥도날드를 능가하는 햄버거

햄버거의 본고장 미국에서 가장 맛있는 햄버거를 파는 곳은 어디일까? 맥도날드나 버거킹, 아니다. 혹시 강남
에 1호점을 연 뉴욕발 '쉐이크쉑버거' 일까? 실은 미국 서부지역에서만 체인점을 운영하는 인앤아웃(IN-N-OUT)
버거다. 물론 필자의 생각이다.

최근 미국 월간 컨슈머리포트지는 구독자 3만 6,000명을 대상으로 미국 내 53개 패스트푸드 체인점에 대해 소
비자 만족도를 조사했다. 인앤아웃버거는 10점 만점에 7.9점으로 2년 연속 1위를 차지한 반면, 맥도날드는 5.6
점에 그쳤다.

영화배우 패리스 힐튼이 몇 년 전 음주운전 혐의로 체포당했을 때 인앤아웃버거를 사러 가던 중이었다고 말해
화제가 되기도 했다. 힐튼은 당시 경쟁사 햄버거 체인의 광고모델로 활동해 더 관심을 모았다.

맛뿐 아니라 내실도 탄탄하다. 비상장 기업인 인앤아웃버거는 정확한 실적을 공개하지 않지만 2014년 매출 6억
2,500만 달러를 기록한 것으로 업계는 추산하고 있다. 맥도날드 연간 매출의 1% 수준이지만 연평균 매출 증가
율은 업계 평균의 2배인 약 10%에 달한다. 순이익률은 20%에 이르는 것으로 알려졌다.

냉동고가 없는 매장

창업자 해리 스나이더가 캘리포니아주 볼드윈파크에서 맥도날드보다 7년 빠른 1948년 설립한 인앤아웃버거의 경영 모토는 '단순함을 지키자(Keep it Simple)'다. 최고의 맛과 청결, 서비스를 제공한다는 '평범한' 경영철학을 유지하는 것이 최고의 평가를 받는 비결이라고 인앤아웃버거는 설명한다.

우선 신선한 재료를 사용한다. 이 회사는 1976년부터 볼드윈파크에 직영 육가공 공장과 식자재 배급소를 운영하면서 재료의 품질을 직접 관리하고 있다. 냉동고기를 주로 쓰는 다른 대형 체인과 달리 생고기를 매일 매장에 공급한다. 한 번도 얼리지 않은 생고기를 쓰는 것은 창업 이후 줄곧 유지해온 원칙이다. 햄버거용 빵도 매장에서 매일 아침 직접 굽는다. 신선도 유지를 위해 매장은 직영 배급소의 반경 500마일(800km) 이내에만 열 수 있다.

또 인앤아웃버거 매장에는 냉동고나 전자레인지, 적외선램프 등의 설비가 없다. 얼린 재료를 쓰지 않기 때문에 녹이거나 보관할 필요가 없다는 것이 회사 측 설명이다. 남은 재료는 전량 폐기한다.

적은 매장 수를 고수해 품질을 유지하는 것도 특징이다. 인앤아웃버거는 캘리포니아, 네바다,

애리조나 등 미국 서부 3개주에서 318개의 매장을 운영하고 있다. 맥도날드와 버거킹이 119개 국가에 3만 곳, 58개국에 11,285곳의 매장을 각각 연 것과 비교된다. 1948년 1호점 개점 이후 2호점을 내기까지 3년이 걸렸고, 창업 후 28년간 늘어난 매장이 18개에 불과하다. 1976년 작고한 창업자 해리 스나이더는 생전 인터뷰에서 "사업 확장보다는 품질 유지가 중요하다."고 강조했다.

충성도 높은 고객을 창출하라!

인앤아웃버거의 메뉴판에는 4종류(햄버거, 치즈버거, 더블더블버거, 프렌치프라이)의 음식만 올라가 있다. 창업 이후 메뉴는 변한 것이 없다. 맥도날드가 맥카페를 통해 커피 등 음료를 팔며 제품군을 다양화하는 것과는 대조적이다.

하지만 인앤아웃버거의 단골고객들은 메뉴판에 적혀 있는 메뉴가 아닌 다른 것을 주문해 먹는다. 단골들만 알고 주문할 수 있는 '비밀 메뉴(secret menu)'가 있기 때문이다. 인앤아웃버거는 단골들을 위한 서비스인 비밀 메뉴를 계속 개발해 선보이고 있다. 현재 비밀 메뉴는 6가지 정도가 알려져 있다. 고기를 쓰지 않거나 빵 대신 양상추를 쓰는 햄버거 등이다. 양파나 토마토 등을 취향에 맞춰 넣어 먹을 수 있도록 별도로 제공하는 것도 특징이다. 린시 마르티네스 인앤아웃버거 최고경영자(CEO)는 "자신만의 햄버거를 먹을 수 있고, 비밀 메뉴를 아는

자료 : 헤럴드경제(2015.10.09)

미 서부에 집중된 인앤아웃버거 매장

사람들끼리 유대감도 형성된다."고 소개했다.

저렴한 가격도 장점이다. 인앤아웃버거에서는 가장 비싼 단품 햄버거가 2.75달러고 음료수와 감자까지 주문해도 5달러를 넘지 않는다. 감자튀김을 만드는 과정을 손님들에게 공개하는 것도 마케팅 전략이다. 얼린 감자를 튀기는 경쟁사와는 달리 인앤아웃버거에서는 즉석에서 생감자를 썰어 튀긴다. 마르티네스 CEO는 "신선한 재료를 쓴다는 자부심과 더불어 고객들에게 우리 제품에 대한 신뢰감을 높일 수 있다."고 설명했다.

색다른 서비스와 숙련직원 확보

시대를 앞서간 서비스도 명성의 배경이다. 1950년대에 차를 탄 채로 햄버거를 주문하는 드라이브 스루(drive-thru) 서비스를 업계 최초로 도입한 곳이 이 회사다. 당시에는 직원들이 차로 다가가 주문을 받고 제품을 직접 갖다 주는 것이 일반적이었다.

숙련 직원도 꾸준히 양성하고 있다. 1984년 매장관리자 양성 기관인 인앤아웃대학(In-N-Out university)을 설립했다. 최소 1년간 매장에서 풀타임 근무를 해야 교육을 받을 수 있는 자격이 주어진다. 예비 관리자들은 이곳에서 품질관리법, 청결 및 서비스 정신 등을 배운다. 숙련된 직원이 좋은 서비스를 제공한다는 원칙을 실행하는 셈이다.

직원들에 대한 높은 보상체계도 좋은 서비스의 기반이다. 인앤아웃버거 신입 직원의 시간당 임금은 8.25달러다. 미국 내 다른 대형 패스트푸드 체인점의 평균 임금 5.15달러보다 높다. 아울러 매장 관리자의 평균 연봉은 8만 5,000달러로 업계 최고 수준이다. 이 때문에 매장 관리자의 평균 근무 연수가 13년에 달한다. 인앤아웃버거 측은 "할아버지부터 손자까지 3대가 일한 경우도 있다."며 "로열티 높은 직원들이 더 좋은 서비스를 제공하는 것은 당연하다."고 강조했다.(자료 : 한국경제, 2011.08.25 및 헤럴드경제, 2015.10.09를 필자가 재구성)

자료 : 헤럴드경제(2015.10.09)

인앤아웃버거의 특징인 단출한 메뉴구성

고객의 사소한 불만은 무시해?

하인리히의 법칙!

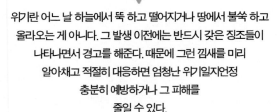

위기란 어느 날 하늘에서 뚝 하고 떨어지거나 땅에서 불쑥 하고
올라오는 게 아니다. 그 발생 이전에는 반드시 갖은 징조들이
나타나면서 경고를 해준다. 때문에 그런 낌새를 미리
알아채고 적절히 대응하면 엄청난 위기일지언정
충분히 예방하거나 그 피해를
줄일 수 있다.

하인리히의 법칙!

"어느 날 갑자기 벽돌을 나르던 조랑말이 왼쪽 뒷다리를 삐고 과로한 운전수
는 달리는 버스 핸들 앞에서 졸도한다."

이성복 시인의 "그러나 어느 날 우연히"라고 하는 시(詩)의 한 대목이다. 길 가던 조
랑말이 다리를 삐고, 고속도로를 달리던 운전자가 돌연 졸도하는 것은 어느 날 우연히
나타난 것처럼 보이지만 사실 여기에는 필연적인 이유가 숨겨져 있다.

그동안 조랑말이든 운전수든 과로로 인한 피로가 누적되어 왔거나 그로 인해 병을
키웠다면 사고의 위험성은 늘 잠재되어 있었다. 다만 그런 과정을 유심히 살피거나 주
의를 기울이지 않았기에 예기치 못한 불행한 일이 어느 날 우연히 불거진 것으로 비칠
따름이다. 세상의 우연이란 이면에는 모두 그럴만한 필연이 숨어 있다.

1:29:300의 법칙은 '하인리히의 법칙(Heinrich's theory)'이라고도 불리고 있다. 미
국의 하인리히(H. W. Heinrich)는 50만 건 이상의 노동재해에 관한 사례를 분석했다.

이 법칙에 따르면 1건의 치명적인 재해(accident)의 배경에는 29건의 경미한 정도의 가벼운 재해(incident)가 있고, 그 배경에는 부상 혹은 아찔한 300건의 경험(irregularity)이 있었다고 한다.

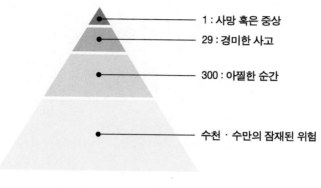

1 : 사망 혹은 중상
29 : 경미한 사고
300 : 아찔한 순간
수천 · 수만의 잠재된 위험

하인리히의 법칙

이 법칙은 오늘날 기업들의 실패 발생률로 활용되고 있는데, 이를 테면 1건의 큰 실패 배경에는 29건의 고객으로부터 들어온 클레임이 있었다. 또 그런 배경에는 300건의 종업원들이 '느낌이 좋지 않다'고 하는 정도의 징후가 있었으나 고객으로부터의 클레임이 없어 그냥 넘겨버린 경우가 여기에 해당한다. 즉, 큰 실패엔 사전 인지된 잠재적 실패가 반드시 존재한다.

고객의 불만을 읽어라!

너무도 지당한 얘기겠지만, 기업 및 제품에 대한 가치평가는 모두 고객을 통해 이뤄져야 한다. 종업원들이 "아찔하다."고 생각되지 않는 일 가운데서도 고객 측면에서 보면 위기나 실패라고 판단되는 일들이 수 없이 많기 때문이다.

아래 내용들을 천천히 음미하며 읽어보자. 자료의 출처는 www.esatisfy.com의 조사에 따른 결과다.

- 불만을 가진 고객의 96%는 기업에 대해 아무 말도 하지 않는다. 일반적으로 클레임이 1건 존재하면 문제를 가진 고객이 그 외에도 24명 존재한다는 것이며, 그 가운데 6건은 심각한 문제이다.
- 불만을 토로한 고객은 그 문제가 충분히 해결되지 않아도 토로하지 않은 고객보다도 그 기업과 계속적으로 비즈니스를 하려고 하는 경향이 있다.
- 불만을 토로한 고객의 54~70%는 문제가 해결되면 다시 그 기업과 비즈니스를 하려고 한다. 특히 문제가 재빨리 해결되었다고 고객이 느낄 때에는 그 숫자는 95%까지 상승한다.
- 기업과의 비즈니스에 문제가 있다고 느낀 고객은 평균 9~10명에게 그 사실에 대해 얘기한다. 특히 그 13%는 20명 이상에게 이야기를 한다.
- 불만을 토로해 문제가 해결된 고객은 업계에 따라 차이는 있지만, 평균 5~8명의 사람에게 그 사실을 얘기한다.
- 문제를 해결하려고 했으나 성과를 얻지 못한 고객은 그 나쁜 경험에 대해 8~16명의 사람에게 얘기를 한다.

누워서읽는 경영학원론

위의 결과를 대입하면, 불만을 가진 고객 96%는 기업에 대해 아무 것도 하지 않는다. 즉, 1:29:300의 법칙에 있어 29건의 클레임은 불만을 가진 고객 가운데 불과 4%가 제기하는 클레임에 지나지 않는다. 가령 29건(4%)의 클레임이 발생했다면 불만을 가진 고객은 단순계산으로 725명(96%)이나 존재했다는 사실이다.

다시 말해, 해당 제품(서비스)에 대해 10명의 소비자로부터 클레임이 제기되었다면, 250명의 고객이 그 제품에 관해 만족하지 못했다는 것을 의미한다.

물론 단순히 비교할 수는 없지만, 이것은 종업원이 '아찔했다.'고 느끼는 실패보다도 훨씬 큰 숫자임에 틀림이 없다. 고객은 기업이 느끼는 이상으로 기업이 제공한 제품이나 서비스에 대해 불만을 가지고 있음을 명심하자.

생각해
보기

가격 결정의 은밀한 노하우!

가격 책정 노하우

봉식 왈, 루이뷔통 가방은 고가(高價)인데도 이를 찾는 사람들이 많단 말이야!
봉만 왈, 그 가방 품질이 우수해서 찾는 걸까?
봉순 왈, 어쩌면 디자인이 뛰어나 가격이 비싼 건 아닐까?
봉식 왈, 루이뷔통이라고 여느 가방과 뭐가 그리 다르겠어.
하지만 비싼 데는 그럴만한 까닭이 있겠지!

가격 결정법!

그대가 한 쇼핑몰을 방문해 물건 구입하는 상황을 떠올려보라.

소비자 입장이 되어 보자는 것이다. 누구든 "성능도 디자인도 마음에 쏙 드는데 가격이 너무 비싸 엄두가 나질 않는다!"라거나 "다른 것과 비교해 보고 결국 가격이 제일 싼 쪽을 택했다!" 등과 같은 경험이 분명 있을 것이다.

시중에 판매되고 있는 수많은 제품들의 가격은 어떻게 책정되는 것일까?

생산에 들어간 비용에다가 마진을 더해 간단히 책정하는 걸까? 소비자가 지불할 수 있을 것 같은 가격을 붙이는 걸까? 아니면 정부 눈치를 슬쩍 봐가며 정하는 걸까?

사실 제품 가격은 판매하는 측과 그것을 구입하는 측의 쌍방 시점에서 바라본 합리적 책정이 필요하다. 제품을 판매하는 측의 요인을 '내부요인(內部要因)'이라 하며, 그 제품을 구입하는 측의 요인을 '외부요인(外部要因)'이라 부른다.

이러한 내외부 요인을 파악한 후 치밀하면서도 합리적인 가격 책정이 이뤄지는데, 그 방법에는 크게 두 가지가 있다.

- 원가 지향(cost oriented)
- 시장 지향(market oriented)

먼저, '원가 지향'이란, 원재료비, 외주비, 구매 원가, 지불 운임, 포장비 등과 같이 생산량에 비례해서 추가적으로 투자되는 변동비(變動費)와 인건비를 중심으로 임차료, 광고·선전비, 보험료, 교통비 등 생산량에 관계없이 일정액을 필요로 하는 고정비(固定費)처럼 제품과 서비스를 생산하는 데 필요한 원가(cost)를 계산하고 이를 토대로 가격을 책정하는 것이다.

통상적으로 생산수량이 늘게 되면 제품 1개 당 비용은 저렴해진다. 규모의 경제성(economies of scale)이 발휘되기 때문이다. 이처럼 원가 지향에서는 전체 판매량과 비용 구성이 어떻게 될지 그 이미지를 그려가며 가격을 책정한다. 물론 원가를 밑도는 가격 책정이라면 해당 기업은 적자를 면치 못하게 된다.

다음으로 '시장 지향'인데, 판매할 제품을 둘러싼 시장 환경을 고려해 판매방법을 결정하고 그로부터 가격을 책정한다는 논리다. 그래서 생산에 필요로 하는 원가는 자연히 그 가격을 실현할 수 있는 범위 안에서 조정된다. 시장 지향을 통한 가격 책정에는 다음 세 가지의 시장 환경을 고려해야 한다.

- 경쟁 제품
- 유통
- 소비자

우선 '경쟁 제품'과의 관계다. 동일한 카테고리에 있는 제품군 가운데서 가격을 높게 할 것인지, 낮게 할 것인지 혹은 완전히 동일한 가격으로 할 것인지는 그 안에서 목표로 하는 시장 포지셔닝(positioning)에 따라 달라진다.

고급 이미지를 가지면서 다른 제품보다 좋은 품질임을 강조한다면, 의도적으로 높은 가격을 책정하게 될 것이다. 그런 가격을 '신용가격'이라고 한다. 반면에 과감하게 가격을 낮추어 폭넓은 수요를 개척하는 전략도 있다. 근래 우리 주변에서 흔히 볼 수 있는 '단돈 1,000원'이라는 단일(균일) 가격 제품이 대표적이다.

다음으로 '유통'과의 관계도 고려해 보자. 동일한 제품일지라도 대형 할인점, 백화점, 슈퍼마켓, 동네 구멍가게, 인터넷에서는 각기 다른 가격으로 제품이 팔리고 있다. 이것은 유통구조로 인해 판매량이 달라지거나 생산자와의 사이에 거래조건이 바뀌면서 최종 가격에 반영되었기 때문이다.

마지막으로 가장 중요한 것은 '소비자'가 그 가격을 어떻게 받아들일지 여부다. 소비자는 항상 가격과 품질, 그리고 제품으로부터 얻을 수 있는 효용을 엄격히 비교해가며 구매를 결정한다.

소비자에게는 실제 지갑과 다른 '심리적 지갑'이 있다고 한다. 이를테면, 동일한 1,000원의 제품일지라도 그것이 필수품인가 아니면 단순히 즐기기 위한 오락제품인가에 따라 완전히 다른 감정을 드러낸다. 그 때문에 소비자의 사고 및 철학은 매우 중요하다.

또 1,980원이라거나 9,900원과 같은 단수가격(端數價格)을 통해 가격을 설정하는 경우가 일반적인데, 이것은 2,000원, 10,000원과 비교해 20원, 100원이라는 미미한 금액차이가 소비자 심리에는 그 이상으로 할인율이 크게 느껴지기 때문이다.

실제로 10만 원의 제품과 9만 9,000원의 제품 사이에는 1,000원 차이밖에 없지만 금액 단위로 보자면, 10,000원이라는 큰 차이를 소비자에게 심어준다. 또한 이러한 가격 설정은 특정 제품에 대해 얼마 이상의 금액은 지불하지 않겠다는 이른바 '심리저항선

'(心理抵抗線)'을 가진 소비자에게는 매우 유용한 가격 책정법이다.

아파트 평당 분양가에도 이런 가격 책정이 이뤄지고 있다. 이를 테면, 2,000만 원에 아슬아슬하게 못 미치는 1,980~1,999만 원 사이에서 책정하는 사례가 그것이다. 소비자가 느끼는 체감 분양가를 조금이라도 낮추고, 초고가 분양이라는 비난을 피하기 위한 가격 전략이 아파트 분양가에도 고스란히 적용되고 있는 셈이다.

오늘날 마케팅에서는 단출한 원가 지향을 기준으로 한 가격 책정에는 한계가 따른다. 때문에 시장 지향을 통한 다양한 관점에서 가격 책정이 이뤄져야 한다.

소비자의 머릿속과 가격!

경쟁이 날로 치열해지면서 기업들은 자사 제품(서비스)들의 가격 책정에 더욱 민감해지고 있다. 그러면서 소비자의 심리적 측면을 적극 고려하기 시작했다.

위신가격(prestige pricing)

위신가격이란, 높은 가격이 곧바로 높은 사회적 지위와 높은 품질의 상징이라고 믿고 있는 고객을 상대로 가격을 책정하는 방법이다. 흔히 소비자는 제품 구입 시 무엇보다 '가격'을 제품의 유용한 판단기준으로 활용한다. 때문에 고가의 제품은 품질이 좋고, 저가의 제품은 품질이 떨어진다고 생각한다.

이를 테면, 세계적으로 유명한 디자이너의 드레스나 향수, 핸드백(가방)과 같은 제품이 이를 잘 대변해 주고 있다. 위신가격 설정이 적합한 제품은, 구매빈도가 낮고 소비자가 품질을 판단하기 어려운 고급품이라 하겠다.

관습가격(behavior pricing)

관습가격이란, 오래 전부터 소비자가 관습적으로 인정하는 가격이다. 즉, 시장에서 오랜 기간 일정한 가격으로 정착된 제품들이 그것이다. 소비자의 머릿속에 이미 가격이

고정되어 있어 가격 변경이 곤란하다. 때문에 가격을 올리면 시장의 반발을 초래할 수 있고, 내리면 품질에 이상이 있는 것은 아닌가 하는 의심을 소비자에게 전달해 되레 판매량을 떨어뜨린다. 관련 제품으로는 캔 음료나 껌, 달걀, 라면 등을 들 수 있다.

단수가격(odd-even pricing)

단수가격이란, 어떤 제품의 가격이 백단위나 천단위로 끝나는 것보다 끝수가 3, 5, 9와 같은 홀수(odd numbers)로 끝나면 소비자가 훨씬 저렴하게 느낀다는 전제 아래 고안된 가격 책정법이다. 이 가정은 가격이 홀수가격만이 아니라 짝수가격(even price)이 되어도 소비자의 반응은 호의적이라고 한다.

아울러 가격 끝수에 8이나 9와 같은 수를 붙임으로써 가격을 최대한 내려 거의 마지노선에 판매하고 있다는 인상을 소비자에게 심어줄 수 있다. 클럽 입장료가 10,000원이 아닌 9,900원이고, 안주 한 접시에 맥주 2병의 기본 가격이 50,000원이 아닌 49,800원인 이유도 여기에 있다. 이 가격 책정법은 식료품이나 의류, 일용잡화 등의 제품에 폭넓게 적용되고 있다.

심리적 가격(psychological pricing)

일정 범위 안의 가격이라면 분명 차이가 있음에도 소비자는 그 차이를 명확히 인지하지 못한다. 그 때문에 해당 제품의 판매량은 정체 상태가 된다. 그래서 나온 책정법이 심리적 가격인데, 인간의 심리를 최대한 활용해 제품의 가격 책정에 반영시키고 있다.

이를테면, 손목시계의 가격을 15,500원, 23,500원, 28,500원 등과 같이 책정하지 말고, 20,000원, 50,000원, 90,000원 등 일정한 차이(상중하)를 두고서 가격을 책정하라는 거다. 그러면 소비자들은 그 차이를 정확히 인지해 구매에 도움을 준다.

생각해
보기

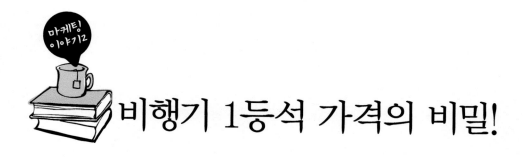

비행기 1등석 가격의 비밀!

가격(price)이란 어떤 상품이 지닌 가치(value)를
금전(money)으로 표출한 것이다. 고객이
소비활동을 벌이면서 가장 많이 고려를
하는 요소가 가격이기도 하다.
그런 가격은 대체 어떻게
책정되는 것일까?

타봤어, 1등석?

비행기 1등석은 '하늘 위 궁전'이라고 부른다. 누구나 한번쯤 타보고 싶지만 몇 백만 원부터 천만 원 이상까지 하는 가격 때문에 서민에겐 언감생심이다.

대한항공과 아시아나항공은 인천발 LA행 노선의 1등석 가격이 왕복 기준으로 무려 1,000만~1,200만 원 선이다. 비싼 가격 탓에 1등석 대부분은 텅텅 비어있는 경우가 많다. 그래선지 비행기를 자주 타는 승객 사이에선 '퍼스트클래스 무용론'이라는 말까지 나온다.

항공권은 특정일이 지나면 가치가 '0(zero)'이 되는 속성이 있다. 경제학에선 이를 썩는 제품(perishable goods)이라고 부른다. 만약 1등석 예약 승객이 아무도 없을 경우 비행기가 뜨기 전 가격을 일시적으로 낮춰 몇 백만 원이라도 받고 태우는 것이 낫지 않을까! 하지만 항공사는 빈자리를 고수하는 것을 원칙으로 한다. 1등석의 시장가치를 유지하기 위해서다.

그렇다면 비행기 1등석의 가격은 누가 어떻게 책정할까? 1등석을 포함해 항공권 가격을 결정짓는 건 항공사의 RM(revenue management, 매출 최대화)이라고 불리는 팀이다.

항공권 가격 책정은 항공사와 승객 사이에 벌이는 대표적 심리게임이다. 항공사는 비행기가 뜨기 전 한정된 좌석을 최대한 비싸게 팔아야 한다. 반면, 승객은 조금이라도 저렴한 가격에 항공권을 구입하려고 든다.

항공사는 일반적으로 1년 단위로 항공 스케줄을 짠다. 그래 여행객은 항공 스케줄을 보통 1년 뒤 것까지 볼 수 있다. 이 스케줄표가 바로 승객과 항공사가 벌이는 심리싸움터다.

RM 팀은 과거 동일 노선을 탔던 승객들의 티켓 구매 패턴을 분석해 항공기 한 대 당 받을 수 있는 최대 가격을 계산해낸다. 이들이 사용하는 '슈퍼컴퓨터'에는 날씨, 계절은 물론 몇 %의 좌석을 단체 여행객에 우선 판매할지 공시 운임은 얼마로 책정할지 등을 모두 고려한 프로그램이 깔려 있다.

항공사는 이를 부킹 클래스(booking class, 예약 등급제)라고 부른다. 항공사 별로 자신들만의 노하우가 있고 이는 모두 비밀이다. 매출의 극대화를 목표로 하지만 빈 좌석으로 비행기가 뜨는 상황을 방지해야 하는 리스크 관리도 병행해야 한다.

목표했던 가격보다 승객을 싸게 태우거나 빈 좌석으로 항공기를 띄울 경우 이들은 회사로부터 패널티를 각오해야 한다. 어려운 임무가 주어진 만큼 항공사에선 이들에게 확실한 무기도 쥐어줘야 한다. 바로 승객들이 비행기 표를 구매하는 패턴을 수십 년간 분석한 데이터가 그것이다.

불확실성에서 기회를 찾다!

예를 들면 이런 거다. 인천 발 뉴욕 행 노선은 여행객보다 사업하는 사람들이 더 많이 탑승한다. 비즈니스맨들은 업무 때문에 목적지를 찾기 때문에 예약만 해놓고 결제는 하지 않는 '노쇼(no-show)' 비율이 낮고 주로 출발일이 거의 다 돼서야 비행기를 예약한다. 때문에 굳이 좌석 당 가격 편차를 두지 않아도 되는 이유가 여기에 있다.

이런 노선은 출발일이 임박해도 항공권 가격이 좀체 내려가지 않는다. 그런 까닭에 만약 승객이 인천 발 뉴욕행 비행기를 예약해야 한다면, 조금이라도 더 저렴한 티켓을 찾는 데 시간을 낭비하지 말라는 의미다.

동남아 노선은 반대다. 놀러가는 승객 비율이 높다. 여행 계획을 미리 짜는 사람과 아닌 사람, 단체 여행객과 개인 등 비행기를 타는 구성원의 성격이 천차만별이다. 노쇼 비율도 높다. RM팀이 이 같은 노선에 주로 미끼를 많이 던지는 이유가 여기에 있다. 비수기이면서 출발일이 가까워 온다면 '땡처리'를 노려볼만하다. 모든 조직과 개인이 그러하듯 RM팀 역시 가장 싫어하는 게 '불확실성'이다. 노선 성격의 불확실성이 클수록 가격 편차도 커진다.

반대로 승객 구매 패턴 데이터가 오래 축적된 노선이라면 소비자 입장에선 할인항공권을 구하기가 쉽지 않다. RM팀에서 소비자가 티켓을 살지 말지, 얼마쯤이면 싸다고 느끼는지 등을 훤히 꿰뚫고 있어서다.

인천을 기준으로 LA, 뉴욕, 도쿄 노선이 대표적이다. 이들 세 도시가 국내 승객들이 가장 많이 찾는 곳이다. 그만큼 고정수요가 분명하고 구매 패턴 데이터가 많이 쌓여 있을 가능성이 높다. 만약 목적지가 이곳이라면 단돈 1만 원이라도 더 깎아보겠다고 웹서핑을 하는건 헛수고가 될 가능성이 높다.

요일별 편차도 존재하는데, 통계적으로 항공권은 출발일 기준 화요일에 제일 저렴하고 금요일에 가장 비싸다. 이는 단순히 수요와 공급의 원리 때문이다. 출장이나 여행 출발 일자를 금요일로 정하는 사람들이 많다는 얘기다.

항공권은 언제 사는 것이 좋을까? 온라인 여행사이트인 칩에어(CheapAir)는, '출발 전 3주에서 3달 반 사이에 구입하라'고 한다. '비행기 탑승요금은 비행편이 발표되고 실제 비행이 이뤄지기까지 무려 71번이나 바뀐다'고 칩에어 측 분석가는 말한다.

비수기라고 가격이 바닥을 칠 때까지 기다려서는 안 된다. 시장 질서를 흐트러뜨리지 않고자 항공사 스스로 특정 가격 이하로는 팔지 않는다는 내부 규정이 있어서다. 바로 1등석처럼(자료 : 한국경제, 노정동, 2017.05.30을 필자가 재구성)

중간상, 불필요하다고?

중간상의 존재 의의

중간상의 효용은 크게 소유와 시간, 장소를 제공한다는 점이다.
즉, 구매와 판매라는 교환 과정을 통해 '소유의 효용'을 제공한다. 판매할 수 있는
재고를 확보함으로써 '시간의 효용'을 제공한다. 마지막으로 물질적 재화를 시장으로
이동시킴으로써 '장소의 효용'을 제공한다.

중간상의 필요성

"중간상(中間商), 이거 필요해? 괜히 쓸데없는 사람들이 중간에 끼어들어 나눠먹기 하는 건 아냐? 이런 사람들 때문에 최종 가격은 천정부지로 뛰어 오르고…!"

흔히 접하는 중간상에 대한 불만이다. 한 마디로 중간상이 취하는 이익이라는 건, 결국 다른 사람이 생산한 것을 단지 왼쪽에서 오른쪽으로 옮겨만 주면서 중간에서 곶감 빼먹듯 하는 불로소득(不勞所得)의 전형적 모습처럼 비춰진다.

이게 중간상의 진실이라면 분명 불필요하고 성가시고 얄미운 존재다. 중간에 불필요한 상인들을 배제시켜 생산자가 직접 소비자에게 판매하는 것이 훨씬 효과적이다. 그렇게 되면 중간 이익을 배제해 제품 가격은 현재보다 훨씬 싸질 수 있기 때문이다.

이런 중간상 존재에 대한 의문은 사실 어제 오늘의 문제가 아니다. 물론 앞으로도 꾸준히 제기될 가능성이 높다.

주변 아파트 단지 내에서 가끔 '공장 직판'이나 '생산자 직거래소'라는 현수막을 내걸고 생산자가 직접 소비자에게 물건을 싸게 판다고 광고하는 경우를 볼 수 있다. 왜 이런 생산자의 '직판(直販)'이 일상화 되지 못하는 것일까?

대답은 지극히 간단하다. 조금 역설적이지만 중간상이 반드시 필요해서다. 단적으로 중간상이 없을 때보다 존재할 때 훨씬 사회적 효용이 크기 때문이다. 나아가 최종 소비자에게도 훨씬 이익이다.

그런 중간상이 행하는 고유의 중개 기능에 대해 알아보자. 상거래(商去來)가 성립되기 위해서는 다음과 같은 일련의 과정을 거쳐야 한다.

'거래 상대를 찾아 → 거래 대상(제품)의 내용·품질을 확인하고 → 거래 조건이 합의에 도달하면 → 제품 전달과 대금 결제가 이뤄진다.'

이러한 네 가지 거래 과정 속에 사용되는 비용을 '거래비용(transaction costs)'이라 하는데 중간상이 담당하는 기능은 바로 거래비용을 줄이는 데 있다.

다시 말해, '판매자와 구매자를 접목시키는 브로커 기능'과 '제품의 품질과 거래 상대의 신용을 조사하는 정보생산 기능', 그리고 '제품의 재고 보관과 배송 등의 유통 기능', '자금의 융통을 원활하게 하거나 대금을 징수하는 결제 기능' 나아가 '유통과 결제 기능을 통하여 리스크 부담 기능' 등을 제공함으로써 거래비용을 절감해 상거래가 원활히 이뤄지게 한다.

중간상이 하는 일!

중간상의 필요성 대한 대표적인 연구로는 영국의 경제학자 '마가렛 홀(Margaret Hall)' 여사가 제기한 '총거래수 최소화의 원리(principle of minimum total transaction)', '불확실성 풀의 원리(principle of pooling uncertainty)' 혹은 '집중 보관의 원리(principle of massed reserves)', '분업의 원리(principle of division of labor)' 등을 들 수 있다.

총거래수 최소화의 원리

총거래수 최소화의 원리는, 홀(Hall)의 제1법칙이라고도 불리며 유통과정에서 중간상의 필요성을 주장하는 확고한 논리적 근거가 되고 있다.

생산자와 소비자 사이에 중간상이 존재함으로써 사회 전체의 유통 비용을 절감할 수 있다. 이를 테면, 생산자가 세 명, 소비자가 네 명 존재하는 경우 중간상이 존재하지 않는다면 '3 × 4 = 12회'의 거래가 필요하지만, 중간상이 개재됨으로써 그것이 '3 + 4 = 7회'로 감소된다.

이처럼 중간상의 개입을 통해 총거래수가 줄게 되면서 비용 절감이라는 효과를 가져와 유통 경비를 대폭 절감할 수 있다.

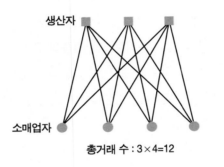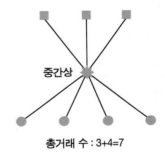

총거래수 최소화의 원리

불확실성 풀의 원리

불확실성 풀의 원리는, 홀(Hall)의 제2법칙이라고도 불리며 이 원리 역시 유통과정에서 중간상의 필요성을 주장하는 논리적 근거가 되고 있다.

생산자가 계절 변동이나 지역 격차 등에 따른 소비자 수요를 예측하지 못하고서 재고(stocks)를 보유하게 되면, 해당 기업은 물론이고 사회 전체로서도 낭비이자 비효율성을 떠안게 된다. 하지만 중간상이 중간 재고를 보유하게 되면 수요 불확실성에 따른 손실을 줄이고 소매업자의 재고비용, 유통비용 등을 절감할 수 있다.

다시 말해, 시장경제 아래서 제품은 늘 생산된 만큼만 지속적으로 소비되는 것이 아니다. 때문에 생산과 소비의 접점은 항상 불확실하며 불안정하기 마련이다. 그렇다면 누군가가 어떠한 형태로든 제품 재고를 떠안으면서 그런 불확실성에 대비해야 한다.

이 경우 생산자가 개별적으로 재고를 보유하기보다는 중간상이 재고를 가지는 쪽이 전체 재고량을 줄일 수 있다.

이를테면, 다섯 개의 소매업자가 각각 500개씩 재고를 보유하고 있다고 치자. 그러면 합계 5×500=2,500개의 재고량이 필요하게 된다. 그러나 여기에 중간상이 개입하면 집중적으로 재고(1,000개)를 가질 수 있어 개별 소매업자의 재고량도 대폭 줄인 100개 정도를 확보함으로써, 합계 재고량은 (100×5)+1,000=1,500개로 줄어든다.

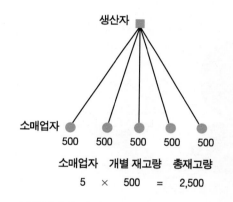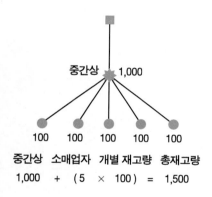

불확실성 풀의 원리

분업의 원리

분업의 원리란, '분업(分業)'이 가진 의미처럼 자신이 누구보다 잘할 수 있는 것을 도맡아 처리하는 편이 효율적이라는 관점에서 도출된 원리다. 실제로 상당수의 생산자는 최종 소비자에게 직접 제품을 유통시킬 만한 능력을 갖추지 못했다. 일부 대기업을 제외하면 중소기업이 독자적으로 전국 유통망을 확보하기란 지난(至難)하다.

설사 독자적으로 유통 경로를 구성할 능력을 가진 생산자일지언정 그 자금을 자신들의 주요 사업에 전념하면서 집중적으로 투자 및 경영하는 것이 더 많은 이익을 창출할 수 있다. 이를 다른 말로 전문화(專門化)의 원리라고 한다.

위에서 언급한 세 가지 원리 외에도 중간상은 생산자가 생산한 제품의 구색을 소비자들이 원하는 구색으로 바꾸어 주는 기능도 하고 있다. 유통 경로를 통해서 중간상은 수많은 생산자로부터 제품을 대량으로 구입해 소비자가 원하는 다양한 구색을 갖추고서 소량씩 판매한다. 이처럼 중간상은 수요와 공급을 연결시켜서 조화를 이루도록 하는 소중한 역할도 한다.

이상과 같은 이유로 중간상은 없어서는 안 될 더없이 소중한 존재다.

누워서읽는 **경영학원론**

생각해
보기

광고, 그 끝은 어디인가?

광고의 의미

'너무 특이한 광고가 나가면
사람들은 그곳에만 신경을 집중해
사실상 제품에는 눈길을 주지 않는다.'
_잭 트라우트

광고의 정의!

일반인들이 '마케팅'하면 가장 먼저 떠올리거나 내뱉는 단어는, 단연 '광고(advertising)'가 아닐까. 이런 광고는 수많은 마케팅 활동 가운데 하나인 판매촉진에 해당한다.

갈수록 많은 기업들이 광고에 몰입하는 이유는 어디에 있을까? 두말할 여지도 없이 그 중요성 때문일 것이다.

어떤 전문가는 광고를 가리켜 이런 심오한 표현을 했다.

Doing business without advertising is like winking at a girl in the dark.

(기업 경영에서 광고를 뺀다면 그것은 칠흑 같은 어둠 속에서 사랑하는 연인을 향해 윙크하는 것과 같다.)

백번 지당한 얘기다. 사실 아무 것도 보이지 않는 칠흑 같은 어둠 속에서 제 아무리 윙크를 크게 수없이 하더라도 그 사실은 본인만 알고 있을 뿐 주변 사람에게 제대로 전달될 리 만무하다.

가끔 우리 주변에서 쓰레기처럼 비춰지는 광고도 유용성을 지닌다. 사람들은 광고를 통해 특정 제품에 대한 정보나 신제품이 출시되었음을 인지하는 유용한 수단이 되곤 한다.

여기서 광고에 대한 가장 원초적인 질문 하나 던져보자. 그대가 생각하는 '광고'란 무엇인가?

사람은 본능적으로 자신을 포함해 두 사람 이상이 모인 곳이라면 언제나 자신을 상대에게 알리려 무진장 애쓴다. 그런 까닭에 현대는 자기 PR의 시대라고까지 일컫는다.

不患人之不己知, 患不知人也(불환인지불기지, 환부지인야). 그 의미인 즉, 남이 나를 알아주지 않음을 걱정하지 말고, 내가 남을 알아주지 못하는 것을 걱정하라. 이렇게 얘기한 공자(孔子)의 주장이 무색할 지경이다.

이익 창출이라는 막중한 책무를 지닌 기업 또한 예외일 수는 없다. 자신의 기업을 둘러싼 주위 사람 혹은 조직과 유익한 관계를 맺으려 한다. 그러한 커뮤니케이션 수단의 일환으로 광고(廣告, 널리 알림)는 세상에 태어났다.

여기서 잠깐, 광고와 홍보(Publicity)는 어떻게 다를까?

광고는 상업적 목적을 가지고서 어떤 내용을 알릴 시 대가를 지불하지만, 홍보는 어떤 내용을 알리면서 대가를 지불하지는 않다.

비단 광고는 개인이나 기업에 한정되어 있지만은 않다. 정치 분야와 종교, 그리고 대학 등 각종 집단이나 조직에서 자신을 상대에게 알리기 위한 필수 도구로 자리 잡았다.

종종 현대인들은 광고의 홍수 속에서 살아간다고들 한다. 아침에 일어나서 잠자리에 들 때까지 일반인들이 접하는 광고 수는 무려 5,000개를 넘는다고 한다. 게다가 이 숫자는 점점 더 증가하고 있다.

집안으로 들어오는 신문과 라디오, TV는 물론이고 출근을 위해 문밖을 나서는 순간 건물, 벽, 옥상 등에도 온갖 광고로 넘쳐난다. 또 도로에 나서면 버스에도, 택시에도, 지하철에도, 가게에도, 간판에도, 건물 위 옥상에도 광고판이 얼굴을 빼끔히 내밀고 있다.

출근 후 신문을 펼치는 순간 수십 장의 광고 전단이 우르르 쏟아진다. 사무실 벽에 걸린 달력에도 광고는 빠지지 않는다. 무심코 버려진 각종 잡지의 표지에서도 마지막 순간까지 주어진 역할을 수행한다.

컴퓨터 버튼을 누르고 인터넷으로 들어가는 순간 펼쳐지는 각종 인터넷 광고, 그리고 e-메일 속에는 주인 허락 없이 마음대로 비집고 들어온 온갖 쓰레기 광고로 혼란스럽다. 수시로 날아드는 스마트폰 광고도 예외는 아니다. 이처럼 광고는 우리 일상과 떼려야 뗄 수 없는 불가분의 관계에 있다. 광고는 이제 우리 삶이 되었다.

다음은 세창양행이 한성주보(1886.2.22)에 게재된 우리나라 최초의 신문광고다.

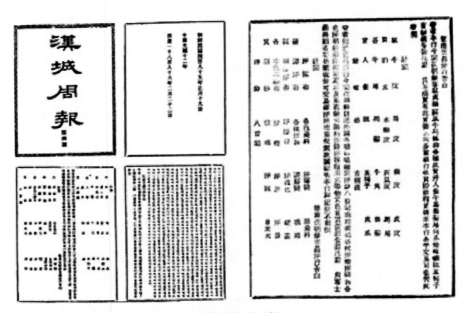

한성주보(좌)와 한성주보 제4호에 실린 세창양행 광고(우)

출처 : http://data.adic.co.kr/lit/publication/3/200702/SK007004/01.html

'덕상세창양행고백(德商世昌洋行告白)'이라는 제하의 이 광고는 사려는 물건과 파는 제품을 조목조목 나열하고 있다. 호랑이와 수달, 소, 말 등 각종 가죽, 사람 머리카락, 소, 말의 갈기털, 종이, 옛 동전 등을 수량의 많고 적음을 떠나 사들이고 있으며, 자명종, 유리, 램프, 서양단추, 서양바늘, 성냥 등을 서양으로부터 들여와 공정한 가격에 판매한다고 광고한다. "아이나 노인이 와도 속이지 않을 것입니다. 세창양행의 상표를 확인하시면 실수가 없을 것입니다."

본능을 충동질하는 광고!

갈수록 광고가 야(野)해지고 있다. 하나 같이 홀라당 벗어젖힌다. 굳이 벗을 필요가 없는 햄버그나 피자, 아이스크림 광고에서조차 그런 경향이 나타난다. 몇 가지 사례(카피)를 보자.

'줄 때 받자'(카드)

'내건 촉촉해!'(과자)

'따먹고 합시다'(참치)

'또 한 판 할까?'(피자)

'줘도 못 먹나'(아이스크림)

'미치도록 넣고 싶다!'(게임)

'난 큰 게 좋더라!'(아이스크림)

'해봤어? 으응? 뭘?'(휴대전화)

'강한 걸로 넣어 주세요'(휘발유)

'자기야~ 밖에서 하자!'(무선 인터넷)

'새댁은 좋겠수. 잘 빨아줘서'(세탁기)

'너구리가 뭐가 어때? 통통하고 맛만 좋은데'(라면)

'허리는 부드러울수록, 방망이는 단단할수록 좋다'(소주)

'벗겨도 벗겨도 변함없고, 먹어도 먹어도 깊은 그 맛'(과자)

섹스는 모두들 머리로 떠올리면서도 결코 입으로 얘기하기 껄끄러운 유일한 단어다. 하지만 섹스가 머릿속에서만 맴돌게 해 의도적으로 외면시해야 하는 것은 아니다. 섹스는 소비자가 본능적으로 가장 즐거워하는 최대 관심사 가운데 하나이기 때문이다.

그래 사람의 모든 행위는 섹스와 연결시키거나 그에 빗대어 표현할 수 있다는 많은 지적들이 결코 과장이 아니다. 의도적이건 아니건 사람의 일련 행위는 그 잠재적 바탕 속엔 섹스에 대한 강한 열망과 동경이 내재되어 있다.

브랜드나 목표 고객에 따라 차이는 있지만 섹스와 카피를 결합시킨 광고가 날로 늘고 있다. 이런 광고들은 기본적으로 표적 고객들의 많은 관심을 끈다는 점에서 여전히 광고 기획자들을 유혹하는 확실한 소재임에 분명하다.

섹스 어필 광고가 국내에서도 점차 늘어나는 이유는, 역시 수입 제품 광고가 그 원인으로 지목되고 있다. 과묵한 양반의 나라에서는 함부로 표현할 수 없었던 민감한 내용들도 자극적인 해외광고들과 맞붙어 싸우다보니 점점 더 섹시한 내용들을 도입하기에 이른 것이다.

세상은 광고 천지다.

광고의 가장 큰 목적은 역시 기업이 자신의 제품을 팔고자하는 취지에서 비롯된 것이다. 그런 만큼 잠재 소비자의 정서에 강하게 호소해 이들의 마음을 확 끌어와야 한다. 그 때문에 인간이라면 누구나 공감하고 지대한 관심을 가지며 원초적 기능을 부추기는 섹스를 광고에 접목시키려는 것은 당연한 것이다.

다만 강렬한 섹스 냄새가 풍기는 광고라 할지언정 그 의도는 섹스를 하나의 수단으로 활용할 뿐, 섹스 그 자체가 목적이 아니라는 점을 잊지는 말자. 목적은 제품(서비스)을 널리 알리는 것이다.

강렬하고 자극적인 섹스 어필 광고라 할지언정 애당초 기업이 의도한 광고효과를 기대할 수 없다면 그건 허업(虛業)이요 무용지물(無用之物)이다. 더 없이 신중한 자세와 체계적 접근이 요구된다.

생각해
보기

광고의 본질, 말초신경 자극하기?

섹스 어필 광고

세상의 갖은 광고 카피 들이 던지는 뉘앙스는
묘한 성적(性的) 이미지를 연상시킨다.
광고에 섹스(sex)가 등장한 것은
어제 오늘의 일이 아니다.
섹스는 동서고금을 막론하고
인간이 은밀하게 가장 탐닉하는
대상인 탓이다.

푸쉬 업(push-up) 브래지어

아래에는 두 편의 인쇄광고가 보인다. 그 광고 컨셉은 이렇다.

첫 번째 광고에는 짧은 원피스를 걸친 여성 한 명이 보인다. 얼굴과 상반신은 잘려 보이지 않는다. 다만 여성의 치마 앞부분이 살짝 들리면서 아침에 갈아입은 듯 새하얀 속옷이 가감 없이 드러난다.

두 번째 광고는 버스 혹은 지하철을 기다리는 사람들이 줄지어 선 모습이다. 맛 집 앞이라고? 물론 그럴 가능성도 있다. 주목해야 할 점은, 늘어선 줄 중간쯤에 한 남성 과 늘씬한 여성 사이의 앞뒤 거리(공간)가 꽤나 벌어져 있다는 거다. 사람들이 여기로 쉽게 지나다니라고 벌린 공간? 천만의 말씀이다.

뒤쪽 줄의 사람들이 "앞으로 밀착 좀 합시다."라는 불평을 터뜨릴 법한 상황이다. 허나 아무도 그런 불평을 늘어놓지 않는다. 그걸 어떻게 아냐고? 다 아는 방법이 있다.

그 점이 바로 이 광고를 꿰뚫는 핵심 컨셉이어서다.

　이런 두 편은 대체 어떤 제품의 광고일까?

　앞서 언급한 두 편의 인쇄광고는 모두 '브래지어' 광고다. 우리 회사가 만든 브래지어를 착용하면, 가슴이 커져 광고 속 해프닝이 일어날 수 있음을 다소 과장되게 표현하고 있다. 한 마디로 섹스 어필과 유머스러움을 동시에 추구한 유쾌한 광고다.

청바지 '리바이스'

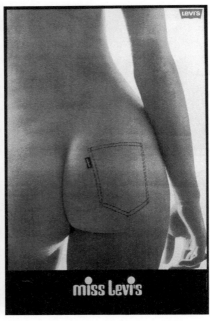

청바지 제조업체 리바이스(Levis) 광고다. 먼저 왼쪽 사진을 보면 금발의 두 여성이 등진 채 제대로 영근 강렬한 엉덩이와 쭉 빠진 두 다리를 드러내고 있다. 검게 탄 피부는 건강미와 야성미를 더해준다. 양 다리에는 청바지 끈을 두른 것처럼 보이지만 사실은 오려내고 남은 청바지의 일부다.

요즘 젊은이들이 입고 다니는 청바지는 무릎이나 허벅지 등의 부위를 부분적으로 잘라내 섹시함을 강조하지만, 여기서는 그 역할이 정반대다. 두 다리가 청바지라면 남아 있는 청바지 끈은 드러나는 속살처럼 보인다. 그래 더욱 야해 보인다.

다음으로 오른쪽의 미스 리바이스(miss Levis) 광고를 보라. 여성의 뒷부분 특히 엉덩이 부분을 집중 조명해 보는 이의 시선을 단숨에 끌고 있다. 탐스러운 엉덩이다. 게다가 여성의 오른쪽 엉덩이에는 전형적인 청바지 뒷주머니 재봉 형상을 묘사해 이 광고가 결코 성인물이 아닌 청바지 광고임을 알리려 무진장 애쓰는 듯하다.

215

여행클럽 'Club 18–30'

다음 세 편의 광고를 유심히 들여다보라. 젊은 남녀들이 여행지에서 무한 자유를 누리는 모습이다.

하지만 이들의 그런 동작 하나 하나에는 어떤 공통된 코드 하나가 숨어 있다. 이제 알아챘는가? 이들 광고는 젊은이들이 노골적으로 표출하기 곤란한 강렬한 섹스 욕망을 원근감(遠近感)을 활용해 교묘히 묘사하고 있다.

사실 원근감만 배제한다면 영락없는 동물적 행위 백어택(back attack)이나 오럴섹스(oral sex), 성적 이지메(괴롭힘) 등이 곳곳에서 드러난다. 그 때문에 지켜보는 이가 더욱 민망해진다.

'라켓으로 여성 볼기짝 때리기', '남성의 거시기 만지기', '당

구 큐대로 여성 엉덩이 건드리기' 등의 갖은 성추행(?)이 펼쳐진다.

이 작품들은 유럽의 한 여행클럽 광고다. 그냥 광고가 아니라, 지난 2002년 칸(Cannes) 국제광고제 인쇄 및 포스터 부문에서 그랑프리를 수여했을 만큼 우수한 작품들이다.

아울러 심사위원들로부터 "사람들이 '휴가'나 '오락'으로부터 자연스럽게 '섹스'를 연상하는 것에 착안한 재미있고 전략적으로도 성공한 광고"라는 찬사까지 받았다.

명품브랜드 '데이빗 팔머'

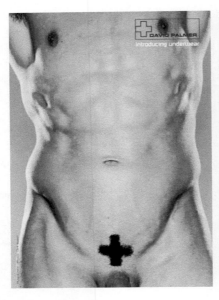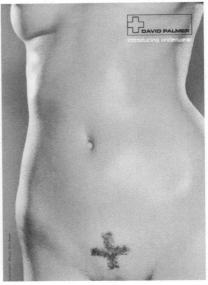

두 편의 광고는 데이빗 팔머(David Palmer)의 속옷 광고다. 노출 측면에서는 과히 파격적이라 할 만큼 두드러진다.

우선 보일 듯 말 듯 한 남녀의 성기는 소비자들에게 또 다른 호기심을 자극한다. 그런 탓인지 예술적이면서도 한편으로는 외설적 광고마냥 비치기도 한다.

광고 아이디어 측면에서는 단연 돋보인다. 남녀의 음모를 면도기로 교묘히 밀어 내데이빗 팔머의 십자형 브랜드 로고 형태를 만들었다.

'그대의 아랫도리를 포근히 감싸 줄 수 있는 것은 데이빗 팔머의 속옷뿐'이라는 메시지가 곧바로 전달되는 듯하다. 이쯤 되면 외설이라기보다는 오히려 예술작품에 가깝다고 해야 정확하지 않을까. 판단은 독자(소비자)의 몫이다.

명품브랜드 '돌체&가바나'

돌체&가바나(Dolce & Gabbana)의 속옷 광고 두 편이다. 먼저 왼쪽 광고에 주목해보자. 뭇 남성의 배 위에 올라타 무아지경에 빠진 한 여성을 발견할 수 있다. 흥분과신음 소리가 주변을 울린다. 이 여성이 걸친 브래지어는 반투명 제품이다. 그 브래지어를 통해 까만 젖 망울이 고스란히 드러난다.

또 양쪽 브래지어엔 희미하게 Virgin(처녀)이라는 알파벳이 적혀있다. 보는 이의 욕망과 일탈을 한층 부추기고 있다. 마치 '난 아직 처녀인데, 알아서 하세요.'라고.

이 여성의 왼손이 가 있는 곳은 밑에 깔린 남성의 팬티라인이다. 광고 제품인 팬티라인엔 'D&G'라는 로고가 선명하게 보인다. 덕분에 적나라한 성적 행위가 광고로 단숨에 반전된다.

다음으로 그 옆 광고에는 미끈하게 쭉 빠진 섹시녀의 요염한 포즈와 탄력남의 근육이 구리 빛 몸과 함께 열정을 전한다. 여성이 엉덩이를 뒤로 빼며 왼손으로 팬티(수영복) 끈을 잡고 막 내리려하자 남성은 음미라도 하는 듯 무아지경으로 빠져들고 있다.

제약업체 '닥터 모리스'

아래 첫 번째 광고를 보라. 무수한 정자들이 종착지를 향해 열심히 헤엄쳐 나아가고 있는 모습이다. 그 가운데 유독 눈에 띄는 한 정자가 있다. 반들반들 한쪽으로 가지런

히 빗어 넘긴 헤어스타일과 유난히 돋보이는 콧수염 때문인지 그 주인공이 누군지 단번에 알 수 있다. 그 아래 광고의 흰 터번과 텁수룩한 턱수염의 주인공도 마찬가지다.

　독일의 닥터 모리스(Doc Morris)라는 제약업체가 자사 콘돔을 광고하기 위해 만든

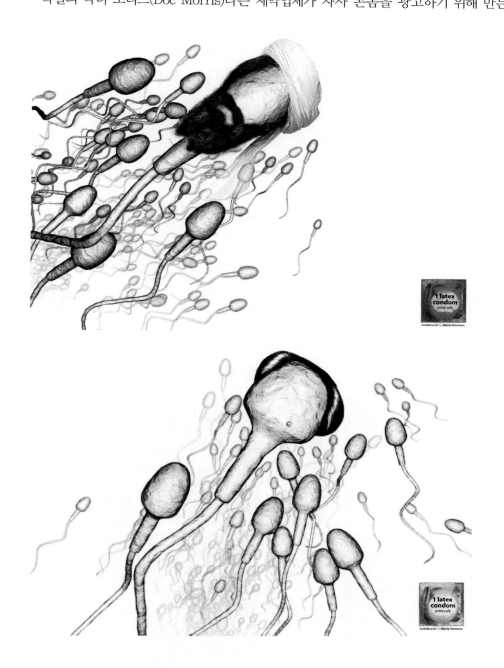

것이다. 광고는 모두 세 가지 버전이 있는데 각각 아돌프 히틀러와 오사마 빈 라덴, 마오쩌둥 등의 정자 캐릭터를 등장시키고 있다. 이 가운데 마오쩌둥이 들어간 광고는 중국 네티즌들의 집중 포화를 맞은 바 있다.

광고의 의미는 자사의 '1 라텍스' 콘돔을 사용하게 되면 히틀러나 빈 라덴, 마오쩌둥 같은 독재자는 세상에 절대로 태어나지 못하게 할 수 있다는 강력한 메시지다. 아무리 격렬한 사용 중에도 결코 찢어지거나 하는 일은 없다는 자신감 넘치는 광고다.

명품브랜드 '시슬리'

세계적인 화장품회사 '시슬리(Sisley)' 광고다. 두 남녀가 자신이 걸친 마지막 옷을 막 끌어 내리려는 과감한 포즈를 취하고 있다. 또 그 아래는 어느 수풀 속에서 마구 뒹군 듯 보이는 남녀의 모습과 격렬한 작업(?)이 마침내 종료된 듯 헝클어진 여성의 머리와 구겨진 옷 등 다양한 성애(性愛)를 광고는 담고 있다.

더 이상 자세한 설명은 되레 사족(蛇足)이 될 지도 모르겠다. 그대가 보고 느끼는 그대로 조합해 상상하면 될 것 같다. 광고들이 그렇게 하라고 부추긴다.

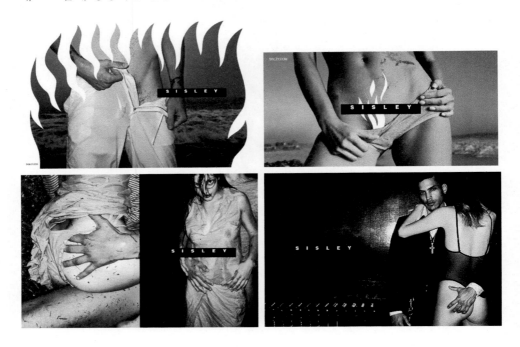

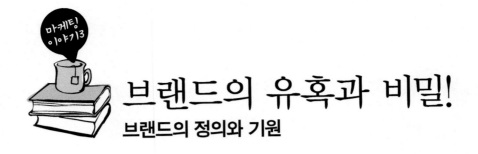

브랜드의 유혹과 비밀!
브랜드의 정의와 기원

단순히 좋은 상품을 만드는 것만으로는 성공을
보장할 수 없는 시대가 되었다. 상품의 진열 방식과
스토리를 엮어가는 방법 등 라이프스타일 전반을
제안하는 방식으로 브랜드 가치를 높여야 한다.

_일본 유통 전문가 카와시마 요코

브랜드의 정의!

몇 해 전, 아마존(Amazon)의 제프 베조스 회장은 이런 얘기를 했다.

"많은 사람들이 아마존에 몰리는 것은 아마존의 책값이 싸거나, 구입하기가 쉬워서가 아니라 그것이 '아마존'
이기 때문이다."

베조스 회장의 지적은, 브랜드(brand)의 중요성을 가장 단적이면서도 명료하게 표현한 것이라 생각된다.

실제로 마케팅 전쟁은 바로 브랜드를 두고 벌이는 전쟁이기도 하다. 제품의 품질을 두고 벌이는 경쟁
(competition)이 아니라, 브랜드의 우위를 두고서 벌이는 치열한 전쟁이다. 또 브랜드의 중요성이 오늘날처럼 강
조된 적도 일찍이 없었다.

제품 가격에는 브랜드가 곧바로 영향을 미친다. 브랜드는 제품이 표방하는 핵심 이미지일 뿐 아니라, 소비자에
게 감성적 가치를 안겨주기 때문이다. 그런 까닭에 소비자의 감성에 열렬히 호소하고 그 마음을 보듬는 작업이
더없이 소중하다.

그럼, 브랜드란 뭘까?

먼저, 마케팅의 출발지라 할 수 있는 미국 마케팅협회(AMA)가 규정하고 있는 브랜드의 정의를 살펴보자.

"특정 공급자 혹은 공급자 집단의 제품 및 서비스를 식별하고 경쟁 상대의 제품 및 서비스와 차별화시킬 목적으로 사용하는 명칭, 언어, 사인, 디자인, 상징 혹은 이들의 조합." (A name, term, design, symbol, or any other feature that identifies one seller's good or service as distinct from those of other sellers.)

위의 AMA 정의를 포함해 브랜드의 정의를 내리면 이렇다.

'제품 메이커와 판매점을 식별하게 해주는 명칭, 언어, 기호, 심벌, 디자인 또는 이런 것들의 조합'

세상의 많은 소비자는 제품의 품질과 기능, 디자인이 뛰어나다는 사실과 유명 브랜드 제품을 동일 선상에서 바라본다. 한 마디로 '고품질 = 유명 브랜드'로 판단한다.

게다가 세계적으로도 품질이나 기능(기술) 등 제품 간의 차이가 좁혀지고 있어 유형가치를 통한 차별화는 점점 더 어려워지고 있다. 그 때문에 브랜드와 같은 무형가치의 중요성이 날로 부각되고 있다.

브랜드는 강력한 영향력을 지니며 오늘날 브랜드가 붙지 않은 제품이 없을 정도다. 또 브랜드는 다양한 측면에서 소비자에게 도움이 되기도 한다. 브랜드가 붙어있으면 소비자는 제품을 쉽게 식별한다. 브랜드 명에 따라 각 제품의 특징이 무엇인지 곧바로 판단할 수 있다.

동일한 브랜드를 구입하는 소비자는 그것을 구입할 때마다 동일한 품질(효용)의 제품을 입수할 수 있다는 점을 평소 잘 알고 있다. 또 브랜드는 제품을 판매하는 측에게도 장점이 있다. 브랜드는 충성도 높은 고객을 잡아두고 이를 통해 안정된 이익을 창출하게 도와준다.

'브랜드'의 기원!

'브랜드(brand)'의 기원(起源)에 대해서는 다양한 설(說)이 존재하고 있으나 그 가운데서도 가장 설득력을 가진 것을 소개한다.

'Brand'는 영어로 소인(燒印)이라고 하는 말의 'Burned'로부터 파생되었다고 한다. 미 서부 개척시대로 돌아가 보자. 드넓은 목장에 풀어놓은 소와 말의 소유를 증명하는 방법의 하나로 이름과 심벌을 불에 달궈 소의 어깨에다 소인을 찍어 표식을 한 것이 브랜드의 시작이다.

목장주가 소유하던 소나 말이 돌연 사라지거나 도둑맞았을 경우 그 어깨에 찍힌 표식을 통해 증명하고, 시장에서 소와 말의 숫자에 관한 논쟁이 일어났을 때도 새겨진 표식을 따져 봄으로써 해결했다. 이처럼 브랜드는 당초 소와 말이 소속된 목장을 구분할 목적으로 사용되었다.

그런 브랜드는 때때로 해당 목장을 나타내는 것만 아니라, 점차 그 이상의 의미를 가지기 시작했다. 특정 목장에서 양육된 소는, 건강 상태와 육질, 그리고 맛이 좋다는 평가가 외부 소비자에게 알려지면서 브랜드가 '특별한 의미'를 지니기 시작했다.

또 목장의 소유주가 바뀌거나 혹은 후계자가 사업을 계승할 경우에도 그 브랜드 자산은 이어졌다. 그에 따라 브랜드는 일에 관여하는 개인보다도 그 자체가 독자적인 영향력을 가지게 되었다.

한편, 유럽 중세사회에서는 검(劍)이나 도자기가 누구의 손을 거쳐 만들어졌는지를 알리기 위해 제작자 이름을 새겨 넣었다고 하는데, 이것 역시 브랜드의 기원과 관련이 있어 보인다.

브랜드의 본격적인 도입은 무단복제로부터 소유권을 보호하려는 일환에서 비롯되었다. 18세기 초 스코틀랜드의 위스키 수출업자들은 위스키 통에다 소인을 찍어 위조를 방지하려 했다.

결국 이러한 움직임은 제작자의 출소를 표시하고 제품 품질을 보증하기 위한 상표(trade mark) 탄생으로 이어졌고, 19세기 들어서는 브랜드 개발자의 권리 보호의 한 방편으로 영국과 프랑스에서는 '상표법'과 '특허법' 등의 법률이 제정되었다.

다시 말해, 애초에는 '표식'으로서의 기능밖에 가지지 않았던 브랜드가 제품의 '신뢰와 보증'이라는 또 다른

의미를 지니기 시작했다. 오늘날에는 제품 신뢰와 보증은 물론이고 차별화와 경쟁력의 중요한 요소로 브랜드가 사용되고 있다.

세월을 거치며 확립된 브랜드 평판은 그 자체의 영향력과 가치를 가짐으로써 해당 브랜드를 소유하거나 관리하는 사람의 책임은 보다 중요해졌다. 브랜드 소유자는 브랜드의 평판을 관리하고 그에 미치는 영향의 좋고 나쁨을 세심하게 판단해야 한다. 부주의한 사건이나 판단 오류 등이 그 평판을 떨어뜨리면 곧장 매출액 감소라는 형태로 브랜드에 영향을 미친다. 이따금씩 재앙 수준의 악영향을 불러오기도 한다.

유형자산 vs 무형자산

제품의 품질, 즉 제품의 가치를 구성하는 요소에는 두 가지가 있다. 하나는 물리적인 제품 특성으로 유형(有形)의 것이다. 이것을 유형가치(tangible value)라고 부른다. 자동차로 말하자면 성능이다. 마력이라든가 엔진 타입 혹은 배기량, 최고시속이 얼마이며 1리터의 연료로 몇 km를 달릴 수 있다든가, 인테리어는 어떠하며 무슨 첨단 기능이 장착되어 있는지 등이 바로 유형가치다.

또 하나는 무형가치(intangible value)로 지극히 정서(이미지)적이다. '역사와 전통을 가지고 있다', '디자인이 뛰어나다', '유명 배우들이 애용한다', '벤처 사업가들 사이에 큰 인기다', '왠지 섬세하면서도 강렬한 느낌을 준다' 등 사용자 이미지와 그 제품을 사용하였을 때 얻거나 공유하는 감정과 만족감 등과 같은 감성적 보상(emotional reward)을 말하며 제품 본연의 유형가치와는 크게 관계없다.

종래 '자산(資産, assets)'이라는 건 대부분의 경우 물적(고정)자산과 금융자산을 가리키는 '유형자산', 즉 눈에 보이는 자산을 의미해 온 것이 사실이다. 그러나 이제는 그 의미에 종지부를 찍을 때가 되었다. 어떤 제품이 시장에 탄생하면, 유형가치와 무형가치의 합계가 제품 품질을 결정한다.

더해 근래에는 제품의 디자인이나 성능, 기능이 거의 비슷해지고 있어 제품의 유형가치를 통한 차별화는 점점 더 어려워지고 있다. 또 일반 소비자는 해당 제품이 가진 유형가치를 올바로 판단할 만큼의 지식도 경험도 갖고 있지 못한 경우가 많아 무형가치로 제품을 평가하기 쉽다.

그런 이유로 무형가치가 소비자의 제품 선택에 중요한 의미를 가진다. 특히, 기업 가치를 결정하는 요인은 유형자산에서 무형자산으로 급속히 이동 중이다.

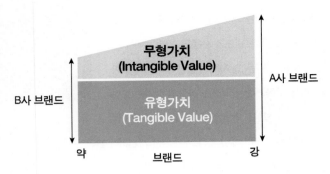

브랜드의 가치 (유형가치 + 무형가치)

시장에서 인기를 끌고 있는 브랜드가 있는 반면에 그렇지 못한 브랜드도 있다. 여기서 인기를 끄는 것은 제품의 무형가치가 높고, 그렇지 못한 것은 무형가치가 낮다고까지 표현할 수 있다. 유형가치에 별 차이가 없는 오늘날에는 무형가치의 높고 낮음이 제품 품질을 결정해 버린다.

게다가 전 세계적으로 알려진 유명 브랜드는 그 제품이 가진 유형가치보다 무형가치가 훨씬 높다는 사실이다. 이는 소비자에게 '고품질의 제품'이라는 것과 '일류 브랜드 제품'이라는 것이 동일한 의미로 비춰지기 때문이다.

기업은 경영이 디지털화 되고 고도화되면서 점차 '무형자산(intangible assets)' 의 중요성에 주목하게 되었다. 실제로 M&A(합병과 인수)의 경우 유형자산의 평가와 더불어 무형자산이 중요한 평가 항목의 하나로 정착되고 있다.

그런데 여기서 명심해야 할 사실은 기업의 무형자산 가운데 가장 중요한 것이 '브랜드 자산(가치)'이라는 점이다. 마침내 브랜드 자산을 논의하지 않고 기업 자산을 논의한다는 것은 탁상공론에 지나지 않게 되었다.

특히, 서비스 산업에서 무형자산은 브랜드가 핵심이다. 이 산업에서는 대부분 서비스 브랜드가 기업 브랜드(CB; corporate brand)로 대체되기에 경쟁력 있는 브랜드를 소유하는 것이 곧 경쟁력 있는 기업임을 입증한다.

경영전략
Strategic Management

전략, 그 심오한 의미 속으로!

전략의 의미

"삼국지"에는 수많은 영웅들이 등장한다. 그렇지만 국운과 생사를 넘나드는
치열한 싸움을 벌이는 동안 세 사람만 남고 모두 역사의 뒤편으로 사라졌다.
세 사람은 다름 아닌 조조와 손권 그리고 유비다.
어떤 인물이 뒤편으로 사라지고 어떤 인물이 살아남아 천하(天下)를
호령할 수 있었을까? 여기에는 몇 가지 공통점이 발견된다.
그 가운데 하나가 천하를 내다본 '전략'을
가지고 있었다는 사실이다.

전략의 본질!

흔히 '전략(戰略, strategy)'이라고 하면, 국가나 군대, 대기업 등과 같이 비교적 그
규모가 큰 조직들과 관련이 있으며, 많은 시간과 비용, 에너지 등을 투자해 추진하는
중대 사안쯤으로 생각하기 십상이다. 굳이 부정하지는 않겠다.

그런데 아는가, 삶의 순간순간에 맞닥뜨리는 모든 일을 우리는 전략적으로 선택하
고 접근하고 해결한다는 사실을! 그만큼 전략은 우리 일상과 밀접한 관계에 있다. 또
전략의 출발 계기 또한 우리가 알고 있는 것과는 사뭇 다르다.

전략이란 원래 '약자(弱者)'의 입장에서 출발한 개념이다. 그런 까닭에 새로운 일을
구상하고 추진하는 경우, 스스로가 약자라는 인식을 가지고 문제를 바라본다면 난문
(難問)이 예상보다 훨씬 쉽게 해결될지도 모른다.

전략이라는 개념의 출발이 약자이다 보니 전략 그 자체는 패전, 또는 피점령, 피압박
과 같은 암울하고 고통스러운 경험을 계기로 도출되는 특징을 지닌다. 그런 측면에서
진정한 전략이란, 불리하고 불투명하며 불확실한 상황 아래 계획되고 집행된다.

역사 속에서 생성된 수많은 전략과 전술의 공통된 특성은, 그러한 굴욕과 불확실한 상황을 어떻게 타파·극복해 나갈까하는 약자의 발상 그 자체였다. 전략의 정의를 한 마디로 축약하면 이렇다.

"약자가 강자를 물리칠 수 있는 유일한 무기(武器)!"

또 프로이센의 장군이자 전쟁이론가인 카를 폰 클라우제비츠(Carl Von Clausewitz)는 전략을 이렇게 표현했다.

"전략은 병력의 절약이다."

이 말인 즉, 통찰력과 지혜를 갖춘 전략은 불필요한 군대의 이동이나 투입, 전투 등을 사전에 예방해 해당 조직의 손실을 최소화할 수 있다는 의미다.

전략의 사전적 정의는 "개인 및 조직의 성장과 비전을 달성하는 데 필요한 방향성을 제시하는 것."으로 이해된다.

한 마디로, 오랜 기간 뭘 먹고 어떻게 살 건지에 대한 조직의 독자적 시나리오이자 지침이 바로 전략이라 하겠다. 이 전략을 기업 입장에서 적절하면서도 치밀하게 운용한다면, 그게 바로 '경영전략'이 될 수 있다.

전략은 냉정함이다.

전략 수립과 추진은 대단히 냉정하게 이뤄져야 한다. 그래야만 본연의 끼와 재치, 잠재력이 제대로 발휘될 수 있다.

수년 전 위스콘신 주(州) 상원의원 윌리엄 프록스마이어가 워싱턴 국회 주변에서 조깅을 하는데 한 무장괴한이 나타나 꼼짝 못하게 하고는 돈을 내놓으라고 그랬다. 의원은 순간적인 재치를 발휘해 이렇게 말했다.

"그래, 날 죽이시오! 어서! 난 그렇지 않아도 죽으려던 참이었소. 나는 말기 암 때문에 자살하려고 했는데, 그러지 못하고 있소. 자살하면 우리 집 사람이 생명보험을 탈 수가 없거든. 당신이 나를 죽이면 우리 가족을 돕는 거요."

그 이야기를 들은 강도는 살인자 되는 것이 두려운 나머지 곧장 사라졌다.

"살려주세요. 저는 견습생입니다. 정식 직원이 아니라고요."
"옆쪽 창구로 가세요. 이쪽은 잠겨 있습니다."
"어떻게 할 수가 없군요. 지금은 점심시간이라서."
"지금 자루가 없는데, 조금만 기다리세요. 제가 가져다드릴게요."
"지금 장난하는 거죠?"

위의 대답은 은행 강도가 들이닥쳤을 때 해당 은행의 직원들이 재치 있게 응수를 함

으로써 그 강도를 제압한 미국 FBI 사례들 가운데 하나다.[12]

자다가 일어나 화장실로 향하던 주인이 거실에서 도둑과 맞닥뜨렸다. 순간 놀란 도둑은 칼을 주인 목에다 들이대며 협박을 해온다.

> 도둑 왈, "꼼짝 마, 돈 내놔!"
> 주인 왈, "예에? 뭐라고요?"
> 도둑 왈, "돈 내놓으라고, 돈."
> 주인 왈, "(귀를 가리키며) 귀가 먹어서."
> 도둑 왈, "(칼을 코앞에 갖다 들이대며) 이게 칼로 보이지 않나?"
> 주인 왈, "내 안경이 어디 갔지! 눈이 어두워서."
> 도둑 왈, "이런… 씨~"

강도는 할 수 없이 주인을 거실 소파에 앉히고 이렇게 말했다.

"나는 도둑이고 이건 사람을 해칠 수 있는 칼이며, 돈만 준다면 목숨은 살려주겠다!"

옆방에서 자고 있던 할머니가 그 말소리를 엿듣고는 112로 신고하는 바람에 도둑을 잡을 수 있었다. 픽션이기는 하나 얼마든 있을 법한 얘기다.

그렇다. 전략의 본질은 상대를 꿰뚫어 볼 수 있는 통찰력에다 상황을 객관적으로 읽어내는 냉정함이다.

전략적 성공을 위하여!

어느 나라에 어떤 농부가 밭을 갈고 있었다. 그 농부는 대단히 부지런하고 성

---

12) 허브 코헨/전성철 역(2003).

실한 것으로 주위에 칭찬이 자자했다. 그러던 어느 날 밭을 일구고 있는데 산속에서 토끼 한 마리가 뛰어오다가 밭 가운데 있는 그루터기에 부딪쳐 목이 부러져 죽는 것을 목격했다. 덕분에 토끼 한 마리를 공짜로 얻은 농부는 농사일보다 토끼를 잡으면 더 수지가 맞겠다고 생각하고는 농사일은 집어치우고 매일 밭두둑에 앉아 그루터기를 지키며 토끼가 오기만 기다렸다.

_〈사기(史記)〉의 '수주대토(守株待兎)'

전략에는 성공만이 따르지 않는다. 대내외 환경의 급변으로 불가피하게 실패의 쓴잔을 드는 상황도 분명 있다. 그런 경우는 실패를 솔직하게 인정하고 이를 극복할 대안을 시급히 마련해야 한다.

첫째, 자신 혹은 기업은 '향후 당면해서는 절대 안 될 상황'을 명확히 규정한다. 이를 위해서는 먼저 현재 환경 아래에서 예견할 수 있는 다양한 상황을 떠올려보고, 그러한 상황들이 자신(기업)에게 어떤 영향을 미치게 될지 구체적으로 진단해본다.

이러한 세부적 점검을 통해 취해서는 안 될 전략과 장래 자신에게 초래되어서는 안될 상황 등을 사전에 꼼꼼하게 따져볼 수 있다.

둘째, 사람이 주체인 조직은 그 성장과 비례해 유연성도 커질 수 있어야 한다. 하지만 유감스럽게도 대부분의 경우 그 반대 성향을 지니는 게 사실이다.

사전에 떠올린 상황과는 전혀 다른 방향으로 상황이 전개될 경우에도 재빨리 그에 대한 대책을 수립할 수 있어야 한다. 그래야 상처가 곪아 터지기 전에 예방하고 치유할수 있다.

셋째는 사람이든 기업이든 역시 학습을 떠나서는 한 시도 살아갈 수 없다. 기업 전략이 실패로 끝났을 때 가장 큰 문제는 똑같은 실패를 반복하는 것이다. 전략이 실패로 막을 내렸다면, 그 실패 원인을 치밀하게 학습해 동일한 실패가 반복되는 일은 반드시 막아야 한다.

전략의 반복적 실패는, 개인과 조직의 사멸(死滅)로 이어진다.

누워서읽는 경영학원론

인천 상륙작전을 지휘하는 맥아더 장군

　북한의 남침으로 시작된 6·25전쟁. 초반 수세에 몰렸던 대한민국은 더글러스 맥아더 당시 유엔군사령관이 인천상륙작전이라는 5,000대 1의 도박을 성공시키면서 전세를 역전시켰다.

생각해
보기

전략과 전술, 헷갈리지 말라!

전략과 전술

가만히 서서 생각하는 것은 '전략'이고,
달리면서 생각하는 것은 '전술'이다!
전술의 실패는 전략으로 보완이 가능하지만,
전략의 실패는 전술로는
보완이 불가능하다.

승패는 우연의 산물일까?

모든 경쟁에는 상대가 있고 상대가 있는 싸움이라면, 반드시 승자와 패자로 나눠진다. 이게 싸움의 필연이다. 그럼, 승자는 어떤 이유로 승리할 수 있었으며, 패자는 무엇 때문에 패배의 쓴맛을 보게 되었을까?

패자의 변명으로 가장 흔히 듣는 건 "운(運)이 따라주지 않아서 패했다."는 것이다. 승패가 운으로 결정되는 것이 결코 아님에도 말이다. 패인을 운이나 우연성으로 돌리고 있는 동안 그 앞에는 어둡고 서글픈 미래만이 가로놓여있다.

승자에게는 승리할 수밖에 없었던 이유가 반드시 존재하는 것은 아니다. 하지만, 패자에게는 패할 수밖에 없었던 명확한 이유가 존재한다. 그게 삶의 진리다.

물론 싸움에서는 전혀 얘기치 못한 일들이 다반사다. 적진으로부터 우연찮게 발사된 탄환 한 발이 아군 지휘관의 급소를 뚫고 지나갈 수도 있다. 우연 중의 우연이라고는 하지만 이것 또한 패배하게 된 이유의 하나임에 분명하다. 그렇다면 딱 한 발의 탄환으로 싸움이 역전될 수 있을 만큼 유약한 부분을 적의 공격 범위 내에 둬서는 안 된다. 적의 공격력을 과소평가했거나 아군의 방어력을 과대평가한 것이 패배의 진정한 이

유라 판단할 수 있다.

승리를 목표로 한다면 승리할 수밖에 없는 이유를 최대한 끌어올리고, 패배할 수밖에 없는 이유를 최소한으로 해야 옳다. 그 한편으로 적군이 패배할 수밖에 없는 이유는 늘리고, 승리할 수밖에 없는 이유는 줄여야 한다.

물론 그 실천이 녹록한 일이 아님은 잘 안다. 그러나 이런 행위야 말로 싸움의 가장 기본이며, 무엇보다 시급히 검토해야할 사안이다.

전략과 전술의 운용!

손무(孫武)가 쓴 것으로 알려진 고대 중국의 병법서 손자병법(孫子兵法). 손자병법은 총 13편으로 구성되어 있는데, 그 첫 편은 바로 '시계편(始計篇)'이다. 싸움을 시작(始作)하기 위해서는 무엇보다 계획(計劃)이 필요하다는 의미에서 시계를 첫 편에 등장시키고 있다.

손자병법에서 얘기하는 계획이란 바로 전략을 의미하는 것이다. 싸움에서 승자와 패자를 가르는 핵심 요소라면 다름 아닌 '전략'이다.

'전략'이란 싸움을 확정짓는 핵심요소, 즉 싸움에 승리할 수 있는 노하우를 가리킨다. 전략이란 원래 용병학과 책략을 의미하는 군사용어이며, Strategy의 어원은 그리스어의 'Stratego(將帥術)'라고 전한다.

또 Stratego는 Strategia와 Egos가 합쳐진 말이다. Strategia는 영어로 military commander(군 지휘관)를 가리키며, Egos는 to lead(이끌다)를 의미한다.

전략의 개념을 경영학 영역에 처음으로 도입한 사람은 미국의 경영사학자 '알프레드 챈들러(Alfred D. Chandler)'였다.

챈들러는 전략을 "기업의 기본적인 장기목표(목적)를 결정하고, 이들 목표를 달성하기 위해 필요한 행동방식을 채택하고 이에 소요되는 자원을 배분하는 것이다."라고 규정한다. 또 그는 "조직구조는 전략에 따른다.(Structure follows strategy.)"라고 해 전략과 조직의 강한 관련성과 그 중요성을 설파하고 있다.

기업이론의 선구자인 '앤드류즈(Kenneth Andrews)'는 "기업 전략이란 기업의 의사결정 패턴이다. 그것은 목표, 목적, 표적을 정해 명시하고 이를 달성하기 위한 주요 방침과 계획을 세우는 것이다. 더불어 수행해야 할 사업범위를 정의하고, 경제적 및 인적 조직의 종류를 특정화해 주주, 종업원, 고객 및 지역사회에 대한 경제적·비경제적 공헌의 성질을 결정한다."고 지적한다.

결국, 전략이란 장기적이고 전체적 전망에 입각해 싸움을 준비하고, 계획하고, 운용하는 것을 의미한다. 실제 전쟁에서는 싸움 상황이나 조건, 범위 등의 차이점을 따져보고, 이러한 요인의 조합을 통해 적을 물리치고 승리하기 위한 최선의 방법을 연출하는 걸 말한다.

기업 경우라면, 장기적인 목표 설정과 함께 그것을 달성하기 위한 수단의 선택, 이를 위한 인재와 제품, 자금을 적절히 분배, 투입해 가는 과정이 전략이 될 수 있다.

그럼 전술(戰術, tactics)은 또 뭘까? 이는 전략을 달성하기 위한 수단으로

서 단기적이고 부분적인 성격을 띠고 있으며, 자신들이 가지고 있는 전력을 유효하게 활용하기 위한 테크닉이라고 보면 정확하다. 실제 전쟁이라면 '병력을 어디에, 얼마만큼 배치할 것인가? 무기는 어떤 것을 준비하고 어떻게 운용할 것인가?' 하는 등의 구체적인 방법론을 확립하는 것이다.

전략과 전술은 분명 다르다. 명확한 차이점이라면, 가만히 서서 생각하는 것을 '전략', 뛰면서 생각하는 것은 '전술'이라 표현할 수 있다. 또한 전술의 실패는 전략으로 보완(補完)이 가능하지만, 전략의 실패는 전술로는 보완이 불가능하다는 점이 양자의 가장 큰 차이점이다.

스스로 주도하는 전략!

오래 전 미국 품질관리(QC) 전문가 에드워드 데밍(Edwards W. Deming)은 이런 얘기를 했다.

> "고객들은 자신이 뭘 원하는지 모른다. 누가 전기를 만들어 달라고 말한 적이 있는가?"

오늘날 관점으로 재해석하면, 누가 스마트폰을, 3D프린터를, 로봇을 만들어 달라고 한 적이 있는가? 게다가 우리 가정의 한 모퉁이를 차지하고 있는 TV, 냉장고, 에어컨은 또 어떻고?

> "내 제품을 원하지 않으면 그냥 내버려 두라고 해. 사지 말라고 해."
> "그레이엄 벨이 전화를 발명할 때 시장 조사를 했는가? 나는 단지 혁신을 바랄 뿐이다."

둘 다 생전의 스티브 잡스 말이다. 그는 소비자가 어떤 제품을 원하는지에 대해서는 아무런 관심이 없었다. 때문에 시장조사도 하지 않았다고 한다. 실제로 스스로 시장을 주도해 새로운 수요를 창출할 수 있다면 시장조사가 왜 필요하겠는가!

과거 잡스가 창출한 아이맥, 아이팟, 아이폰, 아이패드, 아이클라우드로 이어지는 애플의 '아이(i) 매직' 비결과 혁신의 비법을 보면 그 이유가 충분히 알 것 같다.

이처럼 경영전략의 성공은, 고객이 요구하는 것만을 만드는 것이 아니라 고객 스스로도 깨닫지 못하는 전혀 새롭고 혁신적인 시나리오를 세우고 이를 제품으로 연결시킬 때 가능성은 더욱 커진다.

생각해
보기

게임이론과 내쉬 균형!
죄수의 딜레마

① '네 동료가 굳게 입을 다문 가운데 너만 자백한다면 정상을 참작해 석방한다.'
② '너와 동료가 굳게 입을 다물고 범죄 사실을 부인하면 둘은 1년 징역에 처해질 것이다.'
③ '네가 자백하지 않고 네 동료만 자백한다면 네가 모든 죄를 뒤집어쓰고 무기징역을 살게 될 것이다.'
④ '너와 네 동료 모두 자백을 하면 둘 다 20년 징역에 처해질 것이다.'
이 두 명의 용의자는 과연 어떤 선택을 했을까? 그대라면 어떤 선택을 하겠는가?

추장의 살벌한 제안

총 한 발에 그 무엇과도 바꿀 수 없는 소중한 목숨이 오가던 살벌한 서부시대 얘기다.

거대한 금광 채굴권을 차지하려는 서부의 총잡이들과 그 지역 인디언들 사이에 치열한 전투가 벌어졌다. 전투는 이른 아침 시작해 해가 질 무렵에서야 겨우 막을 내렸다. 그 결과는 인디언들의 힘겨운 승리였다.

인디언들은 축제를 열며 전투 중 생포한 총잡이 세 명을 교수대로 끌고 갔다. 목을 매달아 신에게 승리의 기쁨을 전하기 위해서였다.

세 명의 숨통이 막 끊어지려는 순간 추장이 손을 내저었다. 추장은 죽음의 문턱에서 살아남은 포로들에게 다가가 살벌하면서도 솔깃한 제안을 했다. 세 명이서 결투를 벌이되 마지막까지 살아남은 한 명은 조건 없이 살려주겠다는 것이었다. 지켜보는 이들에게도 참으로 흥미로운 제안이다.

단, 결투에는 조건이 있었다. 세 사람이 상대를 향해 동시에 총을 발사하는 결투가 아니라, 돌아가면서 차례로 두 명 중 누군가를 향해 총을 쏘아야 했다.

그런데 문제가 생겼다. 누가 먼저 총을 쏠 것인지 순서가 불분명했다. 그래서 추장

은 세 사람의 총 솜씨를 확인해 그 기준으로 순서를 정하기로 했다. 이들에게 과녁을 향해 각각 세 발의 총을 쏘도록 했다.

그 결과 총잡이 A가 세 발 가운데 한 발만이 과녁을 관통했고, 총잡이 B는 두 발이, 총잡이 C는 세 발 모두 과녁에 적중했다.

추장은 세 사람 모두에게 공정한 기회를 준다는 취지에서 적중률이 가장 낮은 사람부터 총을 한 발씩 쏘도록 했다. 즉, 총잡이 A가 가장 먼저 쏘고 다음으로 총잡이 B가, 맨 마지막에 총잡이 C가 쏘기로 했다.

'총잡이 A'의 선택은?

마침내 세 명의 총잡이는 각각 50미터 거리를 두고서 삼각형 형태로 마주섰다. 그 주변을 수많은 인디언들이 몸을 낮추고서 이들을 흥미진진하게 지켜보고 있었다.

사전 결정대로 총잡이 A에게 권총 한 자루와 함께 총알 한 발이 주어졌다. 동료를 모두 죽여야만 자신이 살아남을 수 있다는 비정함에 부르르 치를 떨었다. 그 한편으로는 하루빨리 고향으로 돌아가 사랑하는 아내와 어린 자식들 생각에 총잡이 A의 얼굴에는 비장감도 함께 감돌고 있었다.

인디언 추장의 신호가 떨어졌다. 이제 총잡이 A는 B와 C 가운데 누군가를 선택해

쏴야 한다. 그대라면 누구를 향해 주어진 한 발을 쏘겠는가? 그렇게 게임은 시작된다.

● 선택 1

총잡이 A가 B를 선택해 적중시킨다면 그것은 최악의 선택이다. A 다음으로 총을 쏘게 될 사람은 백발백중의 총잡이 C가 저만치 버티고 있어. A의 목숨은 C에게 그냥 내맡긴 것이나 진배없다.

● 선택 2

총잡이 A가 백발백중의 사수 C를 먼저 쏴 해치운다면, 그것 또한 문제가 된다. 총잡이 B는 C에 비해 적중률은 다소 떨어지지만 적어도 2/3의 확률로 A의 심장을 관통시킬 수 있어서다.

이런 까닭에 총잡이 A는, B든 C든 누구를 쏘아 적중시키더라도 다음 차례에는 세상과 하직할 준비를 해야 한다. 이때 많은 사람들은 총잡이 C를 먼저 해치우고 B가 가진 1/3의 생존 가능성(적중률 2/3)에 기대를 거는 것이 좋다고 판단한다.

과연 옳은 생각일까?

사실 총잡이 A는 이래야 살 수 있다. 먼저 지그시 눈을 감고서 권총을 앞으로 쭉 내민다. 그리고는 총구를 하늘로 겨냥한 다음 허공을 향해 방아쇠를 당긴다. 즉, 적중률이 가장 낮은 총잡이 A가 할 수 있는 최선의 선택은 B, C 가운데 어느 누구도 조준하지 않는 것이다. 혹연 총잡이 B, C 가운데 누군가를 의도치 않게 명중시키기라도 한다면 정말 큰일이다.

● 총잡이 A가 B, C 가운데 아무도 관통시키지 못하면, 다음으로 총을 쏠 사람은 총잡이 B가 된다. B는 바보가 아닌 이상 C를 향해 총을 쏘게 된다. (C가 죽으면) 그러면 그 다음 차례는 다시 총잡이 A에게로 선택 권한이 돌아온다.

● 가령 총잡이 B가 C를 겨누고서 총을 발사했는데 적중시키지 못했다. 그러면 다음 순서는 총잡이 C에게 주어지고 당연히 그는 B를 향해 불을 뿜을 것이다. B가 자신을 지목해 총을 쏘았다는 배신감과 A보다는 B가 더 적중률이 높기 때문이다. 그래서 백발백중으로 B가 사라지고 이번에는 다시 총잡이 A에게로 선택 권한이 주어진다.

그 결과 총잡이 A는 자신의 힘으로 최후의 한 명이 될 수 있다. 이것은 총잡이 A가 할 수 있는 최선의 선택이다.

게임이론의 기본!

복수 주체들이 각각의 의사결정에 영향을 받는 상황 속에서 각 주체가 어떤 의사결정을 하고 행동하는 지에 관해 논리적으로 풀어쓴 것이 바로 '게임이론(theory of games)'이다.

이 이론은 과거 주로 포커나 체스와 같은 게임 구조와 여기에 참여하는 사람들의 태도를 수학적으로 표현하는 데 사용되었으나, 차츰 전쟁을 수행하기 위한 군사학에 적용되고 나아가 경영학, 경제학, 철학, 정치학, 심리학 등의 분야에서도 널리 활용되고 있다.

이를테면, 두 기업이 서로 경쟁하고 있는 상태에서 상대 기업의 전략을 알고 있을 때(혹은 모를 때), 자사가 어떤 전략을 쓰면 유리할 것인지를 분석할 때 게임이론이 활용된다.

이론의 기본 배경은 '인간은 이익(이득)을 최대화하기 위해 의사결정을 한다.'는 것으로, 인간은 합리적이라는 큰 가정 아래 모든 선택과 게임이 이루어진다. 그런 이유로 게임을 할 때는 상대방의 의중을 정확히 꿰뚫는 것이 매우 중요하다.

> "나는 상대의 의중을 읽고, 상대는 내가 자신의 의중을 읽고 있다는 것을 알고, 내가 상대의 의중을 읽고 있다는 것을 상대가 알고 있는 것을 내가 알고, 또 상대는 내가…."_이 다음은 그대에게 맡긴다.

다시 말해, 게임 상대는 이성(理性)을 가진 합리적 인간이라는 전제 아래 '내가 이렇게 하면 상대는 저렇게 할 것'이라는 것을 알면서 시작된다. 영어로 표현하자면 이렇다.

> Look ahead and reason back.
> (앞을 내다보고서 현 상황을 합리적으로 판단하라.)

고스톱을 쳐본 사람은 안다. 상대가 낸 패와 내가 가진 패를 꿰뚫고, 내가 어떤 패를 내었을 때 상대가 무슨 패로 대항해 왔는지 그리고 상대가 언제 그 패를 들고 나왔으며 다음에는 어떤 패가 나올 것인지 등을 정확히 읽어야 상대의 지갑을 활짝 열 수 있다.

죄수의 딜레마란 뭘까?

게임이론 가운데는 '죄수의 딜레마(prisoner's dilemma)'라는 유명한 것이 있다. 이 죄수의 딜레마는 사회과학의 고전문제이자 많은 연구자가 머리를 싸매는 것이기도 하다. 그래서 죄수의 딜레마는 게임이론의 핵심이라 할 수 있다.

게임이론은 인간이 합리적인 선택을 할 것이라는 큰 가정 아래 이루어지기는 하지만, 죄수의 딜레마는 인간이 합리적으로 행동했음에도 어떻게 최악의 결과가 발생하는지를 잘 보여주고 있다.

용의자 두 사람이 강남경찰서에 붙잡혀 왔다. 이들은 범행을 완강히 부인했으나, 근래 일어난 강남 유력정치인의 집을 턴 진범임에 틀림이 없었다. 다만 경찰은 이들이 범인임에 심증(心證)은 가지만, 물증(物證)이 없어 고민이다.

결국 두 용의자의 입을 통해서만 범죄 여부를 가릴 수 있다. 사건이 사건이다 보니 조직 윗선에서 빨리 범인을 검거하라는 불호령이 떨어졌다. 조급해진 일선의 담당 경찰은 먼저 두 용의자를 각기 다른 감방에 격리 수용했다. 그리고는 굳게 다문 입을 열기 위해 두 용의자에게 다음과 같은 채찍과 당근을 제시했다.

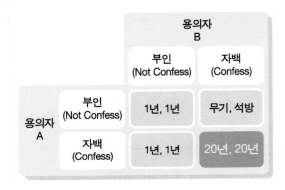

용의자 가운데 한 명이 진실을 털어놓을 경우, 그는 곧바로 석방이라는 특전이 주어지고 다른 용의자는 무기징역을 언도 받게 된다. 그리고 두 명 모두 범행 일체를 자백하게 되면 둘 다 20년형을 받게 된다. 하지만 용의자 두 명 모두 마지막까지 입을 열지 않으면 똑같이 1년형을 언도 받게 된다.

이 같은 절체절명의 선택 기로에서 용의자들은 모두 입을 굳게 닫는 것이 가장 좋은 선택이다. 하지만 유감스럽게도 결과는 그렇지 않다는 것이 이 게임의 결말이다. 용의자 두 명은 서로 상대방이 입을 열 수도 있다는 의심 때문에 두 명 모두 자백하고 똑같이 20년형을 언도 받게 된다.

용의자들은 자신에게 가장 합리적 전략을 선택했음에도 불구하고 자백이라는 최악의 결과(각각 20년형)를 초래했다. 상대의 대응에 맞춰 최적의 선택을 하면 균형이 형성돼 서로 자신의 선택을 바꾸지 않게 된다. 즉, 누구도 독립적으로 선택을 바꿔 이익을

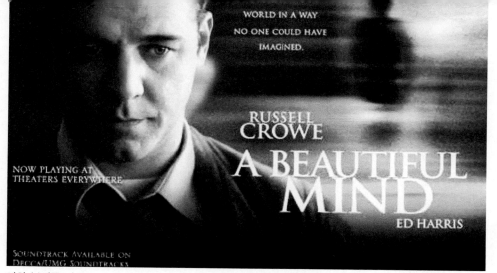

영화 뷰티풀 마인드

높일 수가 없다.

이런 결과가 항상 '최적'이라 할 수는 없으나, 상대의 전략이 바뀌지 않으면 자신의 전략 역시 바꿀 유인이 없는 상태라 주어진 상황에서는 최선이라 할 수 있겠다. 게임이론에서는 이를 '내쉬 균형(Nash Equilibrium)'이라 부른다.

이젠 고인이 된 미국 수학자 존 내쉬(John Forbes Nash Jr.)는 이런 사실을 증명한 공로로 지난 1994년 노벨경제학상을 받게 된다. 그가 이것을 증명해가는 과정은 영화 〈뷰티풀 마인드〉에 대단히 흥미롭게 그려지고 있다.

죄수의 딜레마는 '개인 마음대로 행동을 취하게 되면 그룹 이익으로 연결되지 않는다.'는 것을 가리킨다. 즉, 개인이 자기 이익을 최대화하려는 행동을 하게 되면 그룹으로서는 바람직하지 못한 결과를 초래한다는 것이다. 물론 협력할 수 있거나 협력하게 된다면 최선의 결과를 도출할 수도 있다.

죄수의 딜레마는 우리 일상생활 속에서도 얼마든지 찾아 볼 수 있다. 그래서 어떤 학자는 "죄수의 딜레마를 발견하는 것은 공기를 발견하는 것과 같다."라고 까지 했을 정도다.

물고기가 풍족하기로 소문난 한 어장(漁場)이 있다. 어부들은 저마다 "내가 좀 더 잡기로서니 어장 물고기가 바닥나겠나!"라거나 "다들 하는데 나만 착한 척 해서 뭘 해!"라고 생각하게 된다. 하지만 더 큰 문제는 이런 이기주의적 생각이 몇몇 어부에게만 한정된 것이 아니라, 해당 어장에서 어업활동을 하고 있는 모든 어부들이 공통적으로 가진다는 점이다.

그래서 어부들은 '쌍끌이 저인망' 어선을 동원해 산란기를 맞은 물고기는 물론 치어들까지 몽땅 잡아들인다. 자기만의 이익을 최대화하려고 한 결과 조만간 어족자원이 고갈돼 더 이상 물고기를 잡을 수 없는 상황을 초래한다. 모든 어부들에게 최악의 결과다. 다시 말해 "나 하나쯤이야…" 하는 안이한 생각에서 시작된 것이 결국에는 사회를 지탱하는 기반 시스템 붕괴까지 초래할 수 있다는 충고다.

이처럼 공동소유권에서 나타나는 경제적 비효율을 가리켜 '공유지(공공재)의 비극'이라 부른다. 만인이 함께 사용하는 엘리베이터나 공중화장실, 골목길 등이 지저분한 이유도 여기에 있다. 개인의 이기주의를 막을 수 있는 제도적 장치(규제)가 없는 상황에서 모두가 이기주의를 추구하는 건 어쩌면 당연하다고 한다면 비도덕적일까!

게임이론과 리니언시 제도

카르텔(cartel)이라고 한번쯤 들어봤을 것이다. 본래 시장에서 치열하게 경쟁해야 할 기업들이 시장독점을 목적으로 제품 가격 등에서 협약을 맺어 경쟁을 하지 않겠다는 취지다. 기업 간의 약속이 협약대로 잘 이루어진다면 카르텔은 성공해 소비자들은 이른바 착취를 당하게 된다.

그러나 카르텔에 참가한 개별 기업은 다른 기업을 배신할 유인(誘因)을 항상 가지고 있다. 이를테면, 자신이 제공하는 제품 가격만을 내려 더욱 많이 판매하고자 하는 유인이다. 그래서 결국 카르텔은 실패하게 된다. 협약을 준수한다면 카르텔은 잘 맺어져 모든 기업에게 고루 이익이 돌아갈 수 있음에도 더 큰 이익을 위해 상대를 배신한다.

이미 시장에서는 제도적으로도 카르텔을 막는 방법을 도입하고 있는데 '리니언시 제도(leniency program)'가 그것이다. 이 제도는 담합 사건에 연루된 기업이 공정거래위원회 조사를 전후해 위법 사실을 자진 신고하면 과징금, 검찰 고발 등의 제재를 면제 또는 대폭 감면해 주는 것이다.

1순위 신고자는 과징금과 형사 고발에서 100% 면제되고, 2순위 신고자는 그 50%를 면제해준다. 단적으로 게임이론을 기업들의 담합 범죄 적발에 그대로 원용한 제도다. 이른바, 기업판(版) 죄수의 딜레마라 하겠다.

은밀하고 지능적으로 행해지는 담합은 사실 내부자 고발이나 협조 없이는 혐의를 입증하는 게 어렵다는 점을 최대한 반영하고 있다. 즉, 파악이 불가능한 사건도 리니언시 제도를 활용하면 적발이 가능한 경우가 많기 때문이다.

미국은 이미 1993년부터 이 제도를 도입하였고, EU는 1996년, 한국은 1997년 이 제도를 도입했다. 현재 전 세계 40여 개국에서 리니언지 제도가 도입돼 운용되고 있다.

공정거래위원회는 2016년에 들어 리니언시 제도를 한층 엄격하게 운영하기로 했다. 감면을 신청한 회사 소속 임직원의 심판정 출석 규정을 명시하고 감면신청 사실을 제3자에게 누설하면 감면혜택을 취소하도록 규정했다. 내부 고발자를 통해 담합을 방지하려는 제도 취지와 달리 이를 악용하는 사례가 적지 않아 공정위가 개정에 나섰다.

실제로 지난 2015년에는 과징금을 줄일 목적으로 리니언시 자체를 담합, 자수 순서를 담합해 과징금을 반씩 나눠서 낸 기업들이 공정거래위원회에 적발된 바 있다.

그럼에도 기업이 담합을 했다가 적발되면 경영에 상당한 타격을 업을 수 있다는 점에서 리니언시 제도는 담합을 적발하고 억제하는 데 효과 높은 수단의 하나로 평가받고 있다.

경쟁하라!
경쟁엔 역기능보다 순기능이 훨씬 더 많다.

냉혹하리만큼 과감히 잘라라!

앞서 언급한 강남 유력정치인의 집을 턴 용의자들의 수용 감방을 각기 따로 사용하는 것이 아니라, 한 곳에 같이 있도록 했다면 결과는 어떻게 되었을까? 용의자 두 명은 사전 모의를 통해 일관되게 부인하는 선택을 함으로써 1년형의 언도를 받게 될까?

아마 그렇지 않을 것이다. 마지막 구형 단계에서 다른 용의자가 배신(상대가 자백을 하고 자신이 부인하면 무려 무기징역을 받게 된다.) 할 것을 우려해 두 용의자 모두 자백을 선택하게 됨으로써 결국 징역 20년형을 받게 될 것이다. 물론 평소 서로간의 신뢰성 정도에 따라 전략적 선택이 용이해질 수도 있다.

죄수의 딜레마를 해결하기 위한 한 가지 방법이 있기는 하다. 게임 과정에 개입하지 않은 제3의 플레이어(player)를 등장시키는 것이다. 즉, 조정자를 포함시키면 된다. 가령 용의자 모두 가톨릭 신자라면 신부(神父)를 조정자로 등장시킨다.

그 조정자인 신부는 두 용의자를 만나 이렇게 말한다.

> "당신들은 현재 도둑 혐의를 받고 있습니다. 사실 이런 행위는 사회 부(富)의 재분배 측면에서 보면 되레 큰 공헌을 한 셈입니다. 서로 배신하지 말고 끝까지 소신을 지켜 주시길 간절히 기도합니다. 참고로 배신에는 사회의 엄청난 고통과 보복이 따를 겁니다. 아멘!"

신부님의 신념에 찬 격려와 배신에 대한 보복이 두려운 나머지 두 용의자는 마지막까지 입을 열지 않을 가능성이 높다. 나일론 신자라면 뒤틀릴 수도 있다.

위 조정자 신부처럼 경영자나 리더는 딱 부러지고 분명한 의사표현과 그 기준을 구성원들에게 일관되게 제시해야 한다. 신뢰할 수 없거나 오락가락하는 자세는 곤란하다. 그것은 조직의 반목과 분열 그리고 갈등만 초래할 뿐이다.

명확한 의사표현과 결단을 통해 당면한 난국을 성공적으로 헤쳐나간 인물로는 고인이 된 미국 대통령 '로널드 레이건'을 꼽는다. 그는 1982년 파업 중인 항공 관제사들을 대량으로 해고하는 등 관련법과 원칙에 따른 강력한 리더십으로 노동시장 개혁의 신호탄을 쏘아 올렸다.

또 그는 AT&T 등이 지배하던 통신시장 독점체제를 무너뜨렸다. 이런 레이건의 명확한 의사표현과 결단은 단기적으로는 미국 경제의 성장률 저하와 실업률 상승과 같은 어려움을 가져왔으나, 오늘날 미국 경제 호황의 초석을 다졌다는 평가다.

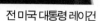

전 미국 대통령 레이건

영국의 철학자이자 정치사상가인 '토마스 홉스(Thomas Hobbes)'는 이런 말을 했다.

> "무제한적 사리(私利) 추구는 카오스(chaos)를 불러일으킨다. 고로 질서를 유지하기 위해서는 강한 정부가 필요하다."

우리 정부는 과연 어떤가? 물론 판단은 독자 몫이다.

생각해
보기

우리가 미처 몰랐던 5명의 적(敵)!

다섯 가지 경쟁요인

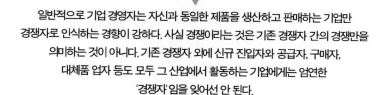

일반적으로 기업 경영자는 자신과 동일한 제품을 생산하고 판매하는 기업만
경쟁자로 인식하는 경향이 강하다. 사실 경쟁이라는 것은 기존 경쟁자 간의 경쟁만을
의미하는 것이 아니다. 기존 경쟁자 외에 신규 진입자와 공급자, 구매자,
대체품 업자 등도 모두 그 산업에서 활동하는 기업에게는 엄연한
'경쟁자'임을 잊어선 안 된다.

다섯 명의 경쟁자!

잘 한번 살아보겠다고 악다구니를 쓰건만, 무정하게도 그 앞길을 떡하니 가로막는
존재가 시장에는 있다. 바로 경쟁 상대, 즉 라이벌의 존재다. 성가신 라이벌만 없다면,
단숨에 시장을 독차지해 모든 걸 떡 주무르듯 할 수 있건만 상황은 그렇지 못하다.

흔히 라이벌이라 지칭했을 때 경쟁 기업이 먼저 뇌리를 스치지만, 오늘날에는 그렇게
단순한 경쟁 구도란 존재하지 않는다. 경영전략의 세계를 짚어보면, 기업에게는 다섯
명의 라이벌이 있다. 그들 이름은 이렇다.

- 신규 진입자
- 대체품 업자
- 구매자
- 판매자
- 기존 경쟁자

기업의 경쟁전략은 무엇을 근거로 세워질까? 그것은 역시 해당 업계(시장) 내에서의 '경쟁 환경'부터 파악하는 것이 기본의 기본이요, 정도(正道)다.

이를 위해서는 먼저 경쟁 상태를 규정하는 요인(위협)들을 밝혀내고, 그 요인을 분석해 업계 내에 차지하는 우리 기업의 정확한 위치를 파악해야 한다.

하버드 비즈니스 스쿨의 교수이자 경영전략론의 대가로 불리는 '마이클 포터(Michael Porter)'는 해당 업계의 경쟁 상태를 좌우하는 '다섯 가지 경쟁요인(Five Competitives Force)'을 제시하고 있다. 포터가 제시한 다섯 가지 경쟁요인을 가지고 기업의 경쟁전략 수립에 적극 활용해보자.

포터는 "모든 산업은 국내시장이든 국제시장이든, 제품을 생산하든 서비스를 생산하든, 다섯 가지 경쟁력 요인에 의해 시장 지배의 경쟁 법칙이 존재한다!"고 주장한다. 실제로 그런지 다섯 가지 경쟁요인을 하나씩 거론해 그 특징을 자세히 짚어보자.

누워서읽는 경영학원론

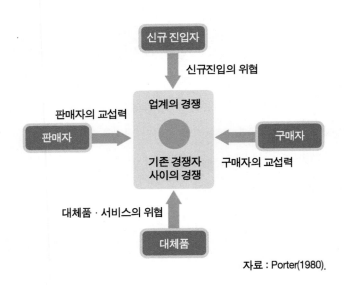

자료 : Porter(1980).

다섯 명의 경쟁자!

신규진입의 위협

라이벌 가운데 가장 먼저 떠오르는 것은 신규 진입자의 위협이다. 새로운 경쟁자의 시장 진입은 필연적으로 경쟁 과열을 부추기게 마련이다. 가령, 택배 업계라면 각종 대리점이나 운수회사, 대기업 물류팀 등으로부터의 진입이 여기에 해당한다. 또 동네 라면집이라면 각종 분식점이나 칼국수집, 김밥집 등으로부터의 진입이 이에 해당될 수 있다.

어떤 업계에 새롭게 진입하려는 기업이 여럿 존재할 경우, 기존 기업에게는 심각한 위협요인이 될 수 있다. 시장은 단기적으로는 제로섬 게임(zero sum game)이 지배하기 때문에 한정된 구매자원과 기존의 이익이 분할됨으로써 기업 이윤은 떨어지게 마련이다.

또 이러한 신규 진입의 위협은, 진입을 억제하는 장벽(barriers to entry)이 어느 정도 높은지, 그리고 진입자에 대해 기존 기업이 어느 정도 반격해 올 것인지 등에 따라 결정된다. 진입장벽이 견고하고 기존 기업으로부터 치열한 보복이 예상되는 경우라면 신규 진입의 위협은 그 만큼 낮아질 것이다.

같은 동일한 감자탕집이라도 누구나 낼 수 있는 평범한 맛이라면 얼마든 신규 진입과 퇴출이 가능하다. 하지만, 어느 누구도 쉽사리 흉내 낼 수 없는 맛의 감자탕집이 해당 동네에 자리 잡고 있다면 신규 진입은 그 만큼 지난(至難)하다.

신규진입에 대한 장벽은 다음과 같은 항목을 통해 점검해 볼 수 있다.

- 거액의 투자자본이 필요한가?
- 유통 판매망의 확보가 필요한가?
- 기업의 브랜드는 구축되어 있는가?
- 기존 기업의 제품이 차별화되어 있는가?
- 기존 기업이 비용우위(학습곡선)를 가지고 있는가?
- 신규진입에 대한 정부의 방침과 규제가 존재하는가?

위 물음에 대해 '그렇다'가 다수라면, 해당 업계(시장)는 신규 진입자에게 진입장벽이 높다는 의미가 된다. 또 진입장벽이 높거나 기존 기업(가게)의 강력한 저항이 예상된다면 신규진입의 위협은 자연스레 낮아진다.

대체품의 위협

대체(代替) 제품이나 서비스를 제공하고 있는 기업도 강력한 라이벌이다. 만일 어떤 제품이나 서비스의 효용을 대체해 줄 수 있는 것이 새로이 출현한다면 시장에서의 가격 경쟁력은 필연적으로 떨어진다.

최근의 시장 동향을 보면, 패스트푸드와 같은 외식업체의 강력한 경쟁자로 등장하고 있는 것이 바로 도시락을 판매하는 편의점이다. 군이 햄버거가 아니라도 편의점에서 24시간 도시락이나 삼각 김밥을 구입해 배를 채울 수 있어서다.

특정 제품과 직접적으로 경쟁을 하지는 않지만 기업의 판매와 수익에 영향을 준다는 점이 대체품의 특징이다. 때문에 기존 제품이나 서비스보다 뛰어난 대체품 등장은 장기적으로는 가장 큰 위협요인이 될 수 있다.

이를 테면, 플라스틱은 알루미늄 제품이나 철강 제품의 대체품이라 할 수 있으며, 비닐제품은 가죽제품이, 경비회사의 경우는 전자경보시스템이, 우동은 라면이, 비행기는 KTX(SRT)가 대체품의 좋은 사례라 하겠다.

이처럼 시장에 대체품이 많이 존재할수록 기존 기업의 매출을 빼앗아 제품가격을 낮추거나 광고 예산을 높이는 등 경영 압박 요인으로 작용한다.

● 대체품이 다른 제품에 비해 가격 대비 성능이 뛰어난가?

● 높은 수익을 올리고 있는 업계가 대체품을 생산하고 있는가?

위 물음에 곧바로 '예(Yes)'가 터져 나온다면, 해당 업계(시장)는 대체품 위협이 높다고 판단된다. 대체품에 관한 대응전략은 일반적으로 기업 간 연합을 맺어 대체품 공급업자와 대항해 나간다. 즉, 품질개선과 광고·마케팅 활동, 제품 용도의 확대 등과 같은 상호 협력을 통해 대체품 공급업자에게 맞선다.

구매자의 교섭력

전혀 예기치 못한 경쟁 환경으로 인식될 수 있으나 물리쳐야 할 라이벌엔 '구매자'도 있다. 만일 고객(구매자)이 시장에서 협상력을 지녔다면 고객은 그러한 능력을 최대한 활용해 해당 기업에게 가격 인하를 요구할 것이다. 그렇게 되면 기업은 그동안 누려왔던 이익에 적신호가 들어온다. 실제로 경기 불황으로 동네 슈퍼마켓이나 패스트푸드점 고객들이 보다 저렴한 제품과 메뉴를 찾아 외부로 눈을 돌림으로써 이들의 경영을 악화시키고 있다.

구매자는 납품가격 인하를 공공연히 요구한다거나 좋은 품질 및 서비스를 요구함으로써 업계 내의 경쟁관계에 많은 영향을 미친다. 일반적으로 구매자의 교섭력은 다음과 같은 항목을 통해 점검할 수 있다.

● 구매자 수가 한정되어 있는가?
● 구매자의 거래처 전환비용은 낮은가?
● 구매자가 충분한 정보를 가지고 있는가?
● 구매자가 판매자 사업에 진출(후방통합)할 의도는 있는가?
● 구매자가 분산되지 않고 하나가 돼 대량으로 제품을 구입하는가?
● 구매자가 구입하는 것은 범용제품인가?

● 구매자가 구입하는 제품(서비스)이 판매자의 비용 및 구입 제품 전체에 차
 지하는 비율이 높은가?

이러한 물음에 대해 '그렇다'고 한다면, 해당 업계(시장)는 구매자의 교섭력이 강하
다고 볼 수 있다.

구매자가 어느 정도 힘을 가지느냐의 교섭력은 시장 상황에 따라 결정된다. 예를 하
나 들어 보자.

한 완성차 메이커에 범퍼를 납품하는 협력업체가 있다고 치자. 그런데 어느 날 완성
차 메이커가 범퍼 거래처를 현재의 한 곳에서 두 곳으로 늘리게 되었다. 여기에다 경기
침체로 자동차가 팔리지 않아 범퍼의 납품 물량마저 줄게 된다면, 울며 겨자 먹기로 협
력업체는 납품가격을 인하하는 등의 조치를 취할 수밖에 없다. 이러한 상황은 자연히
완성차 메이커의 구매 교섭력을 높이는 요인으로 작용한다.

판매자의 교섭력

싸움을 위해 짚어봐야 할 라이벌엔 '판매자'도 있다. 부품이나 원자재를 공급하는
공급자들이 협상력을 가지게 된다면, 그들은 납품가격을 인상해달라는 압력을 꾸준히
가해올 것이다. 그로 인해 원가가 상승되면 우리 기업이 누려왔던 이윤은 자연스레 줄
어든다.

가령, 쌈밥집을 경영하는 가게에서 고기나 야채 가격이 오르게 되면, 가게는 가격을
그대로 유지하면서 이익률을 낮추거나, 가격을 올려 결과적으로 고객 수가 줄어드는
선택의 기로에 설 수밖에 없다.

판매자의 교섭력은 다음과 같은 항목의 점검을 통해 확인된다.

- 판매자 수가 적은가?
- 판매자의 제품이 구매자 사업에 있어 중요한 제품인가?
- 구매자의 업계가 판매자 그룹에게 별로 중요 고객이 아닌가?
- 판매자가 구매자의 사업에 진출하려는 계획을 세우고 있는가?
- 판매자 업계가 일부 기업에 의해 좌우되고 구매자 업계보다도 집약적인가?
- 판매자의 제품이 차별화되어 다른 제품으로 대체하게 되면 구매자의 비용은 증가하는가?

위의 질문에 '그렇다'고 한다면, 해당 업계(시장)는 판매자의 교섭력이 강하다고 판단된다.

완성차 메이커에 타이어를 납품하는 한 중소기업이 어느 날 좀체 펑크가 나지 않는 타이어를 개발했다고 하자. 이 소식이 전 세계에 알려지면서 유명 완성차 메이커로부터 타이어 납품 요청이 쇄도한다. 이런 상황이라면 비록 무명의 중소기업이라 할지라도 타이어 판매자로서는 엄청난 교섭력을 구매업자에 대해 발휘할 수 있다.

즉, 타이어 메이커는 구매자에 대해 타이어를 판매하지 않겠다거나 가격을 올리겠다는 등의 위협을 공공연히 드러냄으로써 높은 교섭력을 행사할 수 있다.

기존 경쟁자 사이의 경쟁

마지막으로 동종 업계 내부에서의 경쟁도 무시할 수 없다. 경쟁자 간의 경쟁은 상호 경쟁 비용을 상승시킨다. 예컨대 경쟁자를 제압하기 위해 광고나 마케팅 또는 연구개발에 대한 과잉투자가 이루어지게 되고, 지나친 가격경쟁으로 가격은 떨어진다. 결국 과다한 경쟁은 경쟁자들의 이익을 떨어뜨릴 수밖에 없다.

기존 경쟁자란, 유사한 제품이나 서비스를 제공하는 기업을 가리키는 것으로 삼성전자와 LG전자, 현대기아차와 쉐보레, 대한항공과 아시아나항공 등이 대표적이다.

특정 업계 내부에서 기존 업자 사이에 벌어지는 대립관계의 정도는 그 업계의 경쟁 상태를 가늠하는 중요한 지표가 된다.

업계 내부에서의 경쟁 관계는 다음 항목을 통해 확인할 수 있다.

- 제품 차별화가 곤란한가?
- 업계의 성장 속도가 느린가?
- 경쟁업자의 전략이 다양한가?
- 고정비용 혹은 재고비용이 높은가?
- 동일 업종 및 규모의 기업이 많은가?
- 철수장벽(고정자산 투자가 많은 기업)이 높은가?
- 생산량을 소폭으로 늘리면 과잉생산 상태가 되는가?
- 구매자가 거래처를 바꿔도 추가 비용이 들지 않는가?

이러한 물음에 다수가 해당된다면, 업계(시장) 내부의 경쟁자 사이에는 경쟁이 치열하다고 볼 수 있다.

이상과 같은 마이클 포터의 '다섯 가지 경쟁요인'은 기업의 경쟁전략 수립에 매우 유익한 비교·분석 기준을 제시한다.

더불어 업계에 관계없이 새로운 분야로의 진출 시에는 위와 같은 경쟁요인에 대해 구체적으로 짚어봐야 한다. 그래야 실패와 리스크를 최대한 줄일 수 있다. 신규진입을 생각하지 않을 경우에도 포터의 모델은 해당 업계 안에서 체계적인 경쟁을 벌이기 위한 중요한 힌트를 제공하고 있다. 업계 매력과 업계 내부의 경쟁적 지위는 끊임없이 바뀌고 있다는 인식 또한 중요하다.

끝으로 다섯 가지의 역학관계에 대한 분석이 단발성으로 끝나서는 안 된다. 현재 상황에 대한 인식을 기준으로 전략을 세웠다면, 다섯 가지 역학관계가 향후 어떻게 변모하게 될지도 예측해 다가올 상황 변화에 대해 치밀하게 대응해 나가야 한다.

생각해
보기

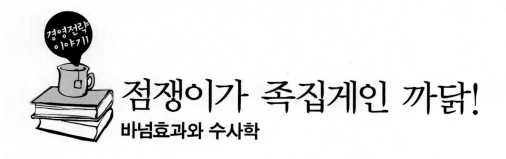

점쟁이가 족집게인 까닭!
바넘효과와 수사학

대중은 스스로 믿고 싶은 걸 믿고, 보고 싶은 걸 본다.'
인간은 불확실한 사건을 자신의 상황에 꿰맞춰
해석하려는 경향이 강하다. 점쟁이를 찾는 인간의 심리는 자신이
하고자 하는 일에 대한 확신을 얻기 위해서라고
하는데, 이런 현상을 심리학에서는
'바넘 효과(barnum effect)'라고 부른다.

귀인을 만나야 돈 번다!

"아~ 정말 미치겠네. 하는 일마다 이러니!"

어느 마을에 손대는 일마다 족족 꼬이면서 신용불량자로 전락한 사내가 있었다. 하루하루 숨죽이며 가슴앓이를 거듭해오던 사내는 어느 날 점쟁이를 찾았다. 사주와 관상을 한참 따져보는가 싶더니 점쟁이는 대뜸 사내에게 일갈했다.

"금년에는 운수대통이야! 남쪽에서 날아온 귀인을 만나 떼돈 벌 것 같네!"

"예~에! 그게 정말입니까?"

"남쪽에서 오는 귀인을 꼭 붙들게!"

"예, 그렇지요."

위 점괘처럼 사내가 남쪽에서 온 귀인을 만나 돈을 벌지 여부는 잠시 덮어 두고, 그 전에 점괘부터 한 번 살펴보자. 점쟁이의 점괘를 통해 일어날 수 있는 경우의 수는 모두 몇 가지일까? 실은 다음 예시처럼 오직 네 가지뿐이다.

① 남쪽에서 온 귀인을 만나 돈을 벌었다. (귀인 : ○, 돈 : ○)

② 남쪽에서 온 귀인을 만나진 못했으나 돈은 벌었다. (귀인 : ×, 돈 : ○)

③ 남쪽에서 온 귀인을 만나지 못했고 돈도 못 벌었다. (귀인 : ×, 돈 : ×)

④ 남쪽에서 온 귀인을 만났으나 돈은 벌지 못했다. (귀인 : ○, 돈 : ×)

이런 네 가지 경우 가운데 향후 점쟁이 점괘가 '완전 엉터리'라거나 '사기꾼'이라는 비난을 받을 수 있는 것은 어느 경우인가? 하나씩 따져보자.

먼저, ①번 경우는 100% 적중했기에 일체 비난의 여지가 없다. 남쪽의 귀인도 만났고 돈도 벌었기 때문이다. '마당 쓸고 돈도 줍고', 한 마디로 '얼씨구절씨구'다.

②번은 귀인을 만나진 못했지만 돈은 벌었기에 불만은 없다. 신용불량자인 사내의 간절한 바람은 역시 돈을 벌어 신용불량에서 벗어나는 것이다. 세상만사 과정은 다소 어긋날지라도 결과가 좋으면 모든 게 좋은 법이다. 그래서 지난 허물은 자연스레 덮어지게 마련이다.

③번의 경우는 어떨까? 남쪽에서 날아온 귀인을 만나지 못했기에 돈을 벌진 못했다. 점쟁이가 사내에게 "남쪽에서 온 귀인을 꼭 붙들라."고 했는데 말이다. 모든 책임은 사내에게 전가됨으로써 점쟁이에게 항변할 명분은 사라진다.

마지막 ④번의 경우를 보자. 과연 사내가 "남쪽에서 온 귀인을 분명 만났는데 왜 돈은 벌지 못했느냐?"라며 점쟁이에게 거칠게 항의를 할 수 있을까? 천만의 말씀! 절대 따지고 들 수 없다.

"당신이 만난 남쪽 사람은 사실 귀인이 아니오! 내가 귀인을 잡으라고 했지 언제… 보는 눈 하고는 쯔~쯧"라며 되레 점쟁이가 구박까지 해온다.

결국 점쟁이는 어느 경우이든 자신의 점괘로 인해 비난을 사는 일은 없는 셈이다. 위처럼 무려 100% 적중률을 자랑하기 때문이다.

예측의 경우 절반 정도만 적중해도 대성공이라 목소리를 높이는데, 경우의 수가 모두 적중되었다면 과히 '족집게 중의 족집게 점쟁이'임에 틀림없다.

냉정함을 되찾은 그대에게 묻는다. 위 점괘는 대단한 신통력을 가진 점쟁이였기에 미래를 읽은 것일까? 분명 고개를 좌우로 흔들 것이다. 완전 100% 적중했다고 하기에는 왠지 찝찝하다. 그런 한편으로 점쟁이의 논리적인 반박엔 더 이상 물고 늘어질 명분 또한 찾지 못한다.

사실 위의 점쟁이는 고차원의 수사학(rhetoric)을 구사해 사내에게 점괘를 풀어주고 있다. 그런 수사학은 점쟁이의 신통력 정도를 가늠할 수 있는 잣대요 전략이다.

덧붙이자면, 점쟁이를 찾은 사람들은 이미 점쟁이의 전략에 말려들 준비가 완벽하게 되어 있는 사람이다. 벌이는 일마다 꼬이고 어긋나다 보니 마음이 점점 불안해지고 갈피를 못 잡는 사람일수록 특정 대상으로부터의 충고나 조언 등을 간절히 믿고 싶어 하기 때문이다.

경쟁전략, 제대로 알고 구축하라!

경쟁전략 3가지

약자가 강자를 물리친다.
소(小)가 대(大)를 잡아먹는다.
힘과 머릿수가 적어도 이길 수 있다.
이것이 바로 경쟁전략의 진실과 묘미다.

세 가지 경쟁전략!

경영전략을 한 마디로 표현하면 이렇다.

'경영 비전을 실현하기 위한 기업 고유의 시나리오'

경영을 마라톤에 비유하면, 혼신을 다해 42.195km를 처음부터 마지막까지 달려가려는 선수가 있는가 하면, 각 코스를 자신의 능력에 맞게 구분지어 속도를 달리하는 선수도 있다. 가령 이 선수들만의 독자적인 달리기 노하우를 기업에 빗댄다면 바로 경영전략에 해당한다.

경영전략은 '경쟁전략'과 '성장전략'으로 크게 나눌 수 있는데, 여기서는 '경쟁전략'에 초점을 맞춰 보기로 한다.

경쟁전략이란, 기업들의 개별 사업 영역에서 어떻게 하면 경쟁 상대를 물리치고 수익을 확보할 수 있을까에 관한 전략을 가리킨다. 그래서 '경영전략은 경쟁전략이다.'라고 할 만큼 경영활동에 있어 매우 중요한 위치를 차지한다.

어떤 기업이든 업종이든 또 어떤 전략을 추진하든 경쟁우위 확립의 기본이 되는 전략

세 가지(three generic strategies)가 있다고 '마이클 포터(Michael Porter)'는 주장한다. 간단히 얘기하면 이렇다.

- '가격(價格)'으로 승부를 볼 것인가?
- '차별화(差別化)'에 성패를 걸 것인가?
- '집중화(集中化)'를 통해 생존을 모색할 것인가?

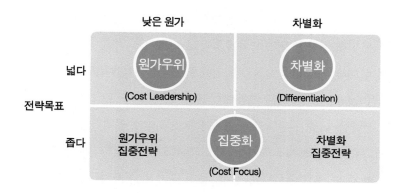

경쟁우위의 원천!

위 그림은 세 가지 기본 전략을 표현한 뼈대로 가로축에 낮은 원가와 차별화로 나누고, 세로축에는 경쟁 범위가 넓은지 좁은지로 구분하고 있다. 이 세 가지 기본전략은 어떤 의미에서 경쟁을 회피하는 전략이라고도 볼 수 있겠다.

포터는 이런 얘기도 하고 있다. "세 가지 기본전략 가운데 하나라도 확립하지 못한 기업은 궁지에 몰리게 된다." 참으로 의미 심중한 충고다. "당신 기업은 기본전략 세 가지 가운데 어느 것을 확립하고 있는가?" 하고 묻는 듯하다.

원가우위 전략

　원가우위 전략이란 원가 측면에서 업계 최정상에 올라서는 것을 기본 목적으로 한다. 즉, 다른 경쟁 기업보다 저렴한 가격으로 제품과 서비스를 제공해 우리 기업의 경쟁력을 강화시키고 경쟁기업의 경쟁력을 약화시키는 전략이다.

　저렴한 가격으로 제품을 판매할 수 있다면 소비자의 발길을 우리 기업으로 돌리는 것은 그리 어렵지 않다. 이를 테면, 다른 중국집에서는 짜장면을 5,000원에 팔고 있는데 우리 가게에서는 수년 전 가격인 2,500원 그대로 팔고 있다. 이런 경우 우리 가게가 다른 중국집에 비해 월등한 원가우위에 있다고 하겠다.

　가령 경쟁 상대가 짜장면을 2,500원 이하로 가격을 내린다고 할지라도 무리한 가격 인하는 경영을 압박해 그리 오래 버티지 못한다.

　원가우위 전략을 취하기 위해서는 거액의 초기투자와 공격적인 가격정책, 그리고 시장점유율 획득을 위해 초기에 적자를 각오할 필요가 있다. 다만, 높은 시장점유율을 확보하게 되면 대량 생산이나 납품 등을 통한 규모의 경제성을 살릴 수 있어 더욱 원가를 줄일 수 있다.

　또 '원가우위'란 지속성이 요구되는 경영 행위로 단지 업무효율의 개선만을 가리키는 것이 아니다. 단순히 업무효율의 개선이라면 경쟁 상대가 업무개선을 모방하게 됨으로써 결국 승자는 사라지고 소모전(消耗戰)으로 빠져들기 때문이다.

차별화 전략

　같이 뛰지 마라, 아예 다른 길로 가라. 그게 바로 차별화다. 또 차별화 전략은 경쟁 기업에 비해 우리 기업의 제품이나 서비스가 특별하다는 것을 소비자에게 어필하기 위한 전략이다.

　구체적으로는 어떤 부문(분야)에 차별화 하느냐에 따라 그 성격이 달라진다. 우리 제

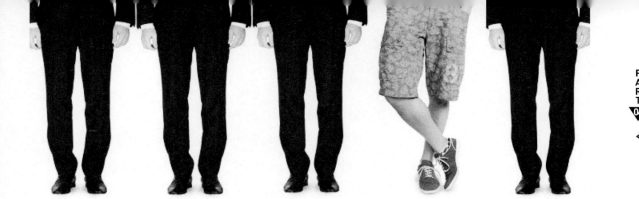

품의 성능과 기능, 디자인과 같은 제품의 물리적인 차이에 초점을 맞춘 차별화가 있는가 하면, 서비스망이나 유통망을 충실하게 정비함으로써 고객 서비스의 차별화도 가능하다. 또 기업이나 브랜드 그 자체가 뿜어내는 첨단 혹은 고급 이미지도 차별화 전략의 하나다. 한 가지가 아닌 여러 측면에서 차별화 될 수 있다면 더욱 바람직하겠다.

삼성전자 제품이나 세계 최고의 자동차 브랜드 벤츠의 경우, 경쟁 상대와 유사한 기능이나 디자인이라 할지라도 제품(자동차) 가격은 훨씬 더 비싸게 팔린다. 브랜드 차별화에 성공한 덕분이다. 또 선발 커피전문점 스타벅스는 업계 평균보다 높은 커피가격을 책정하고 있음에도 고객 충성도가 높아 브랜드 이미지나 제품 특성, 고객 서비스 등의 측면에서 차별화에 성공했다고 하겠다.

차별화에 성공한 기업은 소비자로부터 브랜드에 대한 충성을 이끌어 낼 수 있다. 또 이런 소비자는 가격에 민감하지 않아 자연스럽게 경쟁기업에 대한 진입장벽을 구축하는 결과를 가져오기도 한다. 그 때문에 차별화 성공은 매출액 향상으로 직결된다.

한편으로 차별화가 극단적으로 이뤄지게 되면 일부 특정 시장이나 소비자만을 대상으로 하게 되므로 시장점유율 확보가 어려워질 수 있다는 점도 염두에 두자.

집중화 전략

집중화 전략이란 특정 구매자 그룹이나 제품(서비스), 지역 등에 한정하고 그 곳에 경영자원을 집중적으로 투자해 경쟁우위를 확보하려는 전략이다.

원가우위나 차별화 전략의 목표가 넓다고 한다면, 집중화 전략은 특정 표적에 초점을 맞추어 중점적으로 추진하기 위한 것이다.

이 전략에는 '차별화 집중'과 '원가우위 집중'의 두 가지로 분류된다. 차별화 집중이란, 특정 고객과 제품에 대해 철저히 차별화하는 것이다. 이를테면, 여객기 1등석이나 비즈니스석은 특정 고객에게 한정시키고 여기에 차별화된 서비스를 제공함으로써 높은 가격을 유지하고 있다.

원가우위 집중은 특정 고객과 제품에 대해 철저한 원가 절감을 꾀하는 것이다. 여객기의 이코노미 좌석은 필요 최소한의 기능(목적지까지 안전하게 도착)에 집중함으로써 항공사나 이를 이용하는 고객 모두를 만족시킬 수 있다.

다만 집중화 전략은 수익성과 매출액이라는 두 마리 토끼를 한 번에 노린다는 점에서 시장점유율에 제약을 받을 수도 있다.

생각해
보기

성장전략, 이렇게 추진하라!

성장전략 3가지

기업이 다각화를 추진하는 주요 배경이라면 이렇다.

- 주력 제품의 부진 : 냉면의 매출이 부진, 칼국수를 새롭게 개발해 제공한다.
- 수익의 안정 : 여름철엔 수영장으로 겨울철엔 레저 시설로 활용한다.
- 잉여경영자원 활용 : 팔다 남은 식자재를 가축 사료로 재활용한다.
- 위험 분산 : 짚신만 만들 것이 아니라 우산도 함께 생산한다.
- 기업가정신 : 끊임없는 도전정신과 창의력. 이를 실천하려는 강력한 추진력을 가진다.

성장전략 세 가지!

모든 제품(서비스)에는 탄생과 성장, 그리고 쇠퇴라는 그 수명 주기(제품수명주기)가 존재한다. 때문에 언제까지나 동일한 사업을 계속 이어갈 수는 없다. 기업이 성장하기 위해서는 또 다른 기회를 찾아 사업을 확대 재생산해야 한다. 단일 사업보다는 다양한 사업을 추진함으로써 기업은 자신이 가진 위험을 줄이거나 회피할 수도 있다.

기업이 '성장전략'을 고려(분석)할 때 흔히 사용하는 도구에는 앤소프 매트릭스(Ansoff Matrix)라는 것이 있다. 이 매트릭스는 제품과 시장을 기존과 신규로 나눈 네 가지를 조합한 것으로 '제품·시장 매트릭스' 혹은 '사업 확대 매트릭스'라고 부른다.

제품·시장 매트릭스

시장＼제품	기존 제품	신규 제품
기존 시장	시장침투 (Penetration)	제품개발 (New Product Development)
신규 시장	시장개발 (New Market Development)	다각화 (Diversification)

시장침투 전략

기존 시장에 그대로 머물면서 기존 제품의 매출을 늘리고 시장점유율을 한층 높여가는 전략이다. 여기에는 동일 고객에게 동일 제품을 현재 이상으로 구매해 사용하도록 하는 이른바 헤비유저(heavy user)화 전략과 다른 기업의 고객을 자사 기업으로 유인하는 전략 등이 포함된다.

이를 위해서는 제품 및 서비스 강화와 가격 면에서의 우위성 확보, 판매촉진 강화, 유통채널의 확대 등을 통해 기존 고객의 수요를 늘리거나 동일 시장 안에서 새로운 고객을 발굴할 수 있어야 한다.

시장개발 전략

기존 제품을 전혀 다른 새로운 시장에서 판매하려는 전략이다. 국내시장에서 해외시장으로 확대하는 것과 같은 새로운 시장을 찾아 나서는 것도 중요하겠으나, 기존 시장에서 새로운 소비자를 창출하는 것도 여기에 해당된다.

이를테면, 20대나 30대에 한정되어 있던 것을 40대 혹은 50대로까지 확대하거나 여성만을 대상으로 하던 것을 남성용으로도 확대, 일부 전문가에게 한정돼 사용하던 것을 일반인에게까지 확대하는 전략 등이 그것이다.

제품개발 전략

기존의 유통 채널을 활용하면서 완전히 새로운 제품이나 혹은 기존 제품에다 부가가치를 더하고 개량시켜 매출액 향상을 도모하는 것이다. 이 전략은 제품수명주기가 짧은 오늘날 가장 빈번하게 취하는 전략이다.

근래 이 전략을 가장 훌륭히 적용하고 있는 제품은 바로 스마트폰이라 할 수 있겠다. 기존의 전화와 문자메시지 기능은 물론이고 엔터테인먼트, MP3, 디지털카메라, TV, 내비게이션, 결제, 신분증, SNS 등 무수한 기능들을 부가한 최첨단 신제품이 속속 출시되고 있다.

다각화 전략

새로운 시장에 새로운 제품을 판매하려는 것이 다각화 전략이다. 이 경우 기존 사업과 경영자원을 최대한 살려나가면서 본업과는 다른 이업종(異業種)에 완전히 새로운 제품을 가지고 진입하는 경우다.

제품수명주기가 짧고 시장 수요도 날로 다양화 되고 있어 신규 시장과 제품에 대한 노하우를 가지고 있는 타사와 제휴·통합해 다각화 전략을 추진하는 것도 유효한 방법 가운데 하나다.

일반적으로 기업의 다각화는 지금껏 기반으로 삼아왔던 시장이나 제품과는 무관한 분야에 진출하게 되는 것이어서 불확실성 요인은 물론이고 많은 위험도 따르는 전략이다. 따라서 안이하게 미지의 영역에 뛰어들기보다는 기존 사업을 중심으로 기초 체력(기업의 자금력)을 다져가면서 다각화 전략을 추진해야 한다.

생각해
보기

자원 배분, 어떻게 해야 할까?

PPM 분석

기업은 여러 가지 자원을 공급받아 생산하고 보유한다.
이들 기업들은 대체 어떤 기준을 가지고 자신이 보유한 자원을 배분할까?
가장 보편적이면서도 체계적이고 합리적인 배분 방법에 대해
살펴보기로 하자.

변수 두 가지!

기업이 가진 자원은 누가 어떻게 배분하는 것이 좋을까?

중요한 경영 행위 가운데 하나인 자원 배분은, 경영자 고유의 의사결정 영역이라는 인식 아래 CEO가 독단적으로 내릴 수도 있고, 관련 전문가나 구성원의 의견을 종합해 판단할 수도 있다. 어떤 경우건 기존에 제시된 이론적 도구를 근거로 자원 배분이 이루어진다면 더욱 체계적이라 하겠다.

이 세상에 태어난 모든 제품은 '도입기→성장기→성숙기→쇠퇴기'를 거치게 된다. 그것을 제품수명주기라 부른다. 또 어떤 제품의 누적생산량이 늘어나게 됨에 따라 제품 한 단위의 생산에 투입되는 비용은 낮아진다. 그것을 '경험곡선효과'라고 부른다.

미국의 'BCG(Boston Consulting Group)'는 제품수명주기를 시장성장률, 경험곡선효과를 상대적 시장점유율로 해석해, 이 두 가지 변수에 각각 어떤 식으로 경영 자원을 배분해야 할지를 나타내는 PPM(Product Portfolio Management)을 개발했다. 기업의 어떤 사업(제품)에 자금을 배분하고 혹은 철수할 것인가를 결정하는 데 매우 유효한 이론적 수단을 제공한다.

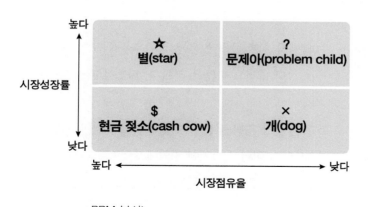

PPM 분석!

각 영역의 주요 전략

별 제품

● 특징 : 별의 위치에 속하는 사업(제품)은 시장점유율과 시장성장률이 모두 높은 분야다. 그러나 시장성장률이 높은 만큼 경쟁자도 많고 계속적으로 설비투자 등을 해야 하기에 지금 당장은 많은 이익을 내지 못하는 사업(제품)이다.

하지만 장기적으로 보면 이익을 많이 내 기업의 자금줄 역할을 하게 될 가능성이 있는 사업이다. 따라서 그때까지 시장점유율을 다른 경쟁자에게 빼앗기지 않고 유지해 가는 것이 관건이라 하겠다. 성장분야이므로 계속적인 투자가 필요하다.

현금 유입량이 많은 반면에 성장을 위한 자금수요도 크기 때문에 현금을 창출할지 여부는 불투명하다. 그러나 해당 시장에서 NO.1의 위치를 차지하고 있는 한 성장이 둔화되었을 때는 재투자 필요성이 줄어 거대한 현금 창출원이 될 수 있다.

● 전략 : ① 시장점유율 확대를 위해 경영자원 투입 ② 신제품 투입, 서비스 부가를 통해 경쟁력 강화 ③ 고객 조직화를 위한 노력

현금 젖소 제품

● 특징 : 여기에 속하는 사업(제품)은 높은 시장점유율을 보이기는 하지만, 낮은 시장성장률 때문에 투자는 그다지 필요치 않은 분야다. 더불어 매출액은 안정적이며 이익률은 제품군 가운데 가장 높다.

지금껏 다져온 확고한 시장 기반 덕분에 재투자 분을 훨씬 뛰어넘은 많은 현금을 창출해 내기는 하지만, 시장은 이미 성숙기에 진입해있으므로 더 이상 투자 자금을 배분하지 않는 것이 좋다. 따라서 '스타'와 '문제아'가 현금 젖소의 뒤를 이을 수 있도록 적극 육성해 가는 전략이 필요하다.

● 전략 : ① 이익 최대화를 위한 전략을 추진 ② 촉진 등에 대한 투자는 가급적 억제

문제아 제품

● 특징 : 여기에 위치한 사업(제품)은 현재 낮은 시장점유율을 보이고는 있으나 높은 시장성장률을 가진 분야다. 즉, 앞으로의 시장성장성은 높은 편이지만 지금 당장은 이익이 적은 사업이나 제품이라 보면 틀림없다. 일반적으로 신제품이 이 '문제아'에 해당하며 적자 제품이 많다.

여기에 속하는 사업은 대부분 현금유출(투자)을 필요로 한다. 만약 투자가 이루어지지 않으면 다른 기업에게 뒤쳐져 결국엔 시장으로부터 외면당할 수 있다.

따라서 보다 적극적인 투자를 통해 별(star)로 키워나갈 것인지, 아니면 투자를 대폭 줄임으로써 '개(dog)'가 돼 시장에서 완전히 철수할 것인지를 선택해야 한다. 물론 투자 전략에 따라서는 현금 젖소로 성장할 가능성도 배제할 수 없다.

● 전략 : ① 경쟁 제품과 비교해 우위성을 판단하고 유망한 제품만 투자 ② 제품에 따라서는 전격적인 철수도 검토할 수 있음.

개 제품

● 특징 : 개의 위치에 속하는 사업부(제품)는 시장점유율과 시장성장률이 모두 낮은 분야로 매출액과 이익이 저조해 매력이 떨어지는 제품이다. 단적으로 말해, 기존 사업이

나 제품 수명이 다해 시장성장률과 점유율 확대를 모두 기대할 수 없는 분야다. 무리하게 투자 자금을 배분하기보다는 손을 떼고 곧바로 철수하는 쪽이 현명하다.

더불어 이 사업은 현금 유입량이 적고 나아가 경기변동과 같은 외부요인에 따라 이익률이 크게 좌우되기 쉽다는 특징도 함께 가지고 있다.

● 전략 : ① 경영자원 투입을 억제 또는 축소 ② 다른 제품을 보완할 역할이 없다면 시장에서 철수

위의 설명을 통해 다음과 같은 것들이 밝혀졌다.

첫째, 모든 사업은 시장성장률이 둔화된 단계에서 '현금 젖소'나 혹은 '개'가 된다. 그리고 어떤 사업도 최종적으로 현금 창출원 즉 '현금 젖소'가 되지 않고서는 기업에 대한 금전적 공헌은 불가능하다.

둘째, 모든 기업에서 자금을 투입해 육성하는 사업이 필요하며, 동시에 그 자금을 창출하는 사업도 필요하다. 그리고 기업의 균형 잡힌 사업 포토폴리오만이 안정된 이익과 성장을 약속받는다.

셋째, 모든 사업은 위에서 언급한 네 가지 타입 가운데 어느 한 쪽의 성격을 가지고 있다. 어떤 타입에 속하는가에 따라 기업의 존재와 역할, 그리고 전략은 달라진다.

이상적 자금 배분

PPM의 전략적 의미는 다수의 사업에 대한 자금 배분을 어떻게 할 것인지 하는 기업의 전략에 대해 그 분석 수법과 지표를 전달한다는 데 있다. 그럼 실제로 PPM에서는 어떤 자금의 흐름을 이상적이라 판단할까?[13]

현금흐름(cash flow)의 관점에서 보게 되면 현금 수요(자금의 유출량)는 그 사업의

---

13) 水越豊(2003)을 주로 참고.

시장성장률(매트릭스 세로축)에 의해 결정되고, 현금 창출력(자금의 유입량)은 시장에서의 경쟁력, 즉 상대적 시장점유율(매트릭스의 가로축)을 통해 결정된다.

- '스타'는 자금 유입도 많지만 유출도 많아 높은 리턴을 기대할 수 없다.
- '문제아'는 일반적으로 막대한 투자를 필요로 한다. 이른바 '돈 먹는 하마'라 표현할 수 있다.
- '현금 젖소'는 자금수요가 많은 사업부문을 위한 현금 창출의 역할을 할 뿐만 아니라, 현금 유입량이 기업의 외부자금 조달력을 높여준다고 하는 측면에서도 그 의의는 크다.

이렇게 본다면 기업에서 실제로 현금을 창출하는 사업은 의외로 적다는 것을 알 수 있다. 실질적으로는 '현금 젖소'에 한정된다고 해도 좋을듯하다. 이 얘기는 '현금 젖소'를 많이 보유하면서 그로부터 발생되는 자금을 얼마나 효율적으로 관리해 다수의 '현금 젖소'를 키울 수 있을지가 기업 성장의 핵심이라 하겠다.

그 방법에는 두 가지가 있다. '현금 젖소'가 낳는 자금을 '문제아'에 투입해 성장성이 높을 때 그것을 '별'로 육성하는 것이 하나이고, 또 다른 하나는 연구개발에 투자를 해서 직접 '스타'를 만들어 내는 것이다.

이상적인 자금배분을 실천할 시 각 사업 형태의 전략적 위치는 다음과 같다.

- '별'에서는 상대적 시장점유율 유지(또는 확대)가 지상과제이다. 가령 시장의 성장성이 둔화되었을 때 별은 '현금 젖소'가 되어 있어야 한다. 여기서는 시장성장률과 동일한 정도(혹은 그 이상)로 성장할 수 있도록 자금배분이 이루어질 필요가 있다.
- '현금 젖소'는 기업의 자금줄이며 많은 경우 그 기업의 기둥이 되는 사업부문이다. 그에 따라 발언력도 강하고 자금 면에서도 윤택한 부문이다. 그러나 실제로는 이 분야에 과잉 투자를 하는 건 좋지 않다. 시장점유율을 유지

하기 위해 필요한 것 이외의 자금은 '문제아'와 같이 잠재력이 있는 분야를 위해 돌리는 것이 현명하다.

- '문제아'에 대한 투자는 쉽게 판단할 사안이 아니다. 앞서 지적한 것과 같이 '현금 젖소'로부터 발생되는 자금의 주요 부분은 '문제아'나 혹은 연구개발 투자에 돌려야 하지만, 연구개발을 통해 '별' 제품을 직접 만들 수 있는 업종은 극히 한정되어 있다. 게다가 많은 시간이 필요하다.

- '개'는 통상적으로 다소의 현금 유입을 가져오기는 하지만, 장기적으로는 잠재력도 낮고, 경기변동에 민감한 체질을 가지고 있다. 이 타입의 사업이라면 시장점유율을 증대시키는 것은 굉장히 어렵다. 또 이런 분야는 적자인 경우가 많고 여기에 거액의 투자를 하더라도 돌아오는 이익은 적다. 때문에 개에 해당하는 종류의 제품에 거액의 자금을 투자하는 것은 바람직하지 못하다.

포트폴리오(portfolio)란 원래 '서류 가방(첩)'을 지칭한다.

생각해
보기

강점과 약점을 명확히 꿰라!

SWOT 분석

손자(孫子)의 병법(謀攻第三)에는
"적군과 아군의 실정을 잘 비교 검토한 후 승산이 있을 때 싸운다면
백 번을 싸워도 결코 위태롭지 아니하다(知彼知己 百戰不殆)"고 했다.
상대와 나를 잘 알더라도 백전백승(百戰百勝)이라고는 언급하지 않았으니 오해 없길 바란다.
이어 "적군의 실정은 모른 채 아군의 실정만 알고 싸운다면 승패의 확률은 일승일패이다.
(不知彼而知己 一勝一負) 또 적군의 실정은 물론 아군의 실정까지 모르고 싸운다면
모든 싸움에서 전패한다(不知彼而不知己 每戰必敗)"고 했다.

SWOT 분석이란?

비단 손자의 지적만이 아니다. 경영전략의 세계에서도 경쟁기업의 특성을 정확히 꿰뚫고 우리 기업의 문제점을 속속들이 파악하고 있으면, 급변하는 시장 환경에서도 경쟁우위를 확보할 수 있다. 알면 그리 두려울 게 없다.

경기 불황, 소비 급감, 실업률 증가, 글로벌화, 소비자 욕구의 다양, 환경 문제 대두, 출생률 저하, 고령 사회, 제4차 산업혁명 등 기업을 둘러싼 내외부 환경이 크게 바뀌고 있다. 이러한 환경 변화는 기업의 경영 환경에 중대한 영향을 미친다.

그 가운데 일부는 기업 성장의 기회가 되기도 하는 반면, 기업 존속의 위협이 되는 것도 있다. 새롭게 탄생한 환경 변화에 곧바로 적용하는 것은 매우 어렵다. 또 얼마만큼 환경 변화를 예측하고, 어떠한 기업 문화를 확립할지 여부에 따라 기업의 장래는 크게 바뀐다.

SWOT 분석이란, 우리 기업이 당면하고 있는 환경을 '내부'와 '외부'로 나누고 각각

의 플러스 요소와 마이너스 요소를 정확히 꿰뚫어 봄으로써 현재 상황을 객관적으로 분석하는 기법이다.

	내부환경	외부환경
플러스 요소	강점(Strengths)	기회(Opportunities)
마이너스 요소	약점(Weaknesses)	위협(Threats)

다시 말해, 기업 내부환경에서는 자사의 강점(Strengths)과 약점(Weaknesses)을 파악, 기업 외부환경에서는 기회(Opportunities)와 위협(Threats) 파악이 기업의 경쟁 환경과 전략 수립에 필수적이라는 사실을 명심하라.

매트릭스(Matrix) 작성

SWOT 분석은, 기업 내외부 경영환경에 대한 전체적 평가를 토대로 전략 수립에 큰 도움을 줄 수 있는 전략 도구다. 비단 이 도구는 경영에 한정된 것이 아니라 다양한 분야에 걸쳐 적절히 활용할 수 있다.

- 내부환경(SW)
  : 마케팅, 연구개발, 경영비전, 제품의 기능 및 품질, 기술력, 판매력, 생산력, 재무, 인사조직 등
- 외부환경(OT)
  : 사회적 변화, 정치적 변화, 경제적 변화, 경쟁기업의 동향, 시장의 성장, 기술혁신, 법률 및 규제, 수요변화 등

기업은 위와 같은 매트릭스(matrix)를 작성해 다양한 관점에서 검토하고 토론을 거친다. 이 분석을 잘 활용하면 기업이 놓여있는 현재 상황을 정확히 진단하고 그에 맞는 처방을 할 수 있다.

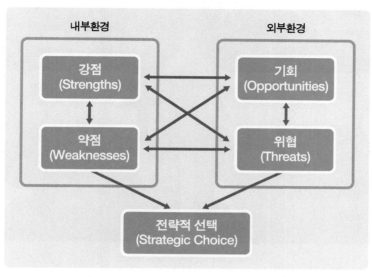

자료 : Barney(1996).

SWOT 분석

우리 기업의 계획이나 전략이 결정된 이후라면, 해당 계획(전략)의 약점을 보완해가며 경쟁기업이나 매출액 부진과 같은 위협에 대응하겠다는 방향보다는, 현재 우리 기업이 가지고 있는 강점을 최대한 활용해 성공 기회로 삼겠다는 전략이 바람직하다.

일반적으로 중소기업의 경우, 약점을 보완하기보다는 강점을 더욱 보강하는 것에 중점을 두어야 한다. 그러나 중견기업 이상의 규모라면 약점(평균 이하의 부분)에 대해서는 가급적 빨리 보완책을 세우고, 그 이후에는 강점을 더욱 강화시켜나가는 전략이 적합하다.

한 마디로 '내부 혹은 외부로부터 다가오는 기회는 최대한 살리면서도 위협은 회피하고, 또한 자신의 강점은 최대한 활용하면서도 약점은 보완, 극복 한다.'는 논리에 기

누워서읽는 **경영학원론**

초를 두고 있다.

    여기서 말하는 강점과 약점은 어디까지나 경쟁기업과의 객관적 비교를 통해 나온 점이라는 사실을 잊지 말아야 한다. 때문에 스스로 강점이라고 하거나 약점이라고 판단할 시는 주의를 요한다.

생각해
보기

먼저가 좋을까? 나중이 좋을까?

선발기업 vs. 후발기업

"시장에서 1등을 하는 기업의 상당수가 선발기업이다.
따라서 시장에서 1등을 하기 위해선
그 시장에 가장 먼저 들어가라."
_잭 트라우트와 알 리스

선발자 vs. 후발자

지금껏 기업들은 경쟁전략을 수립하면서 '선발자(first mover)' 우위성(advantage)과 '후발자(second mover)' 우위성을 두고서 많은 논의를 벌여왔다. 이는 아주 오래된 논쟁거리인 동시에 여전히 논의가 계속되고 있는 주제 가운데 하나다.

가장 먼저 시장에 진입한 기업, 즉 선발자가 보편적으로 경쟁 우위를 가지게 된다는 게 그간의 정설이다. 자본주의가 시장에 뿌리를 내린 이래 지금껏 성장가도를 달려왔기 때문이다. 사실 시장이 빠른 성장기에 있다면 선발자가 훨씬 유리하다. 그럼에도 꾸준히 후발자가 나타난 것은 고도성장으로 인한 이익의 일부분을 나눠 가질 수 있었기에 가능했다.

선발자 우위의 증거로는, 기업명이나 브랜드명이 업계에서 보통명사로 사용되는 경우가 그 전형적 사례라고 하겠다.

이를 테면, 포스트 잇, 아이폰, 워크맨, 호치키스, 롤러브레이드, 스카치테이프, 코카콜라, 바바리, 제록스, 폴라로이드, 크리넥스 등은 원래 기업의 이름이었으나, 현재는 제품의 총칭으로도 널리 사용되고 있다.

"인터넷 검색을 한다."는 얘기를 많은 미국인은 '아임 구글링(I'm googling)'이라고

표현한다. 그 만큼 오늘날 '구글(www.google.com)'의 위상은 대단하다. 또 스마트폰은 몰라도 아이폰(i-phone)은 잘 알고 있다.

이처럼 특정 브랜드가 시장을 선도하다 보면 해당 제품군을 통칭하는 보통명사가되기도 한다. 국내 경우에도 선발자의 브랜드명이 보통명사로 사용되는 사례가 많다.

- 봉고 : 요즘도 밴이나 웨건 타입의 승합차를 가리 켜며 많이들 '봉고차'라고 한다. 봉고(Bongo)는 1980년대 무너져 가는 기아자동차를 회생시킨 승합차 이름이다.

- 에프킬라 : 슈퍼마켓이나 할인점에서 구충제를 찾으면서 '에프킬라 주세요.'라고 하며, 거실에서 모기를 발견한 아버지는 서슴없이 '에프킬라 좀 쳐라.'고 한다. 사실 매장 안에 가보면 파리나 모기, 바퀴벌레 등의 구충제는 수없이 많이 있는데도 말이다.

- 정종 : 일본 청주(사케) 상표의 하나인 '정종(正宗, まさむね)'을 '청주'라는 말 대신에 '정종'이라고 부른다. 일제시대의 기억(잔재)이 그대로 남아있는 탓이다.

- 미원 : 국이나 찌개 등을 끓이면서 그 맛을 볼 때 "시원하도록 미원 좀 더 넣어라!"고 한다. 우리 어머니들 세대에 더욱 강하게 남아있다.

● 쭈쭈바 : 여름 하면 떠오르는 것은 역시 시원한 빙과류다. 쭈쭈바는 1970
년대 롯데삼강이 출시한 어린이들을 위한 획기적인 빙과였다. 덕분에 지금도
짜먹는 아이스크림은 모두들 쉽게 그냥 '쭈쭈바'라고 부른다.

● 가그린 : 국내 최초의 구강청결제 가그린. 구취제거는 기본이고 충치예방에
좋은 구강청결제로 많은 사랑을 받고 있다.

● 퐁퐁 : 세상에 존재하는 세제는 무척이나 많다. 그럼에도 여전히 많은 사람
들이 세제하면 '퐁퐁'이라는 이름을 먼저 떠올린다.

● 딤채 : 딤채는 위니아만도의 김치냉장고 브랜드를 넘어 김치냉장고란 제품
자체를 상징하는 단어가 되었다.

● 비아그라 : 미국 제약회사인 화이자가 개발한 남성 발기부전 치료제 비아그
라. 선발 브랜드의 우위성 때문인지 짝퉁 발기부전 치료제 대부분이 비아그
라라는 이름으로 판매될 정도다.

이외에도 생리대라면 '화이트', 떠먹는 요구르트 '요플레', 휴대용 버너 '블루스타', 작
은 상처는 '대일밴드', 두통엔 '게보린', 진통제론 '아스피린', 위궤양에는 '겔포스' 등
을 들 수 있겠다.

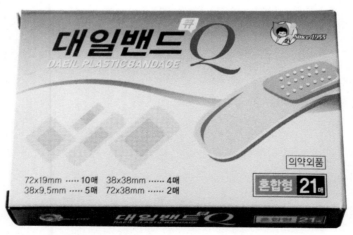

반창고의 대명사 '대일밴드'

누워서읽는 **경영학원론**

"더 좋기보다는 최초가 되는 편이 낫다."

〈마케팅 불변의 법칙〉의 저자 알 리스와 잭 트라우트(Al Ries & Jack Trout)의 말은 그래서 더욱 실감나게 다가온다.

"1등만 기억하는 더러운 세상!"

개콘에서 한 개그맨이 외쳤던 처절한 절규는 후발자의 서러움을 잘 대변하고 있다.

한편으로 컴퓨터의 IBM, PC 운영체제(OS)의 MS, 카메라의 캐논(Cannon), 가정용 VTR 규격인 JVC의 VHS 방식, 제트기의 보잉(Boeing) 등 후발자 임에도 불구하고 업계 선두를 지켰던 사례 또한 적지 않다.

국내로 시선을 돌려보자. 우지파동이 있기 전까지 시장점유율 60%를 차지할 만큼 라면시장의 최강자는 삼양식품이었으나, 근래는 농심이 국내 라면시장에서 약 50~60%를 점유하며 선발자를 저만치 따돌린 상태다. 1990년대 초까지 맥주시장의 최강자였던 오비(OB)맥주를 1996년부터 하이트맥주가 그 자리를 차지하더니, 현재(2017년)는 다시 오비맥주(카스)가 60%의 점유율을 차지고 있다. 지난 2001년 출시된 비타500은 1961년 출시된 동아제약의 박카스와 함께 드링크의 대명사로 자리 잡은 지 오래다. 근래 '정관장'의 홍삼 파워는 박카스의 새로운 경쟁자다. 인터넷업계라면 포털 다음과 야후코리아(국내 철수)를 밀어낸 후발주자 네이버를 꼽을 수 있겠다.

선발과 후발의 장·단점!

일전 삼성경제연구소는 2등에서 1등으로 올라선 기업과 지속적으로 성장하고 있는 2등 기업의 성장 전략을 분석한 결과 세 가지 공통점이 존재함을 밝혔다. 그 공통점은 '후발자로서 이점'을 활용한 것 외에 '고수익 분야에 특화'하고 '발상 전환'에 노력한 것이 꼽혔다.

후발자의 이점은 선발기업에 의해 기술 불안정성이 해소된 뒤 시장에 진입함으로써 불확실성이 제거된다는 것을 말한다. 선발기업의 시행착오를 피해 기술개발과 투자에 따르는 비용을 크게 절감할 수 있다.

　한편, 남보다 한 발 앞서 시장에 깃발을 올린 선발 브랜드의 장점이 많을까? 아니면 만반의 준비를 갖추고서 기회를 엿보다 시장에 뛰어든 후발 브랜드의 장점이 많을까?

● 선발 브랜드의 장점
- 소비자의 의식 속에 '진입장벽'을 형성할 수 있다.
- 경험효과를 통해 원가우위를 확립할 수 있다.
- 가격에 크게 민감하지 않는 초기수용자에게 재빨리 침투해 입맛에 어울리는 시장을 획득할 수 있다.
- 오피니언 리더를 통해 좋은 평판을 구전을 통해 유포할 수 있다.

● 후발 브랜드의 장점
- 시장 성장성을 목격하고서 진입할 수 있어 리스크가 적다.
- 제품 속성과 기능 인지에 투자되는 판촉비용이 선발 브랜드에 비해 적다.
- 연구개발비를 줄일 수 있다.

　이러한 사례들을 통해 알 수 있는 것은 반드시 선발 브랜드 혹은 후발 브랜드가 일방적으로 시장에서 경쟁우위를 가지게 된다는 법칙은 성립되지 않는다는 사실이다. 결국 그 우위를 결정짓는 것은 해당 기업의 치밀한 브랜드 전략 수립과 추진에 달려 있다.

　다만, 지난 20세기의 경쟁력은 선발 브랜드에 주어졌으며 후발 브랜드가 추월에 성공한다고 하더라도 많은 시간과 노력이 소모되었다. 그러나 후발자가 누리는 이익을 잘 활용하면 선발자보다도 더 빠르게 브랜드를 구축할 수도 있다.

김치 냉장고의 대명사 '딤채'

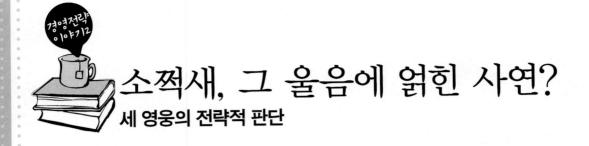

소쩍새, 그 울음에 얽힌 사연?
세 영웅의 전략적 판단

역사는 내게 관대할 것이다. 왜냐하면 내가 그것을 쓸 것이기 때문이다.(History will be kind to me for I intend to write it.)

_영국 총리 윈스턴 처칠

세 명, 어찌 이런 발상을?

지금부터 소개할 세 사람은 1, 2주가량 일본에 머물러 본 한국인(외국인)이라면, 눈을 감아도 귀를 닫아도 어딘가에서 끊임없이 접하게 되는 인물이다.

뭔가 허전하다 싶으면 각종 책이나 잡지, 신문, 드라마, 영화, 광고, 연극 등의 주인공으로 끊임없이 재포장돼 등장한다. 시쳇말로 이 세 사람은 일본인들의 처세와 경영의 멘토(mentor)라 보면 정확하다.

우리나라에도 제법 알려진 인물들이다. 그 주인공은 '오다 노부나가(織田信長)'와 '도요토미 히데요시(豊臣秀吉)', '도쿠가와 이에야스(德川家康)' 세 사람이다.

정말 기묘하게도 이 세 사람은 같은 시대를 살았으며, 모두 천하의 주인 자리에까지 오른 인물이다. 하지만 이들의 성향(리더십)과 발상은 극명히 갈렸다.

우선, 세 사람에 대한 일본인들의 평가는 이렇다.

노부나가는 쌀을 구해다가 방아를 열심히 찧었고,

히데요시는 그것을 물과 적절히 반죽해 먹음직하게 구워냈으며,

이에야스는 큰 힘 안들이고 앉아서 천하라는 떡을 꿀꺽 삼켰다고 한다.

오다 노부나가　　　　　　　　도요토미 히데요시　　　　　　　도쿠가와 이에야스

위 세 사람의 인생관을 적나라하게 엿볼 수 있는 재미있는 일화가 전해 온다. 이것은 에도시대(江戶時代) 말의 다이묘(大名; 지방 호족)였던 마츠라 세이잔(松浦靜山)이 퇴역한 후 수많은 문인들과 교류하면서 발간한 수필집 〈카츠시야화(甲子夜話)〉에 소개된 내용이다.

누군가가 두견새를 선물로 보내왔다. 공교롭게도 두견새는 울지를 않았다. 감히 천하의 주인 앞에서도 말이다. 이에 세 사람의 반응은 제각기 달랐다.

"울지 않는 두견새는 죽여 버려야 한다."_오다 노부나가

"울지 않는 두견새는 울게 만들어야 한다."_도요토미 히데요시

"울지 않는 두견새는 울 때까지 기다려야 한다."_도쿠가와 이에야스

울지 않는 두견새에 대한 발상을 통해 세 사람의 리더십을 잘 엿볼 수 있다.

먼저 '노부나가'는 판단이 너무도 딱 부러지기에 냉혹하고 치밀하다는 평가를 받을 수 있다. 다소 삐뚤어진 시각으로 접근하자면 '모 아니면 도' 식의 너무 단편적이지 않느냐는 비판에서 자유로울 수 없다. 그런 성향 때문에 'Yes or No'하는 식의 흑백논자나 '까라면 까!' 식의 일방적 분위기가 노부나가의 조직 안에는 팽배할 수 있다. 두견새가 울지 않는 데는 나름의 이유가 있을 수 있다. 그렇다면 왜 두견새가 울지 않았는지를 그 특징이나 습성 등과 함께 자세히 따져봐야 옳다. 그런 다음 울지 않는 이유를 밝혀 적절한 처방을 내리는 것도 현명한 리더의 역할은 아닐까?

다음으로는 노부나가의 뒤를 이어 천하의 주인자리에 오른 '히데요시'다. 갖은 술책을 동원해서라도 반드시 자신의 의도대로 모든 것을 추진하려는 권모술수형 리더의 전형적 타입이다. 더해 '뒤통수칠 생각 말고 정정당

당하게 나와서 싸워'라는 주문도 따를 법하다. 히데요시의 이런 성향 때문에 '안 되면 (무슨 수를 써서라도) 되게 하라!'는 극단 주의적 사고가 조직에 난무할 가능성도 배제할 수 없다.

애당초 울지 못하는 두견새도 있을 수 있다. 그런 두견새에게는 어떤 수단과 방법을 동원하더라도 울게 할 수는 없다. 그 누군가가 울지 않는 두견새를 보낸 까닭을 들어보는 것도 마음의 위로가 될 수 있다. 또 죽이거나 무작정 기다리는 것과 같은 무모한 짓을 하지 말고 그냥 돌려보내는 방법도 있다. 그리고선 잘 우는 두견새로 보내달라고 요청하면 어떨까?

마지막으로 최후의 승자가 된 '이에야스'를 보자. 전체적 상황이 무르익을 때까지 조급해하지 않고 인내하며 묵묵히 기다리기에는 세상이 너무 빨리 바뀌고 움직인다. 감이 입에 떨어질 때까지 입 벌리고 누어있다간 얼어 죽을지도 모른다. 자칫 게으른 방임 주의적 성격의 소유자처럼 비칠 수 있고, 추진력이 부족하다는 지적을 받을 수도 있다.

'두견새 또한 막연히 언젠가는 울 것'이라는 기대감에 얽매이지 말고, 울지 않는 두견새에게는 제대로 우는 법을 가르쳐야 한다. 만에 하나 의욕이 없어 울지 않는다면 관심과 기대감을 보여줘 울도록 타이르고 달래야 한다.

결국 위 세 사람 가운데 어느 한 사람의 일방적 성향의 리더십이 아니라, 세 사람의 역량을 잘 조합해 리더십을 발휘할 때 비로소 두견새의 아름다운 노래 소리를 들을 수 있지 않을까!

다시 말해, 한편으로는 앞뒤 가리지 않고 태산처럼 밀고나가는 추진력을, 또 한편으로는 다양한 전략적 대안을 통해 적극적인 사고와 행동력을, 그러다가 신중하면서도 강한 인내심을 최대의 무기로 삼는 유연한 리더십이 필요해 보인다.

Cry or Die?

다른 한편으로 일본인들의 평가에서 위의 세 인물과 견주어 결코 손색이 없는 20세기 인물이 있다.

파나소닉(옛 이름 마츠시타)을 창업해 세계적인 기업으로 성장시킨 '마츠시타 고노스케(松下幸之助)'가 그 주인공이다. 일본에서는 '경영의 신(神)'으로까지 불리고 있다.

위에서 두견새는 반드시 운다는 것을 전제로 논리가 펼쳐지고 있다. 이른바 '울거나 죽거나(Cry or Die)'라는 명백한 이분법이다. 허나 고노스케는 생전에 또 다른 발상으로 두견새 문제를 바라보았다.

"울지 않는다면 그 또한 좋은 두견새"

고노스케의 발상은 마치 유대인 교육 방식의 하나인 '행동 방침이 두 가지 있다면 항상 세 번째 방침을 따르라'
라는 주장을 떠올리게 한다.

실로 모순된 제안이고 논리다. 대안은 분명 두 가지 뿐인데, 어떻게 세 번째 방침을 따를 수 있단 말인가! 냉정
해 지자. 그렇게 반발하는 건 지금껏 흑백논리나 이분법, 그런 환경에 우리가 지나치게 익숙해진 탓이다.

그는 울지 않는 두견새 역시 그 나름대로의 존재 의의와 매력이 있다고 본 것이다. 즉, 울음을 통해 무장(武將)
의 거친 마음을 달래는 두견새도 있지만 그렇지 않은 새도 있을 수 있다. 귀여운 날개 짓과 몸을 감싼 예쁜 털,
사뿐사뿐 뛰는 걸음걸이로 보는 이의 눈을 즐겁게 하는 두견새 또한 충분한 존재 가치가 있지 않을까!

그런 고노스케에게 어느 날 기자가 물었다.

"성공비결은 무엇입니까?"

"세 가지가 있지요."

"그게 뭔가요?"

"첫째는 집안이 가난했다는 것, 둘째는 학력이 없다는 것, 셋째는 몸이 연약하다는 것입니다."

기자는 아연했다. 분명 성공비결을 물었지, 실패의 원인을 물은 게 아니었던 까닭이다.

남들에게는 이 모두가 분명 핸디캡으로 비칠 수 있지만, 고노스케 자신에게는 너무도 소중한 성공의 발판이었

생전 고노스케의 모습

다는 얘기다.

그는 집안이 찢어질 만큼 가난했기에 일찍부터 돈의 고마움을 알았고, 그런 가난에서 벗어나고자 남보다 몇 배나 더 열심히 일했다. 또 학력이라고는 초등학교 4학년 중퇴가 전부였던 탓에 주변 사람들의 의견에 열심히 귀 기울이며 어디서건 배움 청하길 꺼려하지 않았다.

나아가 그의 여덟 형제 가운데 일곱 형제가 모두 결핵으로 사망했고, 자신도 오랜 기간 피를 토할 만큼 건강이 좋지 못했다. 그는 일병식재(一病息災), 즉 지병을 한 가지 가지고 있으면 늘 건강에 신경을 쓰게 돼 평소 건강했던 사람들보다 더 장수할 수 있다는 말을 가슴에 새겼다. 그런 덕분인지 고노스케는 95세까지 장수했다.

말년에 그는 '마츠시타정경숙(松下政経塾)'을 설립해 일본을 이끌어갈 인재(정치가) 육성에도 정력을 쏟았다. 오늘날 그 졸업생들은 일본 정계의 큰 축을 형성하고 있다. 두견새를 바라보는 고노스케의 창의적 시각과 발상, 제도권을 벗어난 특유의 성공비결에 큰 갈채를 보낸다.

이제 그대 차례다.

울지 않는 두견새를 두고 뭐라 얘기할 건가?

생각해
보기

인사조직
HRM & Organization

인사(人事)가 만사(萬事)다!

인사조직의 개념

혼자서 하면 될 것을 뭣 때문에 복잡한 조직 따윌 만들어!
한 사람 한 사람 능력의 합(合)이 조직이라는 이름으로
바뀌었을 땐 능력의 합 이상으로 기량을
발휘할 수 있기 때문이다.

인간과 인간관!

"인간은 인간 사이에서만 인간이다."

유명한 독일의 철학자 '피히테(Fichte)'의 설파다.

신기하게도 '인간(人間)'이라는 한자 의미를 풀이하면, '사람에게 서로 의지해가며 살아가는(人) 사람과 사람 사이(間)'란 뜻이 된다.

또 그런 인간은 '사람과 사람 사이'가 의미하듯 수많은 사람들과 서로 교류하며 살아간다. 한 마디로 다른 사람들과 다양한 형태의 관계를 맺고 서로 의지해가며 살아갈 운명을 지닌 사회적 존재가 바로 인간인 모양이다. 동시에 욕구를 가지고 그것을 충족시키기 위해 격렬한 투쟁도 마다 않는 역동적이고 정열적 존재가 인간이기도 하다.

인간에 대한 평가는 두 가지 상반된 관점이 존재한다.

- 지시받은 일 밖에 할 줄 모르는 매우 수동적(受動的) 존재!
- 강한 책임감을 가지고 일을 추진하는 능동적(能動的) 존재!

두 관점 가운데 어느 쪽에 손을 들어주느냐에 따라 상대방과의 소통 방법은 완전히 달라진다. 또 어떤 인간관에 입각하느냐에 따라 연구 방법론이나 그 이론 체계도 달라진다. 물론 기업 경영자의 경영방식도 사뭇 달라진다.

아울러 생로병사는 모든 인간이 예외 없이 거쳐 가야 할 긴 항로(航路)다. 그 항로 도중 인간의 관점은 격랑을 만나면서 끊임없이 요동친다. '아름다움'에 대한 인간의 관점을 가지고 잠시 설명해보자. 조금 유머러스한 내용이긴 하지만 인생이라는 항로 도중 맞닥뜨리는 아름다움에 대한 관점은 이렇게 극적으로 바뀐다.

20대 왈, "잘 빠진 몸매는 아름답다!"
40대 왈, "모든 젊음은 아름답다!"
60대 왈, "자유자재로 활동하는 것은 아름답다!"
80대 왈, "살아 숨 쉬는 모든 것은 아름답다!"

이러한 이유로 인간관의 연구는 단순히 '인사조직론'에 한정되는 것이 아니라, 인문 과학이나 사회과학 등에서도 대단히 중요한 테마로 다뤄지고 있다.

조직의 의미와 본질

현대사회에서 '조직(組織, organization)'은 매우 중요한 역할을 수행하고 있다. 실

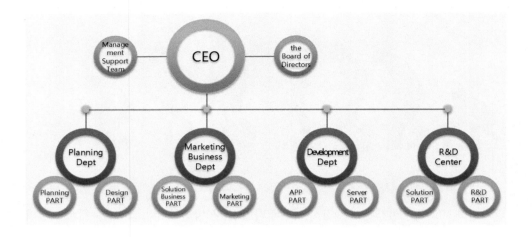

제로 우리 일상에 다채로운 영향력을 행사하는 기관이나 기업, 단체의 대부분은 조직이라는 모습을 띄고 있다.

이를 테면, 정부 조직은 정권이 바뀔 때마다 조금씩 바뀌는데, 2017년 현재 문재인 정부는 '17부'라는 조직으로 이루어져 있다. 조직이라는 명칭에 거부감과 먹칠을 한 '조폭(조직 폭력배)' 역시 조직이라는 이름을 앞세우고 암암리에 활동한다.

그럼 어째서 조직이라는 형태로 활동을 하는 걸까? 이유야 간단하다. 어떤 일을 추천하는데 있어 한 사람의 힘만으로는 한계가 있다. 특히, 경제활동에는 다양한 사람들과의 교류와 협력, 소통이 반드시 필요해서다.

싸움도 마찬가지다. 조직이란 형태로 이뤄지는 싸움은 개인보다는 훨씬 다양한 노하우를 동원해 효율적이면서도 변화무쌍한 전략을 세우고 실천할 수 있다. 그처럼 조직을 만드는 편이 혼자일 때보다 여러 가지 측면에서 유리하다. 범인(凡人)을 비범(非凡)한 사람으로 만들 수 있는 것도 조직이라면 얼마든 가능하다.

많은 사람들은 조직 이미지를 '톱니바퀴'라고 생각한다. 기계 톱니바퀴는 그 가운데 톱니 하나라도 망가지거나 어긋나게 되면 전체 톱니바퀴가 제 구실을 못한다. 조직 또한 구성원 간에 일사불란한 협력 체계가 갖추어지지 않으면 오합지졸이 될 수 있다.

조직의 사전적 정의는 이렇다.

"다양한 능력을 가진 구성원이 폭넓은 교류와 상호 협력(커뮤니케이션)을 통해 부여된 공통의 목적을 달성하려는 하나의 집합체"

그래서 조직은 다음과 같은 세 가지 속성을 가진다.

- 복수의 구성원
- 상호 교류 및 협력
- 동일 목표에 대한 강한 달성 의욕

이 가운데 한 가지라도 결핍돼 있다면 그건 이미 조직이 아니다. 이른 아침 출근길 같은 행선지의 시내버스나 지하철에 올라탄 복수의 사람을 가리켜 조직이라 부르지 않는 것도 이런 이유에서다.

조직 개념은 비단 기업에 한정돼 있지 않다. 정부나 군대, 국회, 학교, 교회, 병원, 유치원, 노동조합, 각종 위원회 등 다양한 곳에 존재한다. 조직은 둘 이상의 사람이 존재함으로써 성립되는 상호 협력 시스템이다.

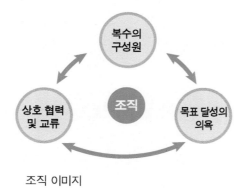

조직 이미지

최고의 조직이란 어떤 모습일까?

조직이란 이름 아래 뭉쳐있는 어느 한 곳을 자르더라도 동일한 목표와 이념이 쏟아져 나올 만큼 철두철미하게 목표와 이념이 져며진 조직이라면 모름지기 최고의 조직이다.

종업원 스스로 움직이게 하라!

동기유발 이론

일찍이 스트레스는 공룡도 죽였다.
지금으로부터 6,500만 년 전 어느 날 지구상에서 공룡이 사라졌다.
지구와 소행성의 충돌 때문이 아니었다. 공룡이 사라질 정도의
엄청난 재앙이라면 오늘날 양서류가 살아남았을 리 없기 때문이다.
소행성 충돌 이전부터 지구에는 엄청난 식생의 변화가 진행됐고,
이에 따른 환경 변화의 스트레스를 견디지 못한 공룡들이 멸종했다.
지구상 최강·최대 몸집의 둔감한 공룡도 스트레스와는 싸워 이기지 못했다.
그렇다면 연약한 인간은 스트레스에 더욱 취약하지 않을까?
다행스럽게도 인간에게는 '동기유발'이라는
스트레스 억제 도구가 있다.

동기유발은 왜 필요할까?

지난 1970년대 만들어진 만화영화 '들장미 소녀 캔디'의 주제가가 일전 어느 기업광고 시리즈에 쓰이면서 많은 주목과 향수를 불러일으켰다. 어느 해 대학수학능력시험의 언어영역 듣기평가에도 그 노랫말이 등장했었다.

외로워도 슬퍼도 나는 안 울어
참고 참고 또 참지 울긴 왜 울어
웃으면서 달려보자 푸른 들을
노래하며 뛰어보자 애들처럼

조직의 최소(最小) 단위는 개인(個人)이다. 그래서 '어떻게 하면 개인 의욕을 최대한 이끌어낼 수 있을까?' 하는 것은 기업 인사 담당자, 나아가 CEO의 최대 고민으로 남게 된다.

들장미 소녀 캔디의 노랫말 '참고 참고 또 참지 울긴 왜 울어' 처럼 조직 구성원이 외롭고 슬플 만큼 격려되거나 방치되어서는 곤란하다. 스트레스가 난무하는 현실에서 '웃으며 달릴 수도, 노래하며 뛸 수도' 없는 법! 주어진 업무를 꿋꿋이 추진할 수 있도록 인내를 강요하기에 앞서 먼저 용기와 격려가 필요하다.

그래서 필요한 게 바로 구성원에 대한 '동기유발(動機誘發, motivation)' 이다. 조직이란 틀 안에서 개인의 행동을 읽어내려면 우선 '동기유발'이 무엇인지를 이해해야 한다. 동기유발이란, 라틴어 'movere(to move)' 에서 나온 것으로 이렇게 정의된다.

"어떤 목표를 달성하기 위해 높은 수준의 노력을 적극적으로 수행하려는 개인의 의지!"

에디슨의 얘기에서 엿보는 동기유발의 힘

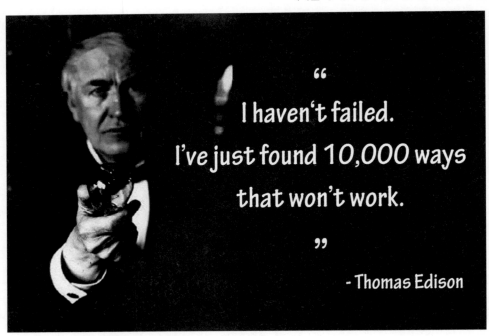

"
I haven't failed.
I've just found 10,000 ways
that won't work.
"

- Thomas Edison

즉, 거대한 선박의 고(高)마력 엔진처럼 어떤 상황에서도 파도를 헤치고 거침없이 나아가도록 강한 의지를 가지게 하는 것이 바로 동기유발이다.

동기유발 연구에 따르면, 종업원은 보통 일을 할 때 자기 능력의 약 20~30%만을 발휘하지만, 강력한 동기유발이 이루어 졌을 때는 자기능력의 80~90% 가까이 발휘된다고 한다.[14] 다음 식을 보자.

- 성과(P) = 동기유발(M) × 능력(A)
  - P : Performance
  - M : Motivation
  - A : Ability

위 식이 지적하는 바와 같이 능력이 동일하거나 조금 뒤지더라도 동기유발 여부에 따라 얼마든 조직성과는 높아질 수 있다.

동기유발 이론에서 얘기하는 목표 속에는 개인 목표와 조직 목표가 함께 포함되어 있다. 가령 그 양자가 일치하고 있다면, 높은 동기유발은 높은 개인성과(이를테면 만족)로 이어질 뿐만 아니라, 높은 조직성과(이를테면 높은 업적)로도 이어질 가능성이 있다.

그러나 개인 목표와 조직 목표 사이에 서로 괴리가 존재한다면, 개인 시점에서 본 성과와 조직 시점에서 본 성과 또한 상관관계에 있지 않음을 의미한다. 이런 조직으로부터 장래성을 기대하기란 힘들다.

돈은 자본주의 체제 아래 일하는 노동자에게 최고의 보상 수단이 될 수 있다. 그래서 돈은 더 없이 중요하다. 넓고 화려한 집, 품격이 넘치는 고급 자동차, 럭셔리한 요트, 각종 명품브랜드, 최고가의 골프회원권 그리고 지적이며 섹시한(건장한) 외모의 파트너 등. 이를 위해 노동자는 직장에 더욱 충성을 다짐한다.

---

14) 윌리엄 제임스(William James).

인간은 자신이 가진 기본적 욕구를 충족하기 위해 돈을 벌도록 동기유발이 이루어진다. 그러나 이런 기본적인 욕구를 채울 충분한 돈을 번 다음 더 많은 돈은 별로 매력적인 것이 못된다. 다른 비(非) 금전적 보상이 새롭게 요구된다.

대부분의 노동자는 월급을 그들이 기업에 제공하는 노동에 대한 정당한 대가라고 간주한다. 오늘날 노동자는 이러한 보상을 당연한 '권리'라고 생각한다. 때문에 기업은 금전적 보상만으로 동기유발을 하기란 점점 더 어려워지고 있다. 그런 반면, 상사로부터의 칭찬이나 일을 통한 보람, 주변 동료로부터의 인정은 진정한 동기유발이 될 수 있다.

다음에 소개할 동기유발 이론에는 고전적(古典的)인 것과 현대적(現代的)인 것으로 구분된다. 고전적 이론은 1950년대에 등장한 것으로 치밀한 조사연구의 성과라기보다는 각 연구자의 다양한 경험에 근거해 직관적인 논의가 많다는 점이 특징이다. 반면에 현대적 동기유발 이론은 구체적인 실증 연구결과를 토대로 도출된 것들이 대부분이다. 다만, 이론 범위가 좁고 설명이 단편적이라는 한계를 지닌다.

욕구계층이론

개인 욕구와 동기유발 이론으로 가장 널리 알려져 있는 것은 '욕구계층이론(hierarchy of needs theory)'으로 '매슬로(A. Maslow)'가 제창한 것이다. 매슬로는 자신의 임상경험에 근거해 아래와 같은 다섯 가지 욕구계층을 인간은 가지고 있다고 주장한다.

- 생리적 욕구 (Physiological Needs)
  : 인간의 가장 본능적인 욕구로 밥, 물, 공기, 섹스, 휴식, 운동, 오락 등에 대한 욕구
- 안전 욕구 (Safety Needs)
  : 항상 안전한 환경을 원하며, 불확실한 상황을 회피하려는 욕구

- 사회적 욕구 (Social Needs)

  : 사회집단에 대한 소속을 원하며, 사랑과 우정, 커뮤니케이션 등을 추구하려는 욕구

- 존경 욕구 (Esteem Needs)

  : 자기 자신의 가치와 자존감을 높이려는 욕구

- 자아실현 욕구 (Self-actualization Needs)

  : 인간이 추구하는 가장 이상적인 단계로 자기 성장과 발전을 추구하려는 욕구

이런 차원의 욕구 가운데 만족되지 않는 욕구 차원이 있으면, 그것은 인간 내부에 긴장을 발생시키게 되고, 이 긴장을 해소하기 위해 어떤 형태로든 행동을 하게 된다는 것이다. 그러나 어떤 행동을 통해 긴장이 해소되면 불만족이었던 차원의 욕구는 만족됨으로써 만족된 욕구 차원은 이미 인간 행동에 동기유발의 힘을 잃게 된다고 가정한다.

욕구계층이론의 두 번째 가정은 욕구의 다섯 가지 차원이 각각의 '중요도(prepotency)'에 따라 가장 낮은 단계의 욕구(생리적 욕구)에서부터 가장 높은 단계의 욕구(자아실현의 욕구)까지 아래에서 점차적으로 계층을 형성하고 있다는 가정이다.

인간의 욕구 만족화 행동은 저차원의 욕구에서 출발해 점차 고차원의 욕구로 이행되는데, 그 과정은 다음과 같이 설명된다.

저차원의 욕구가 만족되면 그 욕구의 중요도가 감소되면서 동시에 욕구 계층상의 바로 위 단계 욕구의 중요도가 증가해 이 욕구의 만족화 행동이 새롭게 발생한다는 것이다.

다음은 인터넷에 떠도는 유머 가운데 '군대(집으로 편지 보내는 날)'에 관한 것이다.

- 이병 시절 : 어머님 전상서. 저는 잘 먹고 몸 건강히 있사오니….
- 일병 시절 : 물론 힘들지만 견딜만하오니 제 걱정은 마시고….
- 상병 시절 : 이곳은 사람 살 곳이 못되며….

- 병장 시절 : 용돈이 다 떨어져서 저는 지금 굶어 죽을 지경에 이르러….
- 말년 시절 : 역전다방 미스 김 봐라. 나 내일 외박 나가니까….
  사복 챙겨서 12:00까지 터미널로….

명령에 살고 명령에 죽는 엄격한 상명하복(上命下服) 조직 군대라지만 '짬밥'이 늘면 늘수록 생각도 행동도 그에 맞추어 느슨하게 바뀌는 모양이다.

욕구계층이론은 기업 경영자와 관리자들에게 인간 욕구에 대해 체계적인 접근이 필요하다는 인식을 심어 주었다. 더불어 일정 수준의 욕구 충족 후에도 또 다른 차원의 욕구 충족이 이루어져야 조직이 원활히 작동될 수 있으며, 고차원으로의 욕구를 어떤 식으로 충족시켜갈지에 대한 관리 필요성이 중요하다는 것을 인지시키는 계기가 되었다.

단적으로, 내일 당장 먹을 쌀 한 톨 없어 굶어 죽게 생긴 사람이 범죄로부터 안전을 생각하거나 다른 사람들로부터 존경받고자 하는 욕구가 생길 리 만무하다. 이제 먹고 살만하다는 이른바 생리적 욕구가 충족되어야 그 다음 단계인 안전의 욕구를 가지게 되고, 이것이 충족되면 그 다음으로 사회적 욕구를 가지게 되는 게 바로 인간이다.

욕구계층이론

물론 욕구계층이론에도 한계는 존재한다. 이 이론에서 제기하는 다섯 가지 욕구단계가 항상 존재하는 것은 아니며, 단계 또한 항상 일치하는 것은 아니다.

X이론–Y이론

'맥그리거(D. McGregor)'는 앞서 언급한 매슬로의 욕구계층이론에 근거해 'X이론–Y이론(theory X and theory Y)'을 제창하였다.

X이론은 저차원의 욕구(생리적 욕구와 안전의 욕구)에 동기유발 되는 인간의 행동모델이며, Y이론은 고차원의 욕구(존경의 욕구와 자아실현의 욕구)에 동기유발 되는 인간의 행동모델이다.

X이론의 관점을 지지하게 된다면, 경영자는 조직의 목적을 달성하기 위해 수동적(受動的)인 구성원들에 대해 적극 개입하고 통제하며, 보상에 대한 위협과 처벌 중심의 관리가 이루어질 것이다.

위와 반대로 Y이론의 관점을 지지하게 된다면, 경영자는 능동적(能動的)인 구성원들에 대해 자기 통제와 자아실현 욕구 그리고 잠재적인 능력 개발 중심의 여건 조성이 이루어질 것이다.

맥그리거는 현대의 조직 구성원은 고차원 욕구의 충족을 목표로 하고 있다고 가정하며, Y이론에 근거한 조직 정책의 필요성을 주장하고 있다.

이 이론의 한계점은, 경영자가 X이론이나 Y이론 어느 쪽을 수용해야 종업원의 동기유발에 도움이 될 지에 관한 명확한 증거가 없다는 것이다. 이에 X이론–Y이론의 논리적 결함을 보완한다는 취지 아래 오우치(William Ouchi)는 Z이론을 제시했다.

X, Y이론의 주창자 '맥그리거'

X이론과 Y이론의 특징

X이론	Y이론
● 종업원들은 선천적으로 일하기 싫어하고 가능한 일을 회피하려고 한다. ● 종업원들은 책임감이 결핍되어 있고 야망이 없으며 무엇보다도 안전을 추구한다. ● 일을 시키기 위해서는 지시, 강압, 위협 등의 수단을 동원해야 한다.	● 종업원들에게 일은 놀이나 휴식과 같이 자연스러운 것이다. ● 종업원들은 적절한 조건만 갖추어지면 책임을 받아들일 뿐만 아니라 적극적으로 책임을 수용하려고 한다. ● 종업원들은 자신의 목표를 달성하기 위하여 스스로 통제하고 관리한다. ● 종업원들은 잠재력을 가지고 있다. 적절한 조건 아래에서는 상상력과 창의력을 작업에 적용하고자 한다.
위와 같은 가정 아래 경영자의 임무는 종업원을 강제하고 통제하는 것이다.	위와 같은 가정 아래 경영자의 임무는 종업원의 잠재력을 개발하고 동일한 목표를 위하여 잠재력이 발휘되도록 돕는 것이다.

자료 : McGregor(1980).

동기-위생이론

동기유발의 고전적 이론 세 번째는 '허즈버그(F. Herzberg)'의 '동기-위생이론(motivation-hygiene theory)'으로 '두 요인 이론(two-factor theory)'이라고도 불린다. 허즈버그는 동기유발과 직무만족의 원인을 조사한 결과 다음과 같은 두 가지 요인이 존재하고 있으며, 양자는 서로 독립돼 있다고 주장했다.

동기유발 요인

동기유발 요인이 충족되면 만족을 느끼고(satisfaction), 충족되지 못하면 만족을 느끼지 못한다(no satisfaction)고 한다. 이를 테면, 달성, 승인, 직무 자체, 책임, 승진, 성장 등이 동기유발 요인의 대표적 요인이다.

위생 요인

위생 요인이 충족되지 않으면 불만족(dissatisfaction)을 느끼고, 충족되면 불만족이 사라진다(no dissatisfaction). 회사의 방침과 경영, 감독, 감독자와의 관계, 작업조건, 급여, 동료와의 관계, 개인생활, 부하와의 관계, 신분, 보장 등이 위생 요인의 대표적 요인이다.

동기유발 요인 vs. 위생요인

동기유발 요인(Motivation Factors)	위생 요인(Hygiene Factors)
● 목표 달성에 따른 성취감 ● 직무(작업) 그 자체 ● 책임 ● 인정 ● 성장과 발전 ● 승진과 성취	● 감독자와 감독방식 ● 대인관계 ● 지위 ● 임금과 안정적 고용 ● 복리후생 ● 안전과 보건 ● 회사방침과 작업환경

이러한 주장을 바꿔보면, 가령 만족요인이 충족되더라도 그것은 불만족을 해소하는 것으로 끝나지는 않으며, 그와 마찬가지로 불만족이 해소되더라도 충족을 얻을 수 있는 것은 아니라는 사실이다.

기업 경영자는 위생 요인을 체계적으로 정비해 직무불만을 제거하고, 그것과는 별개로 동기요인을 더욱 배려함으로써 직무에 대한 개인의 동기유발을 높여갈 필요가 있겠다.

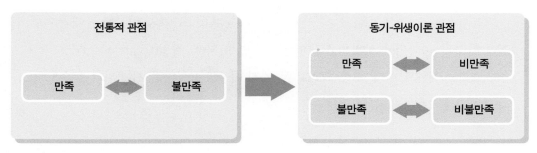

만족과 불만족의 관점

ERG 이론

'ERG 이론(ERG theory)'은 매슬로의 욕구계층이론을 '알더퍼(C. Alderfer)'가 수정, 보완한 것이다. 이 이론은 다음과 같은 세 가지 수준의 욕구를 가정하고 있다.

- 존재 (Existence)
- 관계 (Relatedness)
- 성장 (Growth)

ERG 이론의 이름은 위 세 가지 차원의 알파벳 머리글자에서 따온 것이다. 그리고 매슬로와 마찬가지로 욕구에는 계층이 존재한다고 가정하고 있으나, 각 욕구 수준이 활성화되는 과정은 매슬로보다도 훨씬 더 복잡하다.

이를테면, '성장(G) 욕구'를 충족시키지 못하는 조직 구성원은 그 아래 단계인 '관계(R) 욕구'에 매달리게 된다.

가령, 한 종업원이 승진에 매번 누락되었다고 하자. 마침내 그 종업원은 직무를 통해 승진하기란 어렵다는 것을 알고는 누군가에게 줄을 서고 편을 가르는 처세술에 더 신경을 쓰는 경향을 보인다.

이러한 욕구마저 제한을 받게 되면 최저 단계인 '생존(E) 욕구'에 집착한다. 비슷한 입장에 처한 사람들과 뭉치고 때로는 과도한 임금 상승을 요구하는 등 생존을 위한 극한투쟁에 나선다는 것이다.

이러한 ERG 이론은 매슬로 욕구계층이론의 수정판으로 그와 비교했을 때 저차원적인 욕구가 충족되면 상위욕구로 이행할 뿐만 아니라, 좌절(frustration)되면 회귀(regression)하기도 한다는 점, 그리고 두 가지 이상의 욕구가 동시에 나타날 수도 있다고 했다.

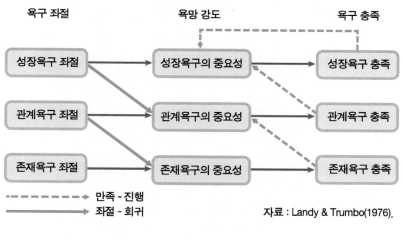

성취동기이론

'맥클리랜드(D. McClelland)'는 매슬로의 다섯 단계 욕구계층이론 가운데 상위 욕구만을 대상으로 세 종류의 욕구로 나누었는데, 이러한 욕구가 인간행동의 80%를 설명한다고 했다. 그 세 가지 종류의 욕구는 다음과 같다.

● 성취욕구 (Needs for Achievement)
● 권력욕구 (Needs for Power)
● 친교욕구 (Needs for Affiliation)

'성취동기이론(achievement motivation theory)'은 세 가지 욕구 가운데서도 특히 성취욕구에 연구 초점이 맞추어져 있다. 여기서 말하는 성취욕구란 '탁월한 기준과 경쟁하려는 행위(behavior toward competition with a standard of excellence)'라 할 수 있다.

이 이론에는 수준 간의 계층이 전제되어 있지 않다. 이점은 맥클리랜드의 성취동기이론이 가진 큰 특징이다.

- 성취욕구가 강한 사람은 책임감이 무겁고 피드백이 있으며 중간 정도의 위험이 있는 직무 상황을 선호한다.
- 성취욕구가 강한 사람이 반드시 훌륭한 경영자가 되는 것은 아니다.
- 권력욕구와 친교욕구가 강한 사람은 경영자로서의 성공 확률이 높다.
- 종업원들의 성취동기는 훈련과 교육을 통해 높일 수 있다.

성취동기이론이 암시하는 바는, 기업이 목표달성을 위해서는 처음부터 성취욕구 수준이 높은 구성원을 선발하거나 기존 구성원의 성취욕구 수준을 향상시켜야 한다는 것이다. 또한 개인별로 지배적 욕구가 다를 수 있다는 맥클리랜드의 생각은 매슬로의 고정된 욕구단계보다 더 타당성을 가진 것으로 평가받는다.

공정성이론

'공정성이론(equity theory)'은 다양하게 존재하지만, 그 가운데서도 가장 널리 알려진 것은 '아담스(J. Adams)'가 주창한 이론이다. 이 이론은 사회적 비교이론의 하나로 다른 사람들과 비교해 자신이 공정한 대우를 받고 있다는 지각(자각)을 중요시하는 이론이다.

즉, 자신이 기울인 노력에 대한 보상이 적절한가를 판단할 때 절대적 기준뿐만 아니라, 다른 사람과 비교한 상대적 기준도 중요하게 감안한다는 점이다. 이 이론의 기본 가정은 두 가지다.

● 인간이 불공정성(갭, 불화음)을 느끼게 되면, 그것을 해소하려는 동기가 발생한다.

● 불공성정의 인지가 크면 클수록 동기의 강도는 높다.

이처럼 인간의 동기유발은 그 개인이 인지한 불공정성(inequity)을 해소하고자 하는 에너지라고 공정성이론에서는 주장하고 있다.

이 경우 불공정성이라는 것은, 어떤 사람이 인지한 자신의 투입-산출(input-outcomes) 비율과, 그 사람이 인지한 타인(이를테면 동료)의 투입-산출 비율을 비교해 불균등한 경우를 말한다.

또 투입(input)이라는 것은 개인이 조직에 대하여 행하는 공헌을 의미하고(연령, 성별, 교육 수준, 기술경험, 노력 정도, 작업 시간 등), 산출(outcomes)이란 개인이 투입의 보상으로써 조직으로부터 받게 되는 보수를 의미(급여, 승진, 성취감 등)한다.

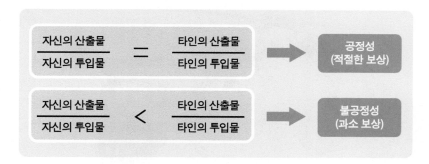

공정성 vs. 불공정성

어떤 종업원이 직무 노력에 대한 급여 비율이 동료의 급여 비율과 동일하지 않다고 느낄 때, 그 사람은 그 불공평을 해소하기 위해 자신과 타인의 투입-산출을 왜곡시키거나 변경함은 물론 변경되도록 행동에 나서며 그것마저 불가능하면 일을 그만두는 행동까지 하게 된다. 즉, 불공정성 해소를 위해 적극 나선다는 것이다.

이 이론은 공헌과 보수의 절대적 크기만이 아니라, 상대적 크기의 의의에 대해서도 주목하고 있다. 경영자는 보상을 통해 종업원들에게 동기유발을 할 수는 있지만, 그 보상이 공정하게 이루어졌다는 것을 종업원 스스로 인식할 수 있게 해야 한다.

이상과 같이 동기유발에 관한 고전과 현대적 이론들을 몇 가지 짚어보았다.

경영자들이 가장 쉽게 생각하는 동기유발 수단은 돈(money)이다. 사실 따지고 보면 자본주의 사회에서 돈만큼 강력한 힘을 발휘하는 것도 없다. 하지만 그 효과(동기유발)는 오래가지 못한다. 아니 오래 유지시킬 수도 없다. 한정된 자원 안에서 사업을 추진하는 기업이 매번 임금을 올려줄 순 없다. 그렇다면 다른 수단을 강구해야 한다.

종업원들에게 직무 자체에 대한 흥미와 만족, 그리고 도전정신을 불러일으키는 것이다. 이런 자극이야말로 진정한 동기유발을 가져올 수 있다.

사람을 부리려거든 먼저 동기유발부터 하라!

생각해
보기

인간, 아무도 몰랐던 오묘한 존재!

인간관계론 등장

과거 기업경영은 과학적 관리론(科學的 管理法, scientific management)에 입각한
능률위주였으므로 노동자는 오직 생산을 위한 기계화 내지 부품화 된
도구로 전락되고 말았다. 그러나 산업이 발달되고 기업이 대규모화 됨에 따라
능률을 위주로 한 기업의 생산성은 한계점에 도달하게 되었고,
과학적 관리론에 대한 회의가 일기 시작했다.
즉, 조직 구성원들의 사회 및 심리적 욕구를 충족시킴으로써
기업의 생산성이 향상될 수 있다는 인식에
눈을 뜨게 되었다.

놀라운 실험 결과!

그대는 어떤 회사를 가리켜 '좋은 회사'라 일컫는가? 이런 질문에 한 마디로 대답하기란 쉽지 않다. 관련 전문가도 마찬가지다.

종업원의 의욕이 넘치고 그로 인해 생산성이 높고, 다른 곳보다 임금도 높으며 근로조건이 우수한 회사가 좋은 회사일 것이다. 그럼에도 임금이나 근로조건이 좋다고 해 반드시 그 회사를 '의욕이 넘치는 좋은 회사'라고 단정하기는 어렵다.

그런 의문을 풀기 위해 1927년부터 1932년에 걸쳐, 미국 시카고의 통신기 메이커인 웨스턴 일렉트로닉사(Western Electric Co.)의 호손(Hawthorne) 공장에서 종업원의 생산성에 영향을 주는 요인은 대체 어떤 요인인가에 대한 대규모 실험이 이루어졌다.

이 실험은 고전적 관리론에서 주창되고 있는 내용을 증명해 보일 목적으로 이루어졌다. 예컨대, 작업 공간(room) 조명의 밝기나 온도 등 물리적인 작업 조건의 변화가 노

동자의 생산성을 규정한다는 가설을 입증하려 한 것이다. 그러나 실험 결과는 그러한 가설을 지지하기는커녕 의외의 사실을 밝혀냈다.

그때까지 인간은 임금의 많고 적음에 따라 부지런히 일하기도 하고 게으르기도 하는 '경제인(經濟人, economic man)'이라고 생각하는 사고방식이 널리 정착되어 있었다. 하지만 그런 생각이 반드시 옳은 것만은 아니라는 결론을 도출했다.

조직 구성원(종업원)들은 임금, 근로 조건, 휴식 시간, 기업 이미지 등과 같은 요인들보다는 오히려 해당 조직의 기대감, 친밀성, 자발성 등 정서적이고 사회적인 비공식적(非公式的) 요소에 더 많은 영향을 받는다는 사실을 알게 되었다.

이러한 발견은 호손공장에서 실험이 이루어지고 입증되었다고 하여 '호손효과(hawthorne effects)' 또는 '호손실험(hawthorne experiment)'이라고 불렸다.

인간관계론 등장!

호손실험을 계기로 작업 표준화와 성과금을 기준으로 한 고전적 관리론을 대신해 인간의 심리적 측면과 내면적 측면을 중요시 한 '인간관계론(human relations)'이라는 새로운 기틀이 마련돼 개인의 동기유발과 집단행동의 연구가 본격화 되기에 이르렀다.

이 호손실험에 관한 것은 오늘날 경영학 원론(개론)서와 각종 인사조직론에 등장하는 가장 기초적이고 기본적 내용으로 자리매김했다. 그래서 경영학이나 그 관련 분야를 배운 사람이라면 누구나 한 번쯤 접해본 이론이다.

그럼에도 실제 기업 경영 현장을 살펴보면, 이처럼 근본적인 내용을 저버린 채 결실만 추구하는 경영자들이 의외로 많이 존재한다. 물론 너무도 기본적이고 당연시되는 내용이라는 점에서 소홀히 다뤄진 측면도 있을 것이다.

어떤 조직이든 해당 구성원이 자발적이며 능동적으로 움직이지 않는 기업은 시장에서 생존하기 힘들다는 점을 명심해야 한다. 날로 다변화하고 복잡화되고 있는 현대 사회에서는 더더욱 그렇다.

조직 구성원들의 자발성과 능동성을 이끌어내는 것은 이들에 대한 경영자나 리더의 끊임없는 관심과 기대감이다. 기업의 종업원이라면 해당 조직의 상사로부터, 사회의 일원이라면 그 구성원들로부터 강한 관심과 기대감은 더 큰 성과로 이어지게 될 것이다.

> 아버지가 아침 식탁에서 성급하게 일어나서 나가는 장소(그 곳을 직장이라고 한다)는,
> 즐거운 일만 기다리고 있는 곳은 아니다.
> 아버지는 머리가 셋 달린 용(龍)과 싸우러 나간다.
> 그것은 피로와, 끝없는 일과, 직장 상사에게서 받는 스트레스다.

몇 해 전 '아버지는 누구인가'라는 작자 미상의 글이 인터넷과 입소문을 통해 번져나가면서 잔잔한 감동과 화제를 불러일으킨 내용의 일부분이다. 아버지란 존재와 더불어

직장 스트레스에 대해 다시 한 번 생각하게 만들었다. 다음은 국내 포털사이트 '지식인'에 올라온 하소연 글이다.

> 직장 스트레스 때문에 미칠 것 같습니다.
> 부분 원형 탈모도 생기기 시작했고요.
> 나름 회사생활을 열심히 하는데 자꾸 겉도는 것 같아요.
> 밑에서는 치고 올라오고 위에서는 찍어 내리고 저만 자꾸 도태되는 기분도 들고요.
> 불면증에 가슴이 답답하고, 어딘가 모르게 불안하구요. 가만히 있으면 자꾸 이상한 생각만 듭니다. 그래서 정신과 치료를 생각해 보았지만 기록이 남을까봐 그것도 쉽지 않습니다.

일요일 저녁 '개콘'의 마지막 코너가 종료되고 음악이 흘러나오면 출연 개그맨들이

327

차례로 무대로 나와 인사를 한다. 많은 직장인이 그 장면을 지켜보면서 갑자기 숨이 딱 막히고 답답해진다는 하소연을 한다. 현대 사회에서 직장인이 겪는 스트레스가 얼마나 심각한지 엿볼 수 있겠다.

의문도 남는다. 자기 성취와 더불어 행복해야 할 직장이 갖은 '스트레스'의 원천이라면 이런 곳에서 과연 종업원의 동기유발이 제대로 될까?

모든 경영자가 명심해야 될 것이 하나 있다. 종업원은 상사와 동료의 관심과 기대감이라는 영양분을 통해 기업의 생산성 향상과 성장이라는 결실을 일구는 소중한 존재라는 사실이다.

생각해
보기

조직을 설계하라!

조직구조의 이해

알프레드 챈들러 왈, "조직은 전략에 따른다."
기업이 꿈꾸고 있는 것(전략)을 합리적이며
동시에 효율적으로 실행할 수 있는
'조직구조'를 설계해야 한다.

조직구조의 역할

조직구조(organizational structure)는 기업의 효율적 경영을 위해 대단히 중요하다. 또 조직구조는 분업과 조정의 기본 틀을 결정하는 것이며, 조직 골격을 표현하는 것이기도 하다.

또한 조직구조는 작업 분담과 역할을 결정하고 지휘와 명령 체계를 어떻게 할 것인지, 정보전달은 어떻게 이루어지는지, 종업원 개개인의 직무 규정은 어떻게 구성할 것인지 등을 결정한다.

일반적으로 기업 규모가 커지면서 그 기업이 취급하는 제품과 서비스 수가 늘게 되면 기존의 조직구조를 벗어나 새로운 조직구조로의 변신을 꿈꾼다.

그러나 실제 조직은 훨씬 복잡해 조직구조를 결정하는 데에는 그 기업의 문화나 풍토, 기술력 등을 종합적으로 평가해 결정하게 된다.

더불어 일단 조직구조를 결정했다고 하여 그 상태로 계속 밀고나가는 것이 아니라 환경 변화에 발맞춰 끊임없이 변신을 시도해야 한다.

오늘날 기업들이 취하고 있는 조직 형태는 크게 '기능별 조직', '사업부제 조직', '매트릭스 조직', 'SBU'로 나눌 수 있다. 각 조직 형태의 특징과 장단점에 대해 살펴보기로 하자.

기능별 조직

'기능별 조직(functional organization)'은 원재료 구입, 부품생산, 생산·조립, 판매 등 주요 직능을 단위로 그룹화하여 편성한 것이다. 쉽게 얘기해, 제조라면 제조, 판매라면 판매라고 하는 기능으로 특화되어 있으므로 기술적 노하우와 전문지식이 축적되기 쉽다. 이 조직은 직능별 편성을 통해 전문적 인재를 집중적으로 배치할 수 있으며, 전문화의 장점을 최대한 발휘할 수 있다는 점이 특징이다.

또 지시나 통제 등에 상하관계가 명확한 중앙집권적 관리가 이뤄진다는 특징도 가지고 있다. 때문에 리더의 명령에 따라 조직이 일사분란하게 움직일 수 있으며, 자원을 집중 이용할 수 있어 규모의 경제성을 누릴 수 있다.

다만, 경영 환경의 변화가 적고 소규모 기업일 때는 적합하지만, 기업 규모가 커지고 다각화하여 여러 시장 분야에 진출하게 되면, 부문 간의 조정과 협력 체계가 곤란해지는 단점을 가진다.

이를테면, 특정 제품에 원인불명의 문제가 발생하였을 경우 제조와 판매가 서로 분리되어 있으므로 대응에 시간이 걸리거나 책임 소재가 불분명해지는 문제점 등이 존재한다.

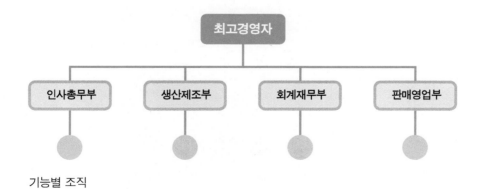

기능별 조직

사업부제 조직

'사업부제 조직(divisional organization)'은 제품별, 지역별 혹은 고객별로 사업부가 편성되어 있으며, 이러한 사업부를 최고 관리조직인 중앙 본사가 총괄 관리하는 분권적 조직구조이다. 특정 제품에 관한 제조에서 판매까지의 모든 기능을 일괄적으로 담당한다.

각 사업부는 각각의 가격과 생산량을 자주적으로 결정할 권한을 가지고 있으나, 동시에 스스로 생산한 제품 판매를 통해 이익 획득의 책임을 가진다. 그리고 사업부별 업적에 근거해 평가를 받게 된다.

다시 말해, 각 사업부는 일정 부분 독립적인 생산과 판매 단위를 가지고 있으며, 이익 책임단위(profit center)로써 운영된다. 어떤 문제가 발생하였을 시 책임 소재가 명확해 재빨리 대책을 세울 수 있다.

문제점으로는 사업부 사이의 지나친 경쟁의식과 비협조, 사업부별 중복 부서로 인한 자원 낭비 등을 지적할 수 있다. 따라서 전사적 관점에서의 조정(control)이 원활히 운영·유지될 수 있도록 해야 한다.

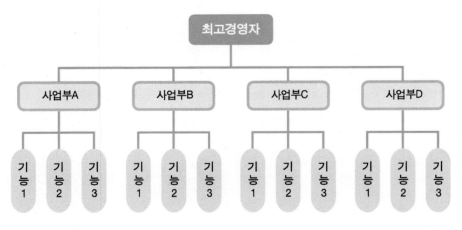

사업부제 조직

매트릭스 조직

'매트릭스 조직(matrix organization)'은 1960년대 미국의 우주항공 산업에서 처음으로 채용된 조직이다. 기능별 조직의 장점은 최대한 살리고 단점은 보완하며 동시에 프로젝트 관리에 대한 요구도 만족시키려는 조직이다.

쉽게 말해, 기업이 급속한 시장 환경과 기술혁신에 봉착한 경우, 기존의 기능별 조직으로는 대응에 한계가 있어, 기능별 조직의 기본 틀만 남긴 채 프로젝트 형태의 관리를 도입하려는 것이다.

이 조직의 장점으로는 자원을 효율적으로 배분할 수 있으며 시장의 새로운 변화에 융통성을 가지고 접근할 수 있다는 것이다.

그러나 이 조직은 한 사람의 부하직원에 여러 명의 상사가 존재하기 때문에 이중권한 구조가 발생해 조직 내의 통제와 질서가 다소 혼란스러울 수 있다는 결점을 가진다. 즉, 두 명의 상사가 서로 상반된 지시를 하였을 경우 부하직원은 자신의 상사가 누구인지 혼란 상태에 빠질 수 있다. 더불어 이중 권한관계로 인해 권력투쟁으로 이어질 수 있으며 관리자 수 증가로 인해 관리비용이 증가할 수 있다.

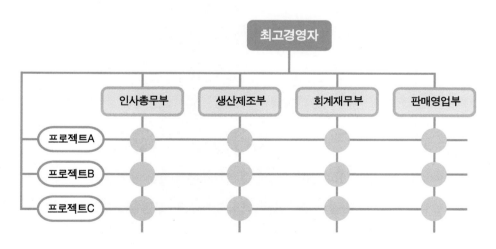

매트릭스 조직

SBU 조직

오늘날 대기업의 기본적 조직구조는 기능별 조직 내지는 사업부제 조직을 채용하고 있는 경우가 대부분이다. 하지만 그런 조직을 기본 골격으로 하면서도 시장 및 기술 환경의 급속한 변화에 대응하고자 전문적 인재를 일시에 각 부문으로부터 선발해 프로젝트팀(project team)을 편성하거나 '전략적 사업단위(SUB; Strategic Business Unit)'를 구성하기도 한다. 일종의 조직 내 '특공대'라 보면 된다.

SBU는 종래 사업부제 조직의 한계를 극복하기 위해 1970년대 초반 GE가 최초로 도입한 조직 형태다. 사업부 사이에 겹치는 니즈와 사업부를 넘어서 발생하는 니즈에 대응할 수 있는 전략을 책정, 추진해 나가는 조직이 SBU이다. 기업의 필요에 따라 조직구조를 유연하게 바꾸어 가는 것이 가장 큰 특징이라 하겠다.

누워서읽는 **경영학원론**

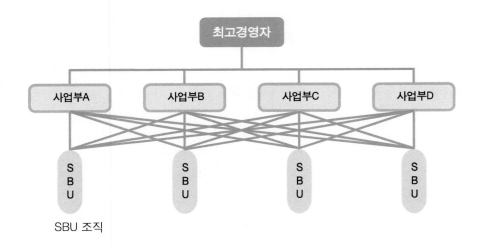

SBU 조직

몸집이 비대한 대기업일지라도 소단위로 나누어 얼마든 조직구조 변신이 가능하다. 이제는 유연성 있는 조직만이 살아남는다. 우리 기업에 적합한 조직구조를 채용하기 위해서는 우선 현재 시장 환경과 경영전략, 조직의 목표와 구성원의 면모 및 역량 등을 면밀히 검토해 판단해야 할 것이다.

사람만큼 일은 늘어난다?

파킨슨의 법칙, 피터의 원리

조직이란 이름으로 감춰진 세계는
일반인들의 생각과 정반대인 경우가 허다하다. 그
때문에 조직 성격을 정확히 꿰는 순간
허탈감마저 몰려온다.

파킨슨의 법칙

"관료 수는 일의 양이나 중요성 여부에 관계없이 일정한 비율로 늘어난다."

이것은 영국의 정치학자 '파킨슨(Ceril Northcote Parkinson)'이 사회를 풍자하며 읊은 것으로 현재 '파킨슨의 법칙(parkinson's law)'이란 이름으로 전해오고 있다.

이 법칙은 제1법칙과 제2법칙으로 나눠지는 데, 그 내용은 다음과 같다.

제1법칙은 "업무는 그에 할당된 시간만큼 늘어나는 경향이 있다.(Work expands to fill the time available for its completion.)" 본래 한 시간이면 충분한 일도 두 시간에 걸쳐 하면 된다고 하면, 해당 일은 두 시간에 걸쳐 진행된다.

다음으로 제2법칙은, "지출은 수입에 비례해 늘어난다.(Expenditure rises to meet

'파킨슨의 법칙'의 주창자 파킨슨

income.)"는 것이다. 돈은 들어온 만큼 나간다, 마치 용돈처럼 말이다.

현재 제1법칙이 가장 널리 알려져 있으며, 다양한 논의의 대상이 되고 있어 이 법칙을 중심으로 살펴본다.

파킨슨의 법칙은, 업무가 늘어나서 사람이 늘어나는 것이 아니라, 사람이 늘어나서 업무가 늘어난다는 것이다. 역설적인 얘기지만 진실을 정확히 꿰고 있다.

이 법칙은 행정관청 등지에서 일의 양이나 중요성에 관계없이 조직이 비대화하게 되는 것을 풍자적으로 설명한 법칙이나, 그 제창자인 파킨슨은 '회의(會議)'에 대해서도 재미있는 주장을 하고 있다.

회의는 중요한 의제(議題)일수록 토론이 이루어지는 경우가 적고, 지엽적인 의제일수록 출석자가 열심히 논의하는 경향이 있다고 한다.

그 예로 재무위원회 석상에서 거액의 투자를 필요로 하는 원자로 계획의 심의에 소비된 시간이 2분 30초였던 것에 반해, 사무직원을 위한 자전거 주차장 안건에 대해서는 무려 45분이나 토론이 이어졌다고 한다.

더욱이 직장에서 차와 비스킷 제공(영국의 관청이나 기업에는 오후에 홍차를 마시는 관례가 있다)에 얼마의 예산을 배분할 지에 대해서는 1시간 15분에 달하는 열성적인 논의가 이어졌다고 한다. 그럼에도 결론이 나지 않아 다음 논의까지 더욱 많은 자료를 준비해 토론하기로 결정이 났다.

토론에서 파킨슨의 법칙이 적용되는 것은, 지엽적인 문제일수록 발언에 대한 책임이 크지 않아 활발한 참가가 가능하다는 점이다.

그와 더불어 지엽적인 문제에 대해서는 많은 사람이 어떤 형태로든 지식을 가지고 있지만, 수준 높은 토론이 되게 되면 참가자가 이해할 수 있는 부분이 적어 모두가 입을 다물게 되는 것도 하나의 원인일 것이다.

이를 통해 알 수 있는 것은, 어떤 의제를 두고서 활발한 논의를 이끌어 내기 위해서는 구체적인 자료를 사전에 배포해 충분히 숙지할 수 있는 시간을 주는 것이 필수적이라는 점이다.

"연구가 성공하게 되면 많은 보조금을 모을 수 있지만, 그 때문에 연구는 할 수 없게 된다."

위의 말 역시 파킨슨의 주장이다. 이 법칙이 세상에 알려지기 전까지 그는 거의 무명(無名)의 교수였다. 이제 파킨슨 본인도 유명해진 결과 연구를 제대로 할 수 없게 되었음을 자인한 말인지도 모른다. 아무튼 세상이란 요지경 속이다.

오늘날 행정 개혁에 관한 주장이 끊임없이 제기되고 있다. 대표적으로 관료는 그냥 방치해 두면 자기 증식한다는 것이다. 그리고 증식은 복잡화를 의미하고, 복잡화는 부패를 의미한다고 한다. 관료는 부하를 늘리는 일에 열중하거나 서로를 위해 일을 만들기 때문에 일의 중요성과는 무관하게 관료가 늘어간다고 한다.

바로 대기업 병이나 관료조직의 병폐도 파킨슨의 법칙에서 지적하는 조직 속성 때문인지도 모른다.

누워서읽는 **경영학원론**

피터의 원리

"사람은 자신의 책임을 다할 수 없는 무능 수준까지 승진한다."

상사가 왜 무능한지를 제대로 짚어준다. 이것은 사회학자 '피터(Laurence J. Peter)'가 계급사회를 꼬집어 표현한 것으로, 현재 그의 주장은 '피터의 원리(peter principle)'라는 이름 아래 활발히 논의되고 있다.

'피터의 원리'의 주창자 피터

그의 말은 다음과 같이 해석된다.

- 유능한 인간은 승진한다.
- 승진하게 되면 한 차원 높은 직무를 맡게 되므로 현재보다 한층 힘들어지게 된다. 어떤 사람은 그것을 극복하고 새로운 일을 정확히 수행하게 된다. 그러한 사람은 더욱 승진한다.
- 어떤 사람이라도 특정 지위까지 승진하면 그 직무가 자신의 능력으로 감당하기 버거워진다. 그러한 상태에 도달한 사람은 더 이상 승진될 수 없으므로 그 지위에 퇴사 직전까지 머물러 있게 된다.
- 결과적으로 어떤 지위도 그것을 수행할 수 없는 사람이 차지하게 된다.

능력은 사람마다 제 각각이다. 그러하건만 자신의 능력과 무관하게 승진하고 싶어 하는 강한 욕망 때문에 비극은 시작된다. 승진은 현재 맡은 일을 잘 수행한 것에 대한 보상 성격이 크며, 따라서 위로 올라갈수록 일을 더 잘할 가능성은 희박해진다. 결국 조직원들은 자신의 무능력을 입증할 수 있는 수준까지 승진하려는 경향을 보이게 된다. 이것이 바로 피터의 원리다.

"능력이 저 모양인데 어떻게 저 자리에 앉아있지!"
"부장 시절에는 그렇지 않았는데 이사로 승진하고선 왜 저런지 모르겠어!"

조직 주변에서 이 같은 잡음이 흘러나오는 것도 조직에 피터의 원리가 작용되고 있음을 방증하는 사례라 하겠다. 어쨌든 완벽하게 검증된 것은 아니지만 공감이 가는 지적이다.

이러한 피터의 원리는 관청과 회사, 학교 등 조직의 모든 부서는 자신의 무능 수준에 도달한 사람들로 채워지고 있다는 점을 명료하게 설명하고 있다. 정치의 세계도 마찬가지다. 모든 정치인은 종국엔 (무능 때문에) 실패한다. 떠밀려서 떠나지 않던가!

우리 사회가 제대로 굴러가지 않고 삐걱거림이 많은 것도 피터의 원리 때문일까? '태어날 때부터 무능한 사람도 있지만, 노력해서 무능하게 되는 사람도 있다.'는 말을 어떻게 생각하는가?

아무튼 기업 리더에게는 앞서 언급한 두 법칙을 경영에 어떤 식으로 접목해 활용할 것인지 깊은 고민이 필요하다.

누워서읽는 **경영학원론**

생각해
보기

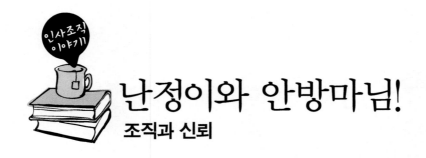

난정이와 안방마님!
조직과 신뢰

조직을 이루는 구성원 대부분은 타인이다.
타인과 함께 꾸려나가는 조직이라면
서로 간의 '신뢰관계'는 생명선이나 다를 바 없다.
가령, 구성원들 간에 질시와 반목만이 존재하는 조직이라면
새로운 비전과 생산성 향상은 고사하고 정보공유 흐름을 가로막아
감시와 통제 비용만 높아지게 된다.

부인의 죄가 가장 크다외!

조선시대 이조판서를 지내면서 영조의 탕평책(蕩平策)을 도와 당쟁완화에 힘썼던 '김동필(金東弼).' 그는 관직을 벗은 후 경상도 상주(尙州) 땅으로 낙향해 후진 양성에 정력을 쏟고 있었다.

하루는 잠자리에서 부인이 김동필에게 한 가지 청을 해왔다.

"지금 있는 몸종 '삼월이'는 몸이 약해 수발을 제대로 들지 못하오니 건실한 몸종 하나만 구해 주십시오."

그 말은 들은 김동필은 다음날 급히 수소문을 해 '난정이'라는 큰 덩치에 힘깨나 쓰게 생긴 몸종 하나를 데려왔다. 이에 부인은 몹시 기뻐했다.

그로부터 한 달이 되어갈 무렵, 김동필이 서재에서 한가롭게 책을 읽고 있는데 분을 삭이지 못한 부인이 식식거리며 달려왔다. 부인 얼굴에는 사뭇 짜증과 화기가 서려있었다.

"부인 왜 그러시오?"

"에구, 새로 들어온 몸종 난정이 년 때문에 이 몸이 제명에 못 죽겠습니다."

"그러시지 말고 천천히 말씀을 해보시구려."

"글쎄 그 년이 들어 온 이후 집안이 온통 쑥대밭입니다. 남의 물건을 탐하질 않나, 게을러터지질 않았나, 심지어는 아랫것들에게 제 욕까지 하고 다닌답니다."

부인의 자초지종을 듣고 난 김동필은 부인에게 이렇게 되물었다.

"방금 하신 얘기는 모두 부인이 직접 듣고 목격한 것이겠지요?"

"그건 아니지만……, 삼월이가 매번 저에게 소상히 알려주고 있답니다. 없는 얘길 그 아이가 만들어서 했겠습니까! 삼월이는 그런 애가 아니지요."

이에 김동필은 역정을 내며 부인을 크게 꾸짖었다.

"듣고 보니 모든 문제는 바로 부인에게 있소이다! 아랫것들을 잘 보듬어 이끌어 가야 할 위치에 있는 부인이 남의 얘기만 듣고 사사로이 판단을 내려서야 어찌 이 집안이 화평하겠습니까!"

갑작스런 지아비의 일갈에 부인은 깜짝 놀라 몸 둘 바를 몰랐다.

이야기의 전후 사정은 이렇다.

몸종 난정이가 김동필의 집에 오고서부터 토박이 격인 삼월이의 견제가 시작되었다. 삼월이는 자신에게 떨어진 일감마저도 난정이에게 종종 떠넘기곤 했다. 그러다 보니 난정이는 밥 먹을 시간에 제 밥도 제대로 챙겨 먹지 못하는 날이 허다했다.

하루는 난정이 그 덩치를 이기지 못하고서 몰래 부엌에 들어가 허겁지겁 밥을 훔쳐 먹다 삼월이에게 그 모습이 발각되었다. 삼월이는 곧장 이를 "난정이 년이 일은 안 하고 부엌에 퍼질러 앉아 몰래 밥을 훔쳐 먹고 있습니다요." 하고 안방마님에게 일러 바쳤다.

또 그 전날엔 집안일에 시달리다 "다들 놀고 있는데 나만~" 하는 난정이의 푸념을 옆에서 한가롭게 놀고 있던 삼월이가 듣고는 안방마님에게 "난정이가 마님을 우롱하고 있습니다." 하고 고해 바쳤던 것이다.

난정이의 일거수일투족을 관찰하고 있던 삼월이는 조금이라도 거슬리는 언행을 듣거나 발견하면 곧장 마님에게 그 사실을 알렸다. 그러면 마님은 그때마다 난정이를 불러 혼을 내주었고, 삼월이에게는 수고했다는 말을 아끼지 않았다.

삼월이를 통해 전달돼 오는 난정이의 온갖 일탈에 더 이상 분을 사기지 못한 안방마님은 이날 지아비 김동필에게 달려가 하소연을 한 것이었다. 그런데 정작 그 지아비가 오히려 자신에게 크게 역정을 내니 부인으로선 당황할 수밖에 없었다.

잠시 후 냉정을 되찾은 부인은 자신의 잘못을 지아비 김동필에게 깊이 사죄하고서 이렇게 되물었다.

"아랫것들을 잘 타일러 이끌어야 할 위치에 있는 제가 남의 얘기만 듣고 경솔하게 판단했다는 점은 달게 받아들이겠습니다. 다만, 어째서 저에게 모든 문제가 있다 하십니까?"

이에 김동필은 부인에게 이렇게 얘기했다.

"직접 보지 못한 것을 남의 얘기만 가지고 판단하게 된다면, 아랫것들이 부인에게 잘 보이기 위해 다들 상대의 흉만을 일러바칠 게 아니오. 그렇게 되면 자연히 아랫것들 사이에 반목과 불신이 싹트게 됩니다. 그럼, 이 집안이 어떻게 되겠어요! 오히려 부인에게 남의 흉을 일러바치는 자가 있다면 꾸짖어 교화시켜야 하는 것이 윗사람의 도리지요. 그런데도 부인은 이를 진실인 냥 받아줘 스스로 화를 초래한 셈입니다. 그래 죄를 묻자면 부인이 가장 큰 게지요."

"그럼 다음은 누구이옵니까?" 하고 부인이 재차 물었다.

"그야 남의 일거수일투족을 지켜보면서 그 가운데 흉만을 골라 부인에게 일러바친 '삼월이'지요. 같은 처지에 있는 사람끼리 서로 도와도 모자랄 판에 상대를 시기하고 모함까지 해서야 어디 쓰겠습니까!"

김동필의 말인 즉, 고자질을 받아준 '안방마님'의 죄가 가장 크고, 다음으로는 주인에게 고자질한 '삼월이'의 죄가, 마지막으로는 몰래 밥을 훔쳐 먹은 '난정이'의 죄가 크다는 것이다.

이 말은 들은 부인은 지아비에게 다시 한 번 고개를 조아리며 사죄를 거듭한 후 돌아갔다. 그리고선 조용히 삼월이를 불러 다시는 난정이 얘기를 일러바치는 일은 없도록 하라고 넌지시 타일렀다. 동시에 난정이도 불러 서로 잘 지낼 수 있도록 화해의 길을 터 주었다.

신뢰를 먹고 자라는 조직!

이제 시각을 기업이라고 하는 조직사회로 돌려보자. 난정이와 안방마님 이야기와 같은 상황은 조직 속에서 얼마든 발견할 수 있다. 아니 분명 존재한다.

그렇다면 리더는 자신이 이끄는 조직 속에서 '안방마님'에 해당하는 인물이 누구이며, '삼월이' 및 '난정이'에 해당하는 구성원이 각각 누구인지를 정확히 꿰고 있어야 한다. 그리고 이를 통해 객관적인 신상필벌(信賞必罰)이 이루어질 수 있도록 고심해야 할 것이다.

조직 속에 간혹 리더 자신이 안방마님의 역할을 하는 사람이 있는데, 이런 조직이라면 그 미래는 뻔하다. 구성원들 간의 신뢰와 불신만을 부추겨 조직의 붕괴를 가져올 수 있기 때문이다.

위의 난정이와 안방마님 이야기 속에는 기업 경영자나 리더들이 깊이 새겨들어야 할 조직 운영과 처신에 관한 중요한 키워드가 숨겨져 있다.

조직은 신뢰(trust)라는 고농도의 영양분을 먹고 쑥쑥 자란다.

리더는 뭐고? 리더십은 또 뭔가?

리더십 이론

오케스트라를 이끄는 지휘자는 정작 아무 소리도 내지 않는다.
오케스트라 구성원들로 하여금 소리를 얼마나 잘 내도록 하는가에 따라
자신의 능력이 가늠될 뿐이다. 이처럼 구성원 개개인이 가진 잠재력을 일깨우고 조율해
천상의 소리를 내도록 하는 것이 바로 리더십이다.

당신도 리더가 될 수 있을까?

"아이 XX, 어린놈이 실세라는 이유로 낙하산 타고 곧장 윗자리로 내려와!"
"실력이라곤 하나도 없는 녀석이, 부모 잘 만나 저 자리에 앉아 있잖아!"
"에잇, 더러워서! 능력이라곤 눈곱만큼도 없는 놈이 맨날 비비더니 승진했잖아!"

이런 비난의 목소리는 기업의 인사이동 철이면 어김없이 흘러나오는 항변이다. 하지만 이런 '배알'이 뒤틀리는 항변이 종업원 입에 공공연하게 회자(膾炙)된다면, 이는 조직의 적신호(赤信號)로 받아들여야 한다.

'상하동욕자승(上下同欲者勝)'이라고 그랬다. 위아래(上下)가 모두 한결같은 욕심을 가진다면 싸움에서 반드시 이긴다는 말이다. 이런 지적을 기업에 적용하면 경영자와 종업원 사이의 굳건한 단결이 기업의 미래를 좌우한다는 의미다. 이는 종업원들 이익과 기업 비전을 하나로 엮었을 때에만 가능하다. 그런 이유로 리더의 역할은 더 없이 소중하다.

세습이나 아부가 아닌 순순하게 자신의 능력을 통해 리더가 되기 위해서는 어떻게 해야 할까? 우직하게 일에만 몰두하다보면 어느 순간 리더가 돼 있을까? 아니면 주위

상사나 부하의 눈치도 적당히 봐가며 요령껏 처신을 하다 보니 리더 자리에 올라앉게 된 걸까?

일반적으로 리더십 결정요인에는, '자질이론', '상황이론', '추종자 중심이론'의 세 가지 대표적 이론이 존재한다.

자질이론(Trait Theory)

자질이론은 무엇보다 타고난 리더의 개인적 자질을 강조한다. 리더는 애초부터 자질을 가지고 태어났다는 논리다. 이를테면, 리더의 추진력과 지구력, 결단력, 설득력, 책임감, 지적·기술적 능력과 같은 우수한 능력이 리더십의 결정요인이라고 본다.

흔히 특정인을 지목하며 "저 사람 능력은 애초부터 타고났다!"거나 또는 "어린 나이임에도 언행이 예사롭지 않다."고 하는 경우, 이 이론에 근접한 리더라 할 수 있다.

삼국지와 수호지에 등장하는 호걸마냥 "8척 장신에다 기골이 장대하다.", "매서운 눈매에 카리스마가 넘친다."는 식의 지적이나 "주변에 사람을 끌어들이는 묘한 매력이 있다."는 평가도 마찬가지다.

상황이론(Situational Theory)

상황이론은 특정인이 처해 있는 환경이나 상황적 특성이 리더십을 결정짓는다는 이론이다. 즉, 리더십은 그가 소속된 조직의 목표와 성격, 그 조직에 속한 사회 및 문화적 성격 그리고 구성원의 기대와 욕구 등의 산물이라는 것이다.

단적으로 이런 논리와 일맥상통한다.

"난세(亂世)가 영웅을 낳는다."

끊임없이 재조명이 이뤄지고 있는 충무공 이순신이나 영국 수상 윈스턴 처칠을 예로 들어보자. 이들에게 임진왜란이나 제2차 세계대전이 없었다면, 과연 오늘날과 같은 영웅으로 자리매김할 수 있었을까? 전적으로 아니라고까지는 할 수 없겠으나, 영웅(성웅)이라는 추앙까지 받기는 어려웠을지도 모른다.

일찍이 천하에 재난이 없으면 성인도 그 능력을 발휘할 수 없다고 그랬다. 난국이라고 하는 시대 상황이 이들을 민족의 영웅, 2차 대전의 영웅으로 만든 건 아닐까!

여담인데, 그대가 아직 리더로서 빛을 보지 못하는 건 어쩌면 주변 환경이 무르익지 않은 탓이니 조금만 더 이를 악물고 기회를 엿볼지어다.

추종자 중심이론(Follower Theory)

특정인을 추종하는 사람의 태도나 능력에 리더십이 달려 있다고 보는 것이 추종자 중심이론이다. 과거 우리 정치 상황을 떠올려보자.

대한민국 근대 정치사를 논할 때 '3김(김영삼, 김대중, 김종필) 시대'를 뺀다면 속칭 '앙고 없는 찐빵'이다. 3김 가운데 2김은 이미 최고통수권(대통령)자리를 경험했고, 남은 1김은 오래전 '일인지하 만인지상(一人之下 萬人之上)' 자리를 거쳐 막강한 영향력을 행사하다 정계를 떠남으로써 3김 시대가 막을 내렸다.

사실 3김 시대를 비난하면서도 그 체제가 오랫동안 유지되었던 것은 지역적으로 나누어진 선거풍토를 추종자들이 강하게 고수하면서 자신들의 생각을 적극 반영하려 했기 때문이다. 그런 측면에서 보자면, 지역감정의 책임은 해당 지역 출신 정치인은 물론이거니와 그런 정치인을 적극 지지한 지역민에게도 분명 존재한다.

'모든 나라는 그 나라 국민 수준에 맞는 지도자를 갖는다.' 처칠의 얘기다. 즉, 정치 수준이 그 나라 국민 수준이라는 말이다. 적어도 추종자 중심이론에서 보자면, 처칠의 지적은 거의 진실에 가깝다.

통합이론(Interaction Theory)

앞서 제시한 리더십 결정요인 세 가지에 전혀 문제가 없는 건 아니다. 먼저, 자질이론의 경우에는 여전히 과학적 토대가 빈약하다는 문제점을 안고 있다. 또 상황이 리더를 낳는다면 동일 상황에서 리더가 되지 못한 다른 사람들은 어떻게 설명할 것인가? 더해 추종자 중심이론 역시 리더의 자질이나 상황 등을 무시하고서는 리더에 대한 올바른 설명이 불가능하다.

결국, 리더란 어떤 특정 요인에 의해 결정되는 것이 아니라 다양한 변수, 이를테면 리더의 개인적 자질(trait), 자신이 처해 있는 상황(situation), 그를 지지하는 추종자(follower)의 상호작용 등을 통해 좌우된다고 보는 것이 정확하지 않을까!

리더십(L) = 자질(T) × 상황(S) × 추종자(F)

리더십의 본질

이런 인간이 '최악의 리더'다

'유능한 관리자'란 일반적으로 어떤 특징이나 행동, 태도를 가진 이를 가리킬까? 밤낮을 가리지 않고 성실하게 일만 하는 사람일까? 주변 분위기에 맞춰가며 눈치껏 일처리를 하는 사람일까? 그것도 아니라면 대체 어떤 사람일까?

독일 최고의 명장이라고 불리는 '폰 만슈타인(Erich Von Manstein)'은 '훌륭한 병사와 그렇지 못한 병사'를 네 가지 타입으로 분류했다.

- 근면하고 유능한 타입
- 근면하고 무능한 타입
- 게으르고 유능한 타입
- 게으르고 무능한 타입

만슈타인은 이 가운데 '게으르고 유능한 타입'을 최고의 리더로 꼽았다. 일반인들의 상식을 크게 뒤엎는 발상이다.

그 이유인 즉, '근면하고 유능한 타입'도 물론 훌륭한 리더이기는 하지만, 이 타입은 참모 타입이어서 일군을 지휘할 만한 기량은 아니라고 지적했다.

또 한 가지 흥미로운 점은 '근면하고 무능한 타입'을 최악의 리더로 지목하고 있다는 것이다. 반면에 '게으르고 무능한 타입'은 그냥 두어도 별다른 피해를 불러오지 않아 '근면하고 무능한 타입'보다 한 수 위라고 판단했다.

독일의 명장 폰 만슈타인

결국, 리더란 똑똑하고 부지런한 사람이기보다는 '똑똑하되 조금은 게으른 사람'이 적격이라는 것이다.

이런 만슈타인의 평가는 오늘 날에도 유효할까?

세상은 매우 복잡해졌고 빨라졌으며 크게 변했다. 그렇다면 잣대 또한 바뀌어야 옳다.

리더 주위에는 항상 구성원의 수많은 눈으로 넘쳐난다. 적게는 단 두 개에서 많게는 수백 아니 수천 개의 눈이 자신을 응시한다.

구성원은 리더의 일거수일투족에 관심을 가지고 모방을 꿈꾼다. 리더가 감기 걸리자 조직이 곧장 폐렴을 앓는 건 모두 이런 이유에서다.

그런 까닭에 리더의 우열은 바로 '자신을 얼마만큼 정확히 알고 있는가!' 하는 점에서부터 판단이 이뤄져야 옳다. 평소 자신의 문제점을 얼마나 잘 꿰고 이를 관리하고 있는가가 평가의 가장 큰 잣대가 되어야 한다. 그에 따라 리더의 순위는 이렇게 분류될 수 있다.

1. 자신의 약점을 깨닫고 자신보다 우수한 인재를 불러 모아 조직을 크게 키웠으며, 그 철학을 조직에 뿌리내리게 한 사람.
2. 자신의 약점을 깨닫고 자신보다 우수한 인재를 불러 모아 조직을 크게 키운 사람.
3. 자신의 약점을 깨닫고 자신보다 우수한 인재를 불러 모은 사람.
4. 자신의 약점을 깨닫고 보완한 사람.
5. 자신의 강점을 깨닫고 살려나간 사람.
6. 자신의 약점을 깨달았으면서도 이를 의도적으로 회피한 사람.
7. 자신의 약점을 깨닫지 못한 사람.

한 치의 가감도 없이 답해보라. 그대는 몇 번째 리더에 해당하는가? 바라거니와 똥줄 타고 가슴 뜨끔한 사람들 많지 않았으면 좋겠다.

생각해
보기

인간의 제한적 합리성!

인간의 오류와 착시

시집을 읽으며
책장을 넘기다가
자꾸만 두 장 같은데
갈라지지 않았다
도무지 그 사이가 나뉘지 않았다
이럴 수가 있는가 확인하니
애초에 한 장이었구나
도무지 나눌 수 없는 한 장을
둘로 나누려 하였구나
시집을 읽으며
책장을 넘기다가
비로소 우리가 착각하는 것들에 대해
착시현상에 대해
깨어난다
죽음과 삶도 이러할까?

_김영천 '착시현상'에서

의사는 악랄한 살인자?

통계(統計). 그 통계를 가지고 시시비비(是是非非)를 한 번 따져보기로 하자.

의사가 진료 중 실수로 사람을 많이 사망케 하는지, 아니면 범죄자들에 의한 살인이 많은지 어디 한번 비교해 보자. 무슨 그런 황당한 얘기냐고 항변할지도 모르겠다. 우선 의사들의 과실 치사에 관한 통계다.

- 미국 의사 수는 700,000명
- 의사 실수로 죽는 사람은 연간 120,000명
- 의사 1인당 과실 치사 건수는 0.171건 (미국 보건후생부)

이번엔 위 통계에 상응하는 내용을 소개한다. 총기사고로 인한 미국 내의 사망사건 통계다.

- 미국 총기 소유자는 80,000,000명
- 연간 총기사고 사망건수(전체 연령층 망라)는 1,500건
- 총기소유자 1인당 사고 치사 건수는 0.0000188건

통계적으로 볼 때 의사는 총기 소유자보다 약 9,000배나 더 위험한 존재다. 이런 평가가 과연 적절한 걸까? 해석 여하에 따라서는 의사협회로부터 소송이나 강력한 항의가 들어올지도 모른다.

인지적 오류라니?

인간이 내리는 의사결정에 문제가 되는 것은 컴퓨터처럼 빠르고 정확하지 못하다는 점이다. 게다가 이러한 문제점 외에도 의사결정에 오류를 발생시키는 문제점들이 있다. 가장 대표적인 것이 바로 인지적 오류라 하겠다.

인지적 오류(cognitive bias)는 인간이 의사결정을 내릴 때 정보를 인지적으로 처리하는 과정에 발생하는 오류이다. 이를테면, 동일한 문제를 두고서 인간의 판단은, 부정적(否定的) 어휘로 표현된 경우에는 위험 회피적 결정을 하고, 긍정적(肯定的) 어휘로 표현된 경우에는 위험 추구적 결정을 한다는 것이다.

Tversky와 Kahneman (1981) "아시아의 질병"에 관한 설문이다. 미국이 600여 명

의 사상자가 예상되는 특이한 아시아 질병 발생에 대해 대처하고 있다고 상상해 보자. 질병을 물리치기 위해 제안된 두 가지 프로그램이 있다. 정확하고 과학적으로 측정한 프로그램 결과는 이랬다.

다음에 제시된 두 가지 방안 가운데 하나를 반드시 선택해야 하는 상황이라면, 당신은 어떤 선택을 할 것인가?

- 프로그램A를 채택하면 환자 가운데 200명이 확실하게 살 수 있다.
- 프로그램B를 채택하면 600명의 환자가 모두 살 가능성이 1/3이고, 모두 죽을 확률이 2/3이다.

그대가 의사결정자라면 어느 프로그램을 선택할 건가? 프로그램A인가, 아니면 프로그램B인가?

그들의 실증연구에 따르면, 이런 질문을 받았을 때 72%의 사람들이 프로그램A를 선택했고, 나머지 28%는 프로그램B를 선택했다고 한다. 사람들은 모든 환자 가운데서 1/3을 살릴 수 있다는 가능성보다는 200명을 살릴 수 있다는 확실성을 더 좋아하는 것으로 드러났다.

이번에는 문장이 다음과 같이 표현된 것만을 제외하고는 같은 문제를 두 번째 부류의 사람들에게 던졌다.

- 프로그램C를 채택하면 환자 400명이 죽을 것이다.
- 프로그램D를 채택하면 아무도 죽지 않을 확률이 1/3이고, 600명 모두 죽을 확률은 2/3이다.

이 두 질문에 대한 응답자들의 반응은 앞의 경우와는 정반대로 나왔다. 프로그램C를 선택한 사람이 22%이었고, 프로그램D를 선택한 사람이 78%였다. 즉, 사람들은 긍정적 단어로 표현했을 경우에는 위험을 추구하는 경향을 보였으며, 부정적 단어로 표현했을 경우에는 위험을 회피하는 경향을 보였다.

정보의 제시 형태에 따라 사람은 하늘과 땅 차이만큼이나 다른 반응을 보였다. 다시 말해, 동일한 내용을 사람들에게 어떻게 풀어 전달하느냐에 따라 그 반응은 달라진다는 것이다.

회사A와 회사B는 공동으로 에이즈 치료제에 관한 연구를 착수해 5년 만에 큰 성과를 거두고는 그것을 마침내 시장에 판매하게 되었다. 에이즈 치료제 개발 전에 두 회사는 연구에 관해서는 같이 하되 판매에 관해서는 각자의 유통망을 통해 판매하기로 약속한 바 있다. 그에 따라 두 회사는 다음과 같은 광고 문안을 소비자(환자)들에게 제시했다.

회사A와 회사B가 제시한 결과는 확률적으로 동일하다. 당연히 치료제가 동일할 뿐만 아니라 제시어만 다를 뿐 확률적으로 같기 때문이다.

그러나 회사A가 판매한 에이즈 치료제는 엄청난 인기를 모은 반면, 회사B가 판매한 에이즈 치료제는 엄청난 부진을 보였다.

이처럼 동일한 정보를 소비자에게 제시하고 있음에도 어떤 단어를 사용하느냐에 따라 그 효과는 상당히 대조적 결과를 가져온다.

보이는 것만 믿어라?

이진경의 〈철학과 굴뚝청소부〉에는 이런 글이 등장한다. 절로 무릎을 칠만큼 깊은 깨달음이 몰려온다.

여러분 가운데 자기 얼굴을 모르는 분 있습니까?

예상대로, 아무도 없군요. 그럼 다시 질문 하나 하지요.

여러분 중에 혹시 자기 얼굴을 직접 본 사람 있습니까?

역시 아무도 없군요. 그런데 아무도 자기 얼굴을 본 적이 없다면서,

어떻게 모두 다 자기 얼굴을 알고 있다고 생각하시는 건가요?

흔히들 자기 자신에 관한 한 자신이 가장 잘 안다고들 말한다. 하지만 어느 날 자신이 부재한 가운데 이뤄진 자신에 대한 평가를 듣고는 대부분 사람들은 입을 다물지 못한다. 평소 자신이 알고 있는 '나'라고 하는 인간에 대한 평가와는 너무나도 괴리가 있기 때문이다. 즉, "내가 그런 인간으로 밖엔 안 비춰지는 구나!" 하면서 말이다.

몇 년 전 모(某) 기업의 TV 광고 가운데 "보이는 것만 믿으세요."라고 하는 카피가 있었다. 유감스럽지만, 정말로 보이는 것만 믿는다면 우리네 세상은 과연 제대로 돌아갈 수 있을까? 한 마디로 '아니오(No)'다.

어떤 사물을 처음 눈으로 대하며 느낀 것에 관해 절대적 가치를 부여해서는 안 된다. 그렇게 되면 우리들 눈으로 본 것은 모두 옳다고 여길 수 있다. 수많은 인간이 오만과 독선에 쉽게 빠져드는 것은 모두 그런 이유 때문이다.

앞의 그림을 보자. 우선적으로 얼굴선이 가냘픈 여성 눈에 들어온다. 그 다음엔 코가 유난히 긴 남성이 섹스 폰을 연주하고 있는 모습이 보인다. 보는 이에 따라서는 섹스 폰 연주자가 먼저고, 그 다음에 여성 얼굴이 보일 수도 있다.

이번엔 독자들에게 직접 질문을 던져본다. 아래에 제시한 문항 다섯 가지에 대해 잠시 시간을 내어 답해보자.

01. 두 부메랑 가운데 어느 쪽이 더 길까?

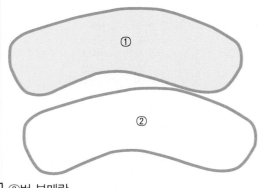

☐ ①번 부메랑   ☐ ②번 부메랑

02. 맨 중앙에 있는 원은 어느 쪽이 더 큰가?

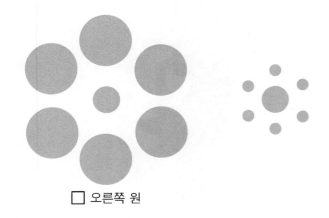

☐ 왼쪽 원   ☐ 오른쪽 원

03. 두 화살표 가운데 어느 쪽이 더 길까?

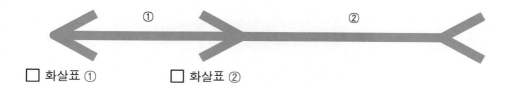

☐ 화살표 ①   ☐ 화살표 ②

04. 수직선(①)과 수평선(②) 가운데 어느 쪽이 더 길까?

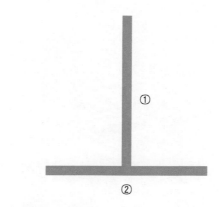

☐ 수직선 ①   ☐ 수평선 ②

05. 직선 AB(①)와 BC(②) 가운데 어느 쪽이 더 길까?

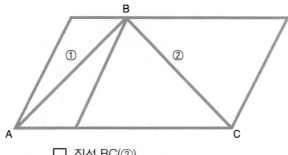

☐ 직선 AB(①)   ☐ 직선 BC(②)

이미 눈치를 챘겠지만, 위 다섯 가지 물음의 정답은 모두 그 크기나 길이가 '동일'하다. 이러한 문제들은 인간의 '착시(Optical Illusions)' 현상이 불러일으키는 대표적 오해 가운데 하나다. 착시란 주위 배경이나 다른 것의 영향으로 어떤 물체가 실제와 다르게 보이는 현상을 말한다.

착시 현상에 관해서 몇 가지 사례를 더 들어보기로 하자. 다음 그림은 에셔(Escher)의 〈상대성(Relativity)〉이라는 1953년 작품이다. 현실 세계에선 결코 존재할 수 없는 신비한 그림이다.

누워서읽는 **경영학원론**

이 그림을 자세히 보라. 웅장한 그리스식의 건물이 한 눈에 들어온다. 그런데 자세히 보면 어딘가 이상하다. 물레방아 뒤로 놓여있는 복도를 따라가다 보면 어느새 그 위층에 올라와 있다. 또 그 곳에서 아래로 물이 떨어지면서 물레방아가 돌아가고 있다. 그러면서도 각종 기둥들은 공간적 위치관계를 잘 표현하고 있다.

이와 같이 우리들은 한 가지 것을 동시에 다른 것으로서 지각하면 곤란을 겪게 된다. 때문에 이 그림이 갖는 세계가 우리들을 혼란시키는 것이다.

다음 그림에는 지구상에서 가장 큰 동물 코끼리가 보인다. 그런데 뭔가 어색한 느낌이 든다. 다리 쪽을 잘 보라!

코끼리의 다리를 유심히 살펴보면, 당연히 네 개의 다리가 있어야 하나 보기에 따라서는 네 개, 다섯 개, 아니 여섯 개로도 보인다. 이게 정말 코끼리 맞아? 몇 개의 다리가 정답일까?

또 다른 문제다. 아래 그림을 보자. 언뜻 보기에는 어여쁜 숙녀의 모습이 먼저 눈에 들어온다. 그런데 조금 관점을 달리하게 되면 이 그림에는 세 명의 사람이 존재한다.

그림 왼쪽에는 소녀의 왼쪽 얼굴이 보인다. 이번엔 소녀의 턱을 코라고 본다면 어떤 할머니의 옆모습이 눈에 들어온다. 마지막으로 오른쪽을 향하고 있는 대머리에 콧수염을 한 남자가 보인다. 그래서 합계 세 명의 모습이 이 그림 하나에 들어있다.

가령 맨 먼저 소녀의 얼굴이 보인다고 한 사람이나, 할머니 또는 콧수염의 남자가 보인다고 한 사람은 제각기 자신의 관심이나 성향, 경험 등을 토대로 해석했기 때문이다. 이러한 인간의 성향도 정확한 판단이나 합리성 등을 저해하는 주요 요인 가운데 하나다.

다음 그림 중앙에 있는 원을 보라. 정원(正圓)이 아닌 다소 왜곡된 모습의 원이 보인다. 하지만 실제로는 왜곡된 것이 아니라 정원이다. 다만 주위 배경, 즉 직선 때문에 왜곡돼 보일 뿐이다.

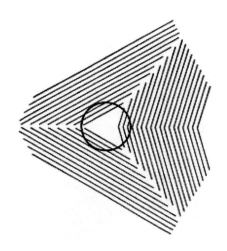

다음 글자들을 읽어 보자. 좌에서 우로 읽어보면 영문자 A, B, C가 보인다. 이번엔 위에서 아래로 읽어 내려가면 아라비아 숫자 12, 13, 14로도 읽을 수 있다.

이 문제는 왼쪽에서 오른쪽으로 읽거나 혹은 위에서 아래로 읽는 패턴을 달리하면 동일한 글자임에도 서로 다른 'B' 또는 '13'으로 읽을 수 있다는 것을 확인시켜주고 있다. 알파벳에 관해 배운 적이 없다면 영원히 13으로만 읽을 수도 있다. 물론 그 반대 경우도 마찬가지다.

이처럼 동일한 형태라도 알파벳이나 아라비아 숫자는 주위, 전후 문맥에 따라 지각하는 사람에게 마음속 확신이 생겨 완전히 다른 형태로 보이는 것이다.

아래에 두꺼운 합판들이 보인다. 그 합계는 몇 개일까? 왼쪽에서 보면 네 개의 합판 단면이 보인다. 그 반대쪽인 오른쪽을 보면 세 개의 합판이 보인다. 그래서인지 맨 위의 합판 한 개와 맨 아래의 합판 한 개만이 제대로 된 합판처럼 보이기도 한다. 그렇다면 제대로 된 합판은 합계 두 개란 말인가?

사각형의 중심을 향해 선이 그어져 있다. 그리고 그 중심에서 점차 커지는 몇 개의 사각형이 있다. 어쩐 일인지 사각형들은 모두 직선이 아닌 것처럼 보인다. 하지만 이러한 선들은 전혀 왜곡되지 않은 모두 직선이라는 사실이다. 믿지 못하겠다면 자라도 대고 직접 선을 그은 다음 대조해 보라.

누워서읽는 **경영학원론**

이제 마지막이다. 다음 그림을 보고 있노라면 흰점이 검은 점으로 비춰졌다가 다시 보면 사라지는 현상이 여기저기에서 계속된다. 분명 검은 점은 어디에도 그려져 있지 않음에도 말이다. 신기하지 않은가!

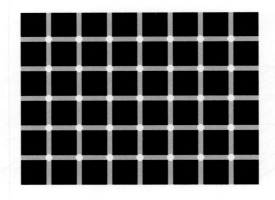

지금도 보이는 것만 믿어야 할까? 보이는 것 가운데 일부는 분명 잘못된 것이 존재하는데도? '가끔씩은 보이는 대로 믿어라!'가 합리적인 것은 아닐까!

인간의 경험은 철저히 주관적이다. 우리는 자신의 색안경을 끼고 세상을 바라본다.

같은 경험이라도 보는 방식(관점)에 따라 달라진다. 가치관에 일치하는 정보는 받아들이고, 일치하지 않는 것은 무시한다. 더해 뇌는 착각도 수시로 한다.

경영학을 제대로 배워 이를 실천에 옮겨야 하는 이유 가운데 하나는 인간이 매사에 냉철하거나 합리적이지 않다는 점 때문이다. 우리 뇌는 모호한 경험을 자신에게 유리하게 해석한다. 즉, 유리한 것만 받아들이고, 불리한 것은 아예 무시한다.

때문에 의사결정자들은 종종 오류를 범한다. 그런 판단착오에 따른 비합리적 선택을 막아 최대한 합리적 선택이 가능하도록 해야 한다. 그래야 기업과 같은 조직이 올바른 목표를 향해 제대로 나아갈 수 있다.

사진 하나를 보여준다.

자료 : 미국 투고 사이트 'Reddit'의 유저 'Blood Reaper'

남녀가 포옹을 하고 있는 장면이다. 그런데 정말 이상하다. 두 사람의 발 방향이 어디를 향하고 있는지 잘 보라. 머리가 갑자기 혼란스러워진다. 어째서 그럴까?

생각해
보기

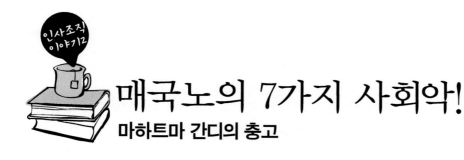

매국노의 7가지 사회악!
마하트마 간디의 충고

속박이 있기에
나는 날 수 있다.
슬픔이 있기에
높이 뛰어 오를 수 있다.
역경이 있기에
나는 달릴 수 있다.
눈물이 있기에
나는 앞으로 나아갈 수 있다.
_마하트마 간디

큰 죄악 일곱 가지!

한 평생 비폭력과 무저항주의를 실천한 간디(Gandhi)는 인도 민족운동의 지도자이자 건국의 아버지이며 전 세계 사람들로부터 '마하트마'로 추앙받는 성자다.

그의 이름 앞에 붙는 마하트마(Mahatma)란, 산스크리트어의 Mahatman, 즉 '위대한, 고결한(great-souled)'으로부터 기인하며, 원래는 바라몬(Brahman)의 존칭이었다. 이 단어는 'maha(위대한)'와 'atman(영혼)'으로 풀어 해

마하트마 간디와 생전 그의 침실 및 단출한 유품

석할 수 있다.

간디는 나라를 혼란으로 몰아갈 수 있는 '일곱 가지 사회의 큰 죄악(Seven Social Sins)'을 지적하고 있는데, 한 조직을 이끄는 리더라면 가슴깊이 새겨들어야 한다.

나라를 파멸로 몰아갈 수 있는 우리 사회의 으뜸 죄악은, 원칙 없는 정치(政治)다. (Politics without Principles.) 정치인에게 원칙이 없다는 것은 배가 나침반 없이 표류하는 것과 별반 다르지 않다. 원칙과 원리 없는 정치, 오직 권력 쟁취만을 위해 물불을 가리지 않는 정치라면 그건 정치가 아니라 나라를 위험으로 몰아가는 사회의 큰 죄악일 뿐이다.

다음 두 번째로 거론한 것은 도덕성(道德性)이 결여된 비즈니스다.(Commerce without Morality.)

인간은 누구나 이익(돈)을 취하기 위해 사업을 벌인다. 그러나 염치없이 수단 방법을 가리지 않고 돈만 벌면 되는 것은 아니다. 돈을 벌 때 지켜야 할 윤리가 있고 사회에 대한 책무가 있는 것이다. 돈이 소중한 것은 돈으로 사회에 유익한 일들을 할 수 있기 때문이다. 하지만 오늘날 이익추구를 위해 수단과 방법을 가리지 않는 무자비한 비즈니스 정신은 우리를 황폐하게 만들고 있다.

세 번째의 죄악은 노동 없는 부(富)다.(Wealth without Work.)

땀 흘려 축적한 부이어야 떳떳할 수 있고 가치가 있다. 사람과 물질을 교묘히 조종해 불로소득(不勞所得)을 취하는 행위는 그 사회를 나락으로 이끈다.

네 번째의 죄악은 인격 없는 지식이다.(Knowledge without Character.)

참다운 교육은 차가운 두뇌만이 아니라 따뜻한 가슴을 가르치는 것이다. 건전한 비판 능력이 거세된 채 기술과 지식만 채운 인간으로는 미래를 제대로 개척해 나갈 수 없다.

다섯 번째 죄악은 인간성(人間性) 없는 과학이다.(Science without Humanity.)

과학은 인간이 행복한 생활을 누릴 수 있게 하기 위해 있다. 그런 과학이 개발을 앞세워가며 생활환경을 오염시키고 오존층을 파괴하고 있다. 과학이 인간을 섬기도록 해야 하는데, 우리가 만든 기계문명의 노예가 되어가고 있다.

여섯 번째는 양심(良心) 없는 쾌락이다.(Pleasure without Conscience.)

모든 사람이 간디처럼 금욕주의를 지킬 필요는 없지만 그 절도를 벗어날 때 우리 사회는 타락하게 되는 것이다.

일곱 번째는 헌신(獻身) 없는 신앙이다.(Worship without Sacrifice.)

희생적 삶이 없는 종교는 단순한 종교의식으로 전락하고, 종교가 가진 본연의 의미와 가치를 잃어버린다. 종교인이 겉으로만 희생의 미덕을 부르짖는 이른바 위선에 대해 간디는 크게 꾸짖고 있다.

자신에게 먼저 충고를!

어느 날 어린 아들을 동반한 한 학부모가 근심어린 표정으로 간디를 찾아왔다.

"선생님, 제 아들놈이 설탕을 그만 좀 먹게 꾸짖어 주십시오."

간디는 그 아이를 물끄러미 바라보더니 그 어머니에게 이렇게 말했다.

"두 달 후에 아드님을 데리고 다시 오십시오."

그 어머니는 간디의 말에 다소 의아해 하면서 돌아갔다.

두 달이 지난 후, 어머니는 아들과 함께 다시 간디를 찾아왔다. 간디는 아이를 향해 빙그레 웃으며 말했다.

"얘야, 이제 설탕을 그만 먹어라!"

아이 어머니는 그제야 안심한 듯 미소를 지었다. 그러면서 왜 두 달이나 기다리라고 했는지 그 이유가 궁금했다.

"두 달이나 왜 기다리라고 하셨습니까? 지난번에 그냥 말씀을 해 주셨을 수도 있었을 텐데!"

그러자 간디는 대답했다.

"두 달 전에는 저도 설탕을 즐겨 먹고 있었답니다."

현명한 리더는 언제나 남에게 충고하기 전에 먼저 자신을 되돌아보며 그 충고를 던져본다. 그런 다음 상대방에게 어떤 충고를 해야 할지를 판단한다.

생산관리
Production Management

생산관리, 그 핵심에 접근하다!

생산관리의 개념

생산관리의 지상과제!
첫째, 좋은 제품을
둘째, 저렴한 가격으로
셋째, 보다 빠르게 만드는 것이다.
근래 하나가 더 추가 되어
'지구 환경'도 최대한 배려해야 한다.

어느 분야에 필요할까?

기업경영 측면에서 생산관리(生産管理)가 차지하는 위상은 매우 높고 중요하다. 그럼에도 일부 생산 담당자를 제외하고는 일반인들이 그 내용을 접할 기회는 사실상 많지 않다.

생산현장을 접한 것이라야 학창시절 수학여행이나 산업시찰이라는 명목으로 엄청나게 거대한 조선소(造船所)를 타고 온 관광버스로 잽싸게 한 바퀴 돌거나, 자동차 컨베이어라인 일부를 먼발치에서 수박 겉핥기식으로 바라본 게 전부다.

몇 가지를 더 꼽아보면, TV를 통해 제철소의 펄펄 끓는 용광로나 불꽃이 사방으로 튀는 로봇의 용접작업, 한 치의 오차도 허용되지 않는 반도체 조립라인, 여사원의 민첩한 손놀림이 빛을 발하는 조립작업 등과 같은 것이다.

이런 까닭에 곧바로 생산이나 그 현장을 설명해도 머리에 그려지는 이미지는 지극히 단편적이거나 거시적이며 실제와는 괴리가 있어 보인다.

또한 생산관리라고 하면 대기업이나 중소기업 공장에서만 필요로 하는 일들로 착각하기 쉽다.

젖소나 닭, 돼지를 기르는 곳에서도, 음식을 만들어 판매하는 곳에서도, 아파트나 단독주택과 같은 집을 짓는 곳에서도, 농사를 짓는 곳에서도 생산관리에 관한 지식은 떼려야 뗄 수 없다.

시골 농부나 주방 요리사가 별 의식 없이 쌀을 수확하거나 음식을 만들어 내는 것 같아도 그 내면 세계를 자세히 들여다보면 고도의 생산관리 기법이 곳곳에 숨 쉬고 있다.

농부는 '금년에는 날이 더워 병충해가 심하고 가뭄으로 벼 생장에 필요한 수분이 제대로 공급되지 못할 것이다.'라는 자체 평가를 기초로 벼 수확 감소를 예측한다. 요리사는 '광우병으로 소고기 소비가 급속히 줄고 있으며 사회의 웰빙(well-being) 붐으로 건강식이 인기를 끌고 있다.'는 소비 동향을 파악하고는 건강식에 주목한다. 그리고는

자신이 추진해야 할 전략과 이를 실천할 독자적 경영 계획을 수립하게 될 것이다. 이러한 경영 계획이 바로 '생산관리'다.

생산관리의 성격!

솔직히 '생산관리'라고 하면 어딘가 조금 투박한 이름 때문인지 무겁고, 딱딱하며, 거친 장면 등이 스칠 만큼 일반인들에게는 낯선 분야다. '생산'이라고 하는 어감만 하더라도 먼저 '노가다(일본어, '土方'을 '도가타'라고 읽는데서 유래)'를 연상하는 이들이 많다.

생산관리를 제대로 이해하기 위해서는 먼저 생산(生産)이 무엇인지 정확히 짚고 갈 필요가 있겠다.

단적으로 생산이란, 생산요소(노동력, 원재료, 설비, 기계 등)를 투입해 보다 높은 부가가치를 창출하는 일련의 과정이다.

완성차회사는 포스코(POSCO)나 현대제철로부터 구입한 철판을 사내에 보유한 프레스 기계를 활용해 보디(차체)를 만들고, 3만여 개에 이르는 각종 부품들을 부품업체로부터 공급받아 이를 조합해 완성차를 만드는 일련의 과정이 생산이다.

흔히 '생산'이라는 말 대신에 '제작'이나 '제조'라는 말로 대신하곤 하는데, 분명 동의어(同義語)는 아니다. 사실 생산이라는 말에는 이를 담당하는 한 인간의 심오한 철학과 튀는 창의력이 담겨져 있다.

반면에 제작 및 제조, 즉 물건을 만든다는 의미의 '작(作)'과 '조(造)'는 이미 정해진 것을 규정에 따라 수동적으로 만들어 가는 기술을 가리킨다.

그러나 생산은 '생(生)'이란 글자가 의미하듯 '새로운 것', '색다른 것', '살아 움직이는 것'을 '산(産)', 즉 '창출' 혹은 '탄생'시키는 것이다. 즉, 세상에 존재하지 않는 그 무언가를 만들어 내는 대단히 능동적인 행위가 바로 생산이라 하겠다.

이처럼 생산에 대한 시각이나 접근은 어떤 정해진 원칙이나 틀에 따라 수동적으로 이루어지는 것이 아니다. 인간의 능동적인 사고를 기반으로 끊임없이 아이디어를 부가하고 증폭시키는 창의적 행위로 봐야 한다.

한편으로 자동차나 에어컨, 컴퓨터 등 완제품을 생산하는 기업은 무엇보다 이 제품을 구입한 고객이 만족감을 가질 수 있어야 한다. 그 전제조건으로는 일정 수준 이상의 품질과 가격 그리고 고객에 대한 인도(납기)일을 반드시 지켜야 한다.

즉, 'QCD'를 잘 실행해야 한다. 생산관리는 바로 QCD를 실천에 옮기는 관리기법이기 때문이다.

- 품질(Q : Quality) ⇒ 고객이 요구하는 수준 이상의 제품을 생산
- 원가(C : Cost) ⇒ 불필요한 낭비를 제거해 적정 원가로 생산
- 납기(D : Delivery) ⇒ 필요할 때 필요한 양만큼 생산

QCD를 위해서는, 먼저 고객이 필요로 하는 적정한 품질의 제품을 제공하기 위한 노력(품질관리)과, 불필요한 낭비를 없애 최대한 원가를 절감하려는 노력(원가관리), 정해진 납기일까지 제품을 고객에게 전달하기 위한 노력(납기관리)이 필수적이다.

결국, 생산관리란 일정 수준의 품질 및 수량의 제품을, 소정의 기일까지 생산하기 위해, 기업의 자원(노동력, 기계설비, 원자재 등)을 경제적으로 운용하고 생산 과정에서 발생하는 다양한 돌출요인에 효율적으로 대응해가는 관리자(생산자)의 철학이 담긴 대단히 정교한 활동이다.

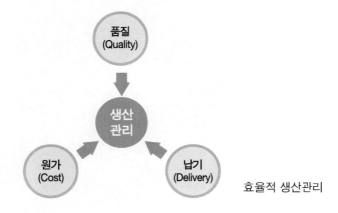

효율적 생산관리

'카레' 만드는 데도 생산관리?

요즘 젊은이들이 즐겨 찾는 3대 식품(카레, 햄버거, 스파게티) 가운데 하나인 '카레'의 제조 과정을 들어 생산관리를 설명해 보자.

먼저, 카레의 주재료는 카레가루나 그 스틱, 양파, 당근, 소고기 등인데, 이 재료를 활용해 카레의 '생산 프로세스'를 짚어보자.

① 양파와 감자, 당근을 같은 크기로 잘라 프라이팬에 볶는다.

② 소고기나 돼지고기, 닭고기도 함께 넣어 볶는다.

③ 뜨거운 물을 적당히 부어 끓인다.

④ 감자가 익었다 싶으면 카레가루를 푼다.(녹인다)

⑤ 취향에 맞춰 꿀이나 우유, 사과, 채소 등을 넣어 다시 끓인다.

위와 같은 카레의 생산 프로세스가 순서에 맞게 잘 이루어질 때 비로소 깊은 맛의 카레가 완성된다. 물론 이러한 과정 중에 필요한 가열도구나 도마, 프라이팬, 식칼, 접시, 수저 등과 같은 도구(집기)의 선정도 카레를 만드는 데 빠져서는 안 될 중요한 요

누워서읽는 경영학원론

소다. 이 또한 생산관리 영역이다.

근래에는 생산능력보다 판매능력이, 판매능력보다 개발능력이 우수한 쪽이 경쟁력을 가진다. 그렇다고 생산능력이 무시되거나 해서는 안 된다. 한 국가의 기반은 제조업에 있고, 그 제조업의 경쟁력은 생산능력에서 찾을 수 있다. 또한 생산능력은 치밀한 생산관리에서 나온다.

특히 자동차를 비롯해 조선, 반도체, 스마트폰, TV 등 주로 완제품을 수출해 먹고 사는 나라가 대한민국이다. 그 때문에 생산관리는 우리에게 더 없이 소중한 영역이자 예술이다.

생각해
보기

포드 시스템,
그 비밀을 파헤치다!

포디즘의 개념과 의의

테일러 시스템(Taylor system)의 단점을 보완한 시스템을 고안한 기업!
부품의 표준화, 제품의 단순화, 작업의 전문화 등을 통해
대중 소비사회를 선도한 기업!
'일감으로 사람을 이동'시키는 것이 아니라
'사람에게로 일감을 이동'시키는
이동조립법(moving assembly line)을 창출한 기업!
포디즘(Fordism)의 모태가 된 기업!
모두 미국 자동차 회사 '포드'를 지칭하는 내용이다.

포드 시스템이란?

포드 시스템(Ford system). 경영학을 전공하지 않았더라도 어디선가 한 번쯤은 들어본 이름이다. 생산관리나 생산 시스템을 논할 때 빈번히 거론되는 용어다.

그런 포드 시스템은 '소품종 대량생산'을 기본 전제 아래, 과학적 관리법에 의한 '표준화'와 이동조립법의 상징 '컨베이어라인'이란 두 요인이 떠받치고 있다.

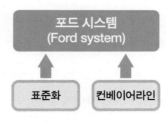

포드 시스템의 기반

T형 자동차 조립 장면

현재 우리나라 자동차 보급률은 이미 '한 가정에 한 대' 꼴일 만큼 대중화되어 있다. 그러나 20세기 초에는 한 마디로 그림의 떡이라 할 정도로 최고 상류층에 속한 사람만 이 보유하는 사치품 중의 사치품이었다. 당시 자동차의 본고장 미국 또한 예외는 아니 었다.

포드사(Ford Motor)를 설립한 '헨리 포드(Henry Ford, 1863~1947)'는 어떻게든 일 반 대중, 특히 상대적으로 빈곤한 농촌 사람도 자동차를 탈 수 있도록 하겠다는 강한 신념을 가지고 있었다. 포드의 그런 신념은 포드 시스템 확립의 근간이 되었다.

포디즘의 실체!

'포디즘(Fordism)'은, 컨베이어라인 시스템 도입과 부품 표준화 등과 같은 대량 생 산·소비 시스템을 기본 철학으로 한다.

포디즘의 획기적인 측면은 생산효율 상승에 따른 이윤 증대를 노동자 임금의 상승 에 반영시켰다는 점에 있다. 포드가 노동자에게 높은 임금을 지불한 배경에는 당시 미 국의 특수한 사정에 기인한다.

미국에서는 광대한 토지와 풍부한 목재자원을 저렴한 가격으로 손에 넣을 수 있어 미국 농민은 어느 나라 농민들보다도 풍요로운 생활을 누리고 있었다.

특히, 제1차 세계대전 중에는 싸움터가 된 유럽을 상대로 수출이 활기를 띰으로써 농업은 이른바 돈이 되는 비즈니스의 하나였다.

그런 까닭에 노동자가 농민이 되는 것을 단념시켜 생산 공장에서 일하도록 유도하기 위해서는 높은 임금을 지불해야 했다. 더해 기업은 높은 인건비를 감당하기 위해 기계화를 통한 합리화가 불가피했다.

다만 포드 스스로 내키지 않는 높은 임금을 억지로 지불한 것은 아니었다. 만년에 사재(私財)의 많은 부분을 자선활동에 기부한 것에서 엿볼 수 있듯 그는 결코 사리사욕을 위해 자동차회사를 설립한 것은 아니었다.

포드의 경영은 오늘날 기업이 추구하는 경영 이념과도 대단히 가깝다. 주주나 채권자를 위한 이윤 추구가 아니라, 소비자에게 저렴하면서도 품질이 우수한 제품을 제공하고, 노동자에게는 높은 임금을 지불하면서, 사회에 대한 봉사를 경영 목표로 삼았다. 이러한 목표를 추진하기 위해 포드는 외부자본이 경영에 개입할 수 없도록 자기금융을 통한 경영에 집착했다.

포드의 경영 이념을 세부적으로 표현하면 다음과 같다.

- 봉사기관으로서의 경영
- 장기적 영리주의
- 금융자본으로부터 독립
- 조직노동(노동조합) 배제

또 경영은 제품에서 출발해야 한다는 것을 강조하고 '진정한 제품'이란 최상 품질의 부품이 사용될 것, 운전은 간편할 것, 동력은 충분할 것, 차체는 가벼울 것, 조종은 자유자재일 것, 운전비용은 저렴할 것 등을 조건으로 내세웠다. 이러한 포드의 경영 방침은 마침내 대성공을 거두게 된다.

포드는 높은 임금을 지불해 노동자들이 그 돈으로 자사의 저렴한 T형 자동차를 구입하도록 했다. 노동자 수입이 늘어나면 자동차 수요도 함께 늘어나게 되고, 그렇게 되면 대량생산으로 인해 자동차 제조비용이 내려가 판매가격이 떨어지며, 노동자 임금이 높아져 자동차가 점점 더 많이 판매되는 선(善)순환이 이어졌다.

포드가 지불한 일당 5달러는 당시 산업 평균 임금의 두 배에 달하는 것이었다. 이러한 배경에는 노동자들도 T모델을 구입할 수 있도록 하기 위한 것이 아니라, 생산 공정에서 매일 동일한 작업을 지루하리만큼 반복해야 하는 노동자에 대한 일종의 보상조치라는 주장도 있다.

선순환 사이클 덕분에 당시 유럽에서는 일부 부자들의 사치품에 불과했던 자동차가 미국에서는 일반 대중을 상대로 대량 판매되기에 이르렀다.

누워서읽는 경영학원론

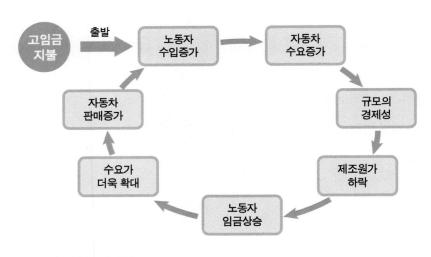

포드의 선순환 사이클

또 자동차가 보급되자 교외에 큰집이 세워지기 시작했고, 도심에 근무하는 중산계급의 라이프스타일이 변모하면서 마이 홈 건축과 그 안에 들어가는 가전제품 수요도 덩달아 증가했다.

포디즘은 주택과 세탁기, 냉장고, 전화, 라디오 등의 분야로까지 확대되면서 미국이 세계 최초의 대중 소비사회로 나아가는 원동력이 되었다.

T형 모델과 컨베이어라인

포드 시스템에서는 어셈블리(조립)·부품·공정 등 다양한 분야에 걸쳐 표준화를 추진했다.

먼저, 제품은 검정의 T형 포드 한 차종으로 한정했다. 1906년에 N형 포드, 1908년 N형의 후계 차종으로 T형 포드를 발매했으나, 1909년에 들어서는 T형 포드로 차종을 한정해 생산하게 된다.

I'll produce any color car, as long as it is black. (Henry Ford)

차종이 한 차종으로 축약되면서 우선 다양한 부품을 만들 필요성이 사라졌다. 이와 같은 부품 표준화를 통해 한 번에 대량 롯(lot) 부품이 만들어짐으로써 부품 원가는 자연스럽게 내려가게 되었다. 또한 생산 현장에서 일하는 노동자의 학습효과가 발휘됨으로써 생산효율 상승으로 이어지는 등 한층 원가절감이 가능해졌다.

나아가 공정이 표준화됨에 따라 미숙련공일지라도 80% 공정은 채용 후 1주일 이내에 작업이 가능해졌으며, 장애인들도 적극 활용되기에 이르렀다.

실제로 포드는 T형 생산에 7,882가지 작업공정이 필요하다는 것을 도출했다. 이 가운데 949가지 작업은 강한 체력을 지닌 숙련 작업자들만 가능했다. 3,338가지 작업은 보통 체력의 작업자만으로 충분했다. 그리고 나머지 작업은 여성이나 청소년도 할 수 있었고, 670가지 작업은 다리가 없는 장애인도 할 수 있었으며, 2,637가지 작업은 한쪽 다리만 있으면 가능했다. 2가지 작업은 팔이 없는 사람, 715가지 작업은 한 쪽 팔만 있는 사람, 10가지 작업은 눈이 보이지 않는 맹인도 가능했다.

컨베이어라인은 대량생산 방식이 시작되고서 4년 뒤인 1913년에 도입되었다. 이 방식

포드사의 창업자 헨리 포드

이 도입되기 이전은 정지해 있는 자동차 부품 등을 노동자가 직접 이동해가며 조립하는 방식으로 이뤄지고 있었다. 그러나 작업자를 현 위치에 그대로 둔 채 미완성 자동차가 라인 위를 움직이는 것이 시간절약에 도움이 된다는 생각에 컨베이어라인은 고안되었다.

이전에는 자동차 한 대의 생산에 13시간 걸렸으나, 샤시를 끌어가면서 조립 라인 위를 이동해 5시간 50분까지 단축시켰고, 나아가 자동 컨베이어라인을 도입하면서 자동차 한 대를 1시간 반에 조립할 수가 있게 되었다.

이러한 생산기술 혁신에 따른 포드 자동차의 가격 추이를 살펴보자.

1907년의 N형 포드 가격은 600달러였는데 비해, 1908년의 T형 포드 가격은 850달러, 1909년에는 950달러였기에 발매 당초 T형 포드는 결코 싼 가격이 아니었다. 이것은 트랜스미션이나 엔진 등과 관련해 새로운 기술을 도입한 것이 원인이었다고 한다.

그러다 1909년 T형 포드에 생산 차종을 한정한 포드는 가격 인하에 본격적으로 착수하게 된다. 1910년 780달러, 1912년 600달러, 컨베이어라인을 도입한 1913년은 550달러, 그리고 1916년에는 마침내 360달러까지 가격이 내려간다. 마침내 1923년에는 212,898대를 생산해 자동차 한 대 가격은 295달러가 된다.

포드 시스템의 문제점

T형 포드 자동차는 1908년부터 1927년까지 무려 19년 동안 1,500만 대나 생산되었다. 그 가운데 이런 농담까지 흘러나오게 된다.

> "T형 포드를 추월할 수는 없다. 왜냐하면 추월하고 또 추월해도 그 앞에는 또 T형 포드가 달리고 있기 때문이다."

T형 포드라는 엄청난 베스트셀러 자동차가 탄생해 미국인의 생활 곳곳에 침투되면서 엄청난 변화를 몰고 왔다. 최저 임금을 하루 5달러로 높였고, 8시간 노동을 정착시킨 것도 포드였다.

하지만 모든 사물에는 빛과 그림자가 공존하듯, 포드 시스템 역시 예외는 아니었다.

첫째, 극도의 분업과 표준화는 결과적으로 단조로운 반복 작업을 노동자에게 요구하게 된다. 이것은 노동의 '비(非) 인간화'라고 하는 사회 문제를 유발시켰다.

잘 알려진 찰리 채플린(Charles Chaplin)의 코미디 영화 〈모던 타임스(Modern Times)〉(1936)는 테일러(Frederick Taylor)나 포드 생산 시스템이 내포한 비인간적 노동의 상징으로써 비판의 단골 메뉴가 되었다. 포드의 생산 공장은 사람이 일하는 장

찰리 채플린의 〈모던 타임즈〉

소로써 결코 만족스러운 환경이 아니었다. 그 결과 노동에 대한 동기유발(motivation)이 미약해, 생산성 저하로 이어졌다.

둘째, 검정 색의 T형 포드 한 차종밖에 생산하지 않아 소비자가 곧 싫증을 느끼기 시작했다. 사람들의 생활이 점차 풍요로워지면서 소비자 욕구도 다양해진 때문이다.

처음에는 자동차를 소유하는 것만으로도 만족감을 가졌던 소비자들이 점차 주변 사람과는 다른 자동차, 차별화 된 자동차를 가지고 싶어 하게 되었다. 그러나 포드는 여전히 T형만을 고집하고 있었다.

이에 반해 GM은 1926년 알프레드 슬론(Alfred Sloan) 사장이 포드에 대한 차별화 전략으로 다양한 색깔, 유선형의 스타일 그리고 안락함을 주는 쉐보레(Chevrolet)를 시장에 내놓으면서 T형 포드는 누구도 쳐다보지 않는 자동차가 되었다. 결국 1927년 5월 T형 포드의 생산은 중단되면서 디트로이트에서 일하던 60,000명의 노동자가 해고 되었다.

오늘날에도 포드 시스템의 기본적인 구조는 그대로 유지되고 있다. 다만 시장과 환경 변화에 대응하기 위해 다품종 소량생산과 같은 생산 혁신과 단순 반복 작업이 가져오는 몰(沒) 인간성에 대한 반성 등에 초점이 맞추어져 조금씩 개선돼 가고 있다.

당시 GM에게 최고의 자리를 내준 포드는 안타깝게도 현재도 따라잡지 못하고 있다. 이런 걸 보면 경영은 역시 생물(生物)임에 틀림이 없다. 어느 시대나 환경에 적용될 수 있는 보편불변(普遍不變)의 시스템은 결코 존재하지 않으며, 시대상황에 맞게 적절히 변화시켜나갈 수 있는 유연한 사고가 경영자나 리더에게 요구되고 있다.

다만, 포드 시스템의 보급으로 인해 생산비 절감과 생산품목의 표준화가 이루어져 자동차뿐만이 아니라, 내구 소비재의 대량생산을 가능하게 하였다는 점은 오늘날에도 높이 평가되고 있다.

또 포디즘은 컨베어라인이라는 새로운 생산 시스템을 통해 미국만이 아니라, 전 세계에 걸쳐 대중 소비사회의 새로운 지평을 여는 계기가 되었다. 그런 측면에서 포디즘의 의의는 매우 크고 높다 하겠다.

포드의 T형 자동차

생각해
보기

미니멈의 법칙 이해하기!

부분 최적과 전체 최적

대한 왈, "회의 시작시간은 누구에 의해 결정될까?"
한준 왈, "회의실에 가장 늦게 도착한 사람!"
대한 왈, "딩동댕~ (정답)"

보틀넥(Bottleneck)이라니?

여기 철판 가공을 전문으로 하고 있는 기업A가 있다. 두꺼운 철판을 주재료로 사용해 다음과 같은 공정을 거쳐 완제품 생산이 이뤄진다.

공정1. 철판을 적당한 크기로 절단한다.
공정2. 자른 철판을 여러 가지 모양으로 가공한다.
공정3. 가공된 철판을 열처리 작업한다.

다만, 각각의 공정에 걸리는 시간(처리 능력)은 서로 다르다.

공정1에서는 1시간에 50개, 공정2에서는 1시간에 40개, 공정3에서는 1시간에 30개를 처리할 능력을 갖추고 있다.

그대에게 문제 하나를 제시한다.

지방에 소재한 기업B로부터 급히 기업A에 주문이 들어왔다. 그 시간은 정확히 오전 8시였다. 오늘 오후 2시까지 기업B에 완성품 100개를 납품 해달라는 내용이었다.

다행히 제품의 주재료인 철판 재고(在庫)는 충분하다. 참고로 기업A에서 납품트럭에 완성품을 실어 기업B까지 가는데 걸리는 시간은 정확히 1시간이다. 기업A는 기업B의 주문을 어떻게 해야 충족시킬 수 있을까?

오후 2시까지 기업B에 납품을 하기 위해선 늦어도 오후 1시까지는 공정3의 작업이 모두 끝나야 한다. 오전 8시부터 오후 1시까지는 합계 5시간의 여유가 있다. 가장 처리 능력이 뒤지는 공정3의 경우도 1시간에 30개를 소화할 수 있다.

그래서 '30개 × 5 = 150개'이므로 기업B의 요구 100개를 충분히 소화하고 여분으로 50개를 더 만들 수 있다. 자칫 그렇게 생각하기 쉽다. 하지만 올바른 답이 아니다.

각 공정 가운데 처리능력이 가장 뒤지는 공정3을 가리켜 '보틀넥'이라고 부른다. 바로 고속도로의 병목처럼 많은 차들이 3차선을 한숨에 달려와서는 2차선으로 바뀌는 지점부터 정체에 휘말리게 된다. 이유는 간단하다. 3차선에 걸쳐 달려온 분량의 차량을 2차선으로는 제대로 소화할 수 없기 때문이다.

앞서 올바른 답이 아니라고 했는데, 그럼 기업A는 어째서 기업B의 납품 요구를 만족시킬 수 없는 걸까?

기업B의 주문을 받은 시간으로부터 1시간이 지난 오전 9시의 상황을 보자. 공정1에서 50개의 절단 작업이 종료되어 공정2로 이관된다. 하지만 그 이전까지 공정2와 공정3은 아무런 작업도 하지 못한 채 그냥 놀고 있다.

오전 9시부터 공정2가 일을 시작해 오전 10시가 되면 공정1에서 다시 50개가 완성된다. 공정2에서는 40개가 완성되지만 10개는 아직 처리하지 못한 상태다. 그래서 공정2에는 2차로 절단작업이 완료된 50개와 1차로 절단작업이 완료돼 넘어왔으나 처리를 하지 못한 10개, 그래서 합계 60개가 쌓여있게 된다.

오전 10시가 되어서야 비로소 공정3도 공정2로부터의 가공품 40개가 넘어와 열처리 작업이 시작된다. 하지만 1시간에 처리할 수 있는 능력은 30개라는 점도 잊어서는 안

된다.

이런 과정을 거쳐 오후 1시 시점에 완성된 제품의 수는 모두 90개가 된다. 납품 요구 수량보다 10개가 부족하다. 그 때문에 기업B의 요구를 만족시킬 수 없다.

보틀넥의 처리능력이 공장 전체의 처리능력을 좌우한다. 기업들은 자신들이 안고 있는 보틀넥이 어느 부분이며 이를 어떻게 극복해 처리능력을 높일지 사전에 충분한 검토와 전략이 필요하다.

부분 최적 vs. 전체 최적

'C, H, O, N, P, S, Ca, Mg, K, Fe'

단순한 알파벳 나열이 아니다. 식물 생장(生長)에 반드시 필요한 원소 열 가지다.

즉, 탄소(C), 수소(H), 산소(O), 질소(N), 인(P), 유황(S), 칼슘(Ca), 마그네슘(Mg), 칼륨(K), 철(Fe)을 가리킨다.

나열한 열 가지 원소의 주요 기능을 보면,

- 탄소, 수소, 산소 → 탄수화물과 지방 성분
- 탄소, 수소, 산소, 질소, 인, 유황 → 단백질과 산소 성분
- 탄소, 수소, 산소, 마그네슘 → 엽록소 성분
- 철 → 엽록소와 호흡 작용
- 철, 칼륨, 칼슘, 마그네슘, 인 → 삼투압과 대사 조절

19세기 독일의 화학자 '유스투스 폰 리비히(Justus von Liebig)'는 열 가지 원소 가운데 어느 한 가지라도 부족하면 비록 다른 원소들이 충분하더라도 그 식물은 부족한 한 가지 원소 때문에 제대로 생장하지 못한다는 것을 밝혀냈다.

즉, 어떤 원소가 극단적으로 부족할 경우, 다른 원소가 제 아무리 많더라도 식물의 생육에는 보탬이 되지 않는다는 사실이다. 이는 식물의 생장이 필요량보다 가장 부족한 하나의 원소에 영향을 받기 때문이다. 그러므로 식물에 비료를 줄 때도 특정 영양분에 편중되지 않도록 투여하는 것이 바람직하다.

구성 원소	필요량	공급량	공급률
질소 (N)	100	60	60%
칼륨 (K)	40	10	25%
철 (Fe)	2	2	100%

위 표에 주목해 보자.

식물은 가장 낮은 공급률을 기록하고 있는 칼륨(K) 때문에 생장은 불과 25%에 머물게 된다.

이처럼 식물의 생장은 어떤 조건이 다 충족되더라도 결국엔 가장 부족한 조건에 맞춰서 생장이 결정된다는 의미로 '미니멈의 법칙(law of the minimum)'이라 부른다. 이 법칙은 종종 '최소율의 법칙' 혹은 '리비히의 법칙(Liebig's law)'이라 불리기도 한다.

미니멈의 법칙 창시자 리비히

부분(部分) 최적의 집합은 전체(全體) 최적이 되지 못한다. 가령 정의로운 사람이 모였다고 그 사회 전체가 정의로운 건 아니듯 말이다. 가장 낮은 부분이 다른 부분의 뒷다리를 잡고 늘어지면서 오히려 전체 수준을 끌어 내린다. 모든 조직은 부분 최적에서 전체 최적으로 전략 패러다임을 바꾸어야 한다.

전체 최적을 꿈꿔라!

생각해
보기

셀 생산, 새로운 생산혁명!

셀 생산방식

지난 20세기 대량생산 체제가 안고 있었던 가장 큰 문제점 가운데 하나는
바로 '인간의 능력'을 과소평가했다는 점이다.
그러한 체제의 주역은 바로 '컨베이어라인 생산방식'이었는데,
수년 전부터 해외기업(특히 일본기업)에서는 이를 대체할
새로운 생산방식으로써 '셀 생산방식'이
확산되고 있다.

셀 생산방식이란?

'셀 생산방식(Cell production system)'은, '셀'이 영어 'Cell' 즉, 세포를 의미하며 단세포인 아메바와 같이 단순한 기계와 설비만으로 제품을 생산하기에 이러한 명칭이 붙여졌다.

이 방식은 과거 대량생산방식의 상징물이었던 컨베이어라인 대신에 시작 공정부터 마지막 공정까지를 한 명 혹은 몇 명의 작업자가 팀을 구성해 부품의 장착에서부터 조립, 검사까지의 모든 공정 혹은 일부 공정을 담당하는 생산방식이다. 즉, 숙련된 작업자가 특정 셀 안에서 조립 및 생산과 관련된 모든(일부) 공정을 책임지고 완결하는 생산방식이다.

셀 생산방식은 1990년대에 들어 휴대폰과 AV기기, 컴퓨터 등 빈번히 모델 변경이 발생하는 전자제품의 조립 생산 공정에 활용되기 시작했다. 비교적 소형제품에 적합하다고 알려져 있으나, 그 이후 공작기계와 자동차 등과 같은 크고 무거운 제품에도 점차 도입되기 시작했다.

일반적으로 셀 생산방식을 도입하게 되면 생산성은 20~30% 향상된다고 알려져 있

으며, 그 효과는 이미 일본 및 일부 국내기업들에게서 입증되고 있다.

지금껏 컨베이어라인 생산방식을 구축하기 위해서는 수개월에 걸쳐 막대한 시간과 비용을 투자해야 했으나, 셀 생산방식은 모델 변경이나 사양 변경도 간단할 뿐만 아니라 동시에 그 설비투자액은 기존 방식의 10분의 1, 재고는 5분의 1, 작업공간은 2분의 1까지 줄어드는 등 엄청난 제조 원가를 절약할 수 있다고 한다.

사례연구1 : 캐논(Canon)

캐논이 2003년 이후 전 세계 카메라 판매 점유율에서 부동의 1위를 지켜오는 비결은 뭘까?

캐논의 2016년 매출은 3조 4,014억 8,700만엔, 영업이익은 2,288억 6,600만엔을 기록했다. 또 2017년 1분기 연결 기준으로 매출액이 전년 동기 대비 22% 늘어난 9,727억엔, 순이익은 97% 늘어난 550억엔을 기록했다. 이처럼 매출과 수익이 동시에 증가한 '증수증익'은 3년 만이라고 한다.

캐논의 이런 신화는 지난 1997년 도입한 셀 생산방식에서 일정 부분 찾을 수 있다.

캐논의 생산현장에서 낭비를 제거하는 것은 바로 다음의 세 가지 낭비를 제거하는 것이다.

- 사람과 기계의 동작 낭비
- 운반 낭비
- 부품과 완제품을 떠안게 되는 정체 낭비

컨베이어라인 생산방식에서는 의외로 위 세 가지 낭비가 많다고 한다. 컨베이어라인은 일단 부품이 투입되면 생산을 통제하는 것이 불가능해진다. 제품이 얼마나 팔리느냐를 고려할 수 없는 시스템이다. 생산효율을 높일수록 재고만 늘어나게 되고, 판매회사도 밀려나온 제품을 보관하기 위해 창고를 더 지어야만했다.

캐논에서는 셀 생산방식의 도입과 함께 동작, 운반, 정체의 세 가지 낭비를 배제할 프로집단 육성에 힘을 쏟고 있다. 6개월간의 연수를 통해 세 가지 낭비를 제거할 훈련을 받게 된다. 이미 5,000명 이상의 연수생이 교육을 받았으며, 여기에는 공장장에서 일반 작업자까지 구성원 모두가 포함되어있다.

일본 이바라기현(茨城縣)에 있는 캐논(Canon)의 아미(阿見) 사업소는, 1999년 10월 PEC(일본생산교육센터)의 권유에 따라 공장 내 깔려 있던 2,649m의 컨베이어라인을 철거하고 동시에 7개의 재고창고도 폐쇄했다.

캐논 전체로는 연장 20,207m의 컨베이어라인을 철거해 72만㎡의 공장 공간을 줄일 수 있었다. 또 45개의 재고창고를 폐쇄하고, 13만㎡ 분에 해당하는 외부 창고도 반환했다.

그 결과 원가절감효과가 1,739억 엔, 재공품 회전율이 31% 상승(낭비되던 재공품재고가 3할 정도 감소)하였다. 환경적인 측면에서는 사용 에너지의 삭감 등의 효과로 5.5톤 분량의 이산화탄소(CO_2)를 줄였다.

셀 생산방식은 직원들의 의식도 바꿔놓았다. 1인당 작업분량이 2분에 불과한 이전의 컨베이어라인은 15분 이상인 셀 생산방식과는 작업 방식이 전혀 다르기 때문이다. 컨베이어라인은 작업자들에게 일이 주어진다는 수동적 의식을 가지도록 만드는 반면 셀 방식은 작업자들이 내가 제품을 만든다는 능동적 사고를 일깨웠다. 이러한 의식의 차이는 생산성과 곧바로 직결되었다.

셀 생산방식 도입으로 정신적 만족감이 높아지면서 1인당 생산성은 1.5배나 높아졌다. 8인 셀의 경우 제품 1대 생산시간은 2시간, 1인당 작업분량은 15분이다. 숙련도가 낮은 작업자로 인해 작업 지체가 발생할 경우 다능공들이 투입돼 전체 공정속도를 맞춰준다.

혁신활동으로 생산라인의 작업자 수가 줄어드는 것은 캐논에서는 '활인(活人)'이라고 부른다. 사람을 살린다는 뜻이다. 셀 생산방식으로 전환하면서 일련의 생산현장에서 낭비를 제거한 결과 약 27,000명의 인원이 불필요하게 되었다. 통상적이라면 인원조정 등

누워서읽는 **경영학원론**

을 통해 감원을 단행하지만 이들 모두는 다른 업무로 이동 배치되어 활약하고 있다.

또 캐논에서는 이 셀 생산방식을 '플로어 생산방식'이라고도 부른다. 이 생산방식은 캐논의 오리지널 생산방식이기도 하다. 아래 그림에서도 알 수 있듯이 천장에서 본 제품의 흐름이 마치 꽃(flower)의 모습처럼 보여 플로어 생산방식이라고 부르게 되었다. START와 END의 위치가 동일해 작업자의 보행 손실(loss), 대차(臺車) 이동 손실이 적다.

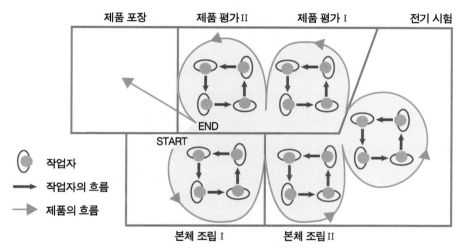

자료 : http://www.canon-elec.co.jp

캐논의 플로어 셀 생산방식

캐논에서는 2000년부터 '마이스터(meister) 제도'라는 것을 도입해 시행하고 있다. 이 제도는 1명이 모든 조립을 완결하는 등 탁월한 능력을 가진 작업자를 육성해 '마이스터'로 인정하는 것이다.

도입 취지는 "생산 기본단위인 8인 셀에서 1명을 줄여보면 어떨까?"라는 '가이젠(改善)식 사고'에서 출발한 것이다. 1명을 줄이면 1인당 작업량이 15% 늘어났지만 작업자들은 빠른 시간 내에 이를 흡수했다. 여기서 다시 1명을 빼면 또 다시 16%의 작업량이 증가했지만 역시 적응해 나갔다. 이런 식으로 셀 단위를 6명, 4명으로 줄이고 다시 2명에서 1명으로 줄이면서 마스터가 탄생했다.

이를 테면, 2,700개의 부품이 들어가는 중대형 컬러복사기를 혼자서 4시간 만에 조립할 수 있을 만큼의 실력이다. 이는 4명으로 구성된 '4인 셀'에서도 14시간이 걸리는 작업분량이다. 그래야 마이스터임을 증명하는 금배지가 주어진다.

이 공장은 이러한 역량을 가진 S급(슈퍼) 마이스터를 22명이나 확보하고 있다. 1억 원 이상의 고가 복사기 두 종류 이상을 복수 조립할 수 있는 멀티슈퍼 마이스터도 8명이다. 이러한 다능공은 S급 마이스터를 정점으로 1급, 2급, 3급으로 분류돼 관리되고 있다. 다른 기능공들이 슈퍼 마이스터가 될 수 있도록 끊임없이 교육도 시킨다.

이 제도의 인증 기준은, S급 마이스터라면 120분 이상 연속작업이 가능해야 하고 전체 공정의 작업이 가능해야 한다. 1급은 120분 이상, 2급 60분 이상, 3급은 30분 이상 연속작업이 가능한 작업자를 말한다. 일반적으로 연속작업이 길다는 것은 담당하고 있는 공정수가 많다는 것을 의미해 그 만큼 작업의 능력이 뛰어나다는 것을 의미한다.

아미 사업소에는 최소 두 종류 이상의 제품 조립에 투입할 수 있는 다능공이 전체 생산직의 70%에 달한다. 이러한 다능공 제도는 탄력 생산체제를 가능하게 한다. 아미 사업장에서 생산되는 제품의 수요는 월 500~800대까지 들쭉날쭉하다.

컨베이어라인 생산방식　　　　　　　　　셀 생산방식

캐논의 생산 현장

자료 : http://www.canon-elec.co.jp

작업자의 자긍심을 높여주는 마이스터 제도 덕분에 수주에서 납품까지 걸리는 리드타임을 일주일 이내로 단축할 수 있게 됐고 불경기에는 필요 인원만 최소한으로 가져갈 수 있어 경비를 크게 절감할 수 있게 되었다.[15]

국내 롯데캐논의 경우, 일본 캐논의 셀 생산방식을 벤치마킹해 1999년 컨베이어라인을 완전 철거했다. 생산직 320명 중 계약직이 약 20%를 차지할 정도로 노동유연성도 높다. 이로 인해 생산량에 따라 인력을 쉽게 조정할 수 있는 구조가 갖추어진 셈이다.

오이타 공장의 경우

캐논의 공장 가운데 '셀 생산 표준'으로 불리는 일본 오이타 공장. 25개의 셀에 각각 배치된 숙련공들이 기계와 팀을 이뤄 14~18단계를 거쳐 하나의 완제품을 만들어낸다. 정밀작업은 인간의 손으로 하고, 완제품을 나르고 부품을 공급하는 단순작업은 로봇이 맡는다. 셀에 속하는 팀원 스스로 작업환경을 개선하기 위한 아이디어를 내면, 이를 곧 현장에 반영할 수 있어 효율이 계속 향상되고 있다고 담당자는 말한다.

이 공장의 작업실에서는 기둥도 전기·배기 장치도 찾아 볼 수 없다. 셀 생산에 적합한 구조를 갖추기 위해 시공단계부터 기둥을 없앴기 때문이다. 전기와 배기 장치는 모두 마루 밑에 깔았다. 덕분에 제품의 기종과 수량에 맞춰 셀의 레이아웃(작업대 배열)을 바꾸기가 쉽다. 2004년 오이타 공장을 시작으로 이후 세워진 캐논의 공장은 모두 이 같은 방법을 적용했다.

셀 생산은 혼자 또는 몇 명의 기능공이 소규모 팀을 구성해 모든 공정의 조립 작업을 직접 수행하는 방식이다. 수십 명의 직원이 정해진 자기 일만 기계적으로 반복하는 컨베이어방식과 비교할 때 작업자의 노력 여하에 따라 생산 효율이 극대화되는 게 장점이다. 생산 환경의 변화나 발전에 따라서 큰 설비투자 없이 유연하고 다양하게 생산시

15) 한국경제(2003.10.17)를 필자가 재구성.

스템을 재구성할 수 있어 운전자본 절감효과도 높다.

미국 경제지 포춘은 "캐논은 셀 방식 도입 후 재고비용이 크게 줄고, 시장의 요구에 빠르게 대처해 경쟁업체보다 먼저 신제품을 내놓을 수 있었다."고 평가했다. 캐논은 셀 방식이 자리 잡기 시작한 2000년부터 8년 연속 사상 최고 영업이익을 경신했다.

오이타 공장은 작업자들이 현장에서 느끼는 비능률적 요소는 제거하고 아이디어는 적극 반영해 셀의 효율성을 높여왔다. 셀 안에서는 무게 추 역할을 하는 작은 물통이 달린 선반을 통해 제품을 다음 단계로 자동 전달한다. 작업자가 손으로 전달하는 시간을 줄이기 위해 직접 고안한 장치다. 작업장 곳곳에 반영된 이 같은 '가라쿠리' 덕분에 일부 전문가용 카메라의 경우 1인당 생산대수가 2009년 25.7대에서 지난해 45대로 75% 급증하는 등 높은 생산성 제고 효과를 거두었다.[16]

사례연구2 : 혼다(Honda)

혼다(Honda)가 세계 최초로 개발한 자동차 생산라인 'ARC(Assembly Revolution Cell) 라인' 시스템이 근래 많은 주목을 받고 있다. ARC 라인은 혼다가 2016년 3월부터 태국 프라친부리(Prachinburi) 공장에 처음 도입한 양산 자동차 생산방식이다.

지금까지 자동차 생산 현장에서 널리 채용되어 온 '컨베이어라인 생산방식'의 장점에다가 작업자가 광범위한 공정을 맡아 다양한 부품을 조립하는 '셀 생산방식'의 장점을 결합해 고안한 'ARC 라인'은 혁신적이고 독특한 조립 라인으로 평가받고 있다.

ARC 라인에서의 작업은 1대의 차체와 1대 분량의 부품을 실은 'ARC 유닛'에 4명의 작업자가 올라타 차체와 함께 이동하면서 조립을 한다.(그림 참조) 자동차 차체를 앞부분, 뒷부분, 우측, 좌측으로 네 가지로 구분해 작업자가 분담하고 있으며, 각각의 조립 부품도 4개의 전용선반에 세팅되어 있다.

---

16) 한국경제(2011.2.25)를 필자가 재구성.

말하자면, ARC 유닛은 차체와 부품, 작업자의 작업 공간을 각각 고정시킨 상태로 움직일 수 있는 유닛이다. 또한 작업자 간의 동선이 겹치지 않기 때문에 4명이 동시에 작업을 할 수 있다.

조립을 위해 작업자가 부품을 고른 다음 작업 위치까지 이동해야하는 컨베이어라인 생산과는 달리 ARC 라인에서는 그런 시간(낭비)가 없다. 실제로 혼다의 기존 라인과 비교해 작업효율은 약 10% 향상되었는데, 그 대부분이 작업자의 보행시간 절감이었다고 한다. 또 부품 공급이 효율적으로 이뤄짐에 따라 부품 운반에 필요한 작업량도 약 10% 절감되었다.

더해 1명의 작업자가 종래보다 광범위한 공정을 담당함으로써 제조공정에서 보다 폭넓은 지식과 기능을 습득하는 것이 가능해져 향후 개발 부문에 생산 현장의 의견을 피드백 하는 효과도 기대하고 있다.

셀 생산방식은 람보르기니나 페라리와 같은 소량의 자동차 생산에 적합한 시스템이다. 높은 수준의 품질은 보장되지만 효율성이 낮아 대량 생산해야 하는 양산 자동차에는 적합하지 않은 게 사실이다. 그동안 혼다 역시 자사의 스포츠카 NSX와 같은 소량 생산 자동차에만 셀 생산 방식을 적용해왔다.

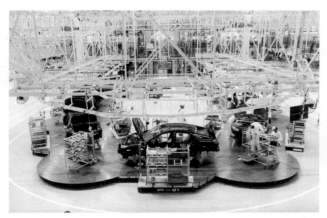

혼다의 ARC 라인과 그 유닛

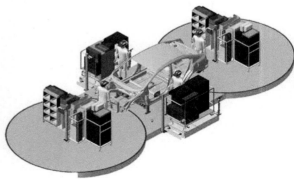

자료 : http://www.honda.co.jp

생각해
보기

PL법, 이런 법도 있었나?

제조물책임법

'미국 기업들이 소송에 멍들어 경쟁력을 잃고 있다.
의회가 나서 기업을 보호할 법을 만들어야 한다."
"미국 기업들이 각종 소송과 그에 대비한 보험에 드느라
다른 나라 기업들에 비해 불리한 상황에 있다."
_부시 전 미국 대통령

소비자 주권의 회복!

소비자의 목소리는 물론 그 권한까지 날로 강화되고 있다. 대표적인 사례가 제조물책임(PL; Product Liability)이다.

PL이란, 결함 제품으로 인해 소비자 또는 제3자의 생명·신체상, 재산상의 손해가 발생한 경우 제조자·판매자 등 그 제조물의 제조·판매의 일련 과정에 관여한 자가 부담하여야 하는 손해배상책임을 말한다.

제조물책임은 국내에서도 이미 법률로 제정되어 있는데 그것이 '제조물책임법(PL법)'이다.(2000. 1. 21, 법률 6109호) 지난 2002년 7월 1일부터 시행, 이후 일부 개정을 거치며 현재에 이른다.

배상청구기간은 손해가 발생하고 배상해야 할 사람이 누구인지 확인한 날로부터 3년 이내, 제조물이 공급된 지 10년 이내다. 단, 신체의 피해가 금방 드러나지 않는 잠복한 기간이 존재하면 손해 발생일로부터 10년이다. 국내 PL법은 생산이 아니라 공급시점 기준이어서 법 시행 전 출하 제품은 민법의 적용을 받는다.

BBC 방송에 따르면, 미국 맨해튼 법원은 커피전문점인 스타벅스에서 커피메이커가

폭발, 커피 물과 찌꺼기가 손에 튀어 2도 화상을 입은 한 여인에게 350만 달러(약 42억 원)를 지급하도록 판결했다고 전한다.

또 다우코닝은 1943년 설립된 '코닝'이 실리콘을 개발한 뒤 제품화를 위해 '다우케미칼'과 제휴하면서 50대 50의 합작기업으로 출발해 50년 이상 호황을 누렸다. 그러던 것이 1998년 유방확대수술 재료인 실리콘 이상으로 부작용을 호소하는 고객이 생겨나면서 PL 소송으로 인한 비용부담(배상금 32억 달러)으로 파산신청을 하는 수모를 겪어야 했다. 이처럼 무서운 것이 PL법이다.

PL법의 도입으로 인해 과실책임 → 결함책임(엄격책임)으로 법리 전환에 따라 과거, 소비자가 입증해야하는 제조자의 과실여부가 제품의 결함 존재, 결함과 손해와의 인과관계의 입증으로 전환되고, 아울러 제조자는 제품에 결함이 없음을 입증해야 하는 부담이 가중되게 되었다.

PL법 출범 배경

일반인들은 물론이고 기존 경영자들 가운데서도 PL법에 관해 다소 생소한 독자들이 많으리라 판단돼, PL법의 개념에 대해 간략히 소개해보자.

헌법에서 보장하는 소비생활과 소비자보호법상의 소비자권익은 많이 향상되었으나, 여전히 결함제품이나 부정·불량제품의 범람, 폭리·가격조작, 허위·과장광고 등으로 인한 소비자의 생명·신체 또는 재산에 대한 피해는 나날이 증가하고 있다.

이러한 상황에서 결함제품으로 인한 소비자의 생명·신체 또는 재산에 발생하는 피해를 어떻게 방지하고 구제하여야 할 것인가는 소비자 정책에 있어서 가장 중요한 과제로 등장하게 되었다.

결함제품으로 인한 피해는 생명·신체 또는 재산에 대한 피해이며, 그 피해는 다발성과 광범위성 그리고 심각성을 그 특징으로 하고 있다.

따라서 생명·신체에 직접적인 피해를 주는 품목에 관해서는 행정규제의 강화를 통해 피해 발생을 사전에 방지하는 것이 최선책이지만, 일단 피해가 발생한 경우에는 이에 대한 세부적인 구제책도 마련해야 한다.

물론 결함제품으로 인해 피해를 입은 소비자는 현행 민법상의 계약책임이나 불법행위책임 등으로 그 피해에 대한 손해배상을 청구할 수는 있다. 그러나 이러한 법리는 사업자와 소비자와의 대등(對等)한 지위를 전제로 구성되어 있으므로 비대등(非對等)한 관계에서 발생하는 소비자 피해를 구제하는 데 효과적이지 못하였다.

시장에는 항상 '정보의 비대칭(asymmetry of information)'이라는 현상이 존재하기 때문이다. 즉, 소비자는 상대적으로 제품에 대해 해당 기업보다는 정보를 많이 가지고 있지 않아 그만큼 하자를 입증하기가 어렵다.

그래서 결함제품으로 인한 소비자 피해 구제에는 한계가 있었다. 이러한 문제점들을 극복하고자 마련된 것이 PL법이다.

국외 현황

전 세계 30여 개 나라에서 이미 PL법이 시행되고 있다. 미국의 경우는 가장 빨리 도

입하였는데 1960년대 이후 사업자의 과실책임에서 엄격책임으로 책임법리를 재구성한 판례법으로 이 제도가 확립되었다.

유럽에서는 1968년 이후 제조물책임의 통일입법을 위한 검토가 이루어져 1975년 7월에 '제조물책임에 관한 EC 지침'이 채택되었다. 영국은 1987년 5월에 제정되어 1988년 3월부터 시행되고 있으며, 독일은 1989년 12월 제정되어 1990년 1월부터 시행되고 있다. 현재는 모든 EU 가맹국이 이 지침을 기본으로 한 PL법을 입법화하고 있다.

또한 이웃나라 일본에서도 이미 1994년 6월에 PL법을 입법하여 1995년 7월부터 시행되고 있는 상태다. 일본의 경우 PL법 도입 이후 소비자들의 소송 건수가 시행 전보다 두 배 이상인 1,000건을 넘어서고 있을 만큼 소비자들의 의식 또한 높아가고 있다. 중국 역시 1993년 2월 제정되어 1993년 9월부터 이미 시행되고 있다.

PL법의 주요 특징

PL법의 가장 큰 특징 가운데 하나는 피고(제조메이커나 판매업자)의 과실이 있는지 없는지 여부에 관계없이 제조물에 결함이 있음을 근거로 하여 피고가 원고(피해자, 소비자)에 대해 민사상의 배상책임을 지도록 한 것을 정한 법률이다.

다시 말해, 제조물의 결함에 의하여 소비자(고객)가 피해를 입었을 경우 민법에서는 고의 또는 제조업자에게 과실이 있음을 소비자 측에서 입증을 해야 했으나, PL법에서는 제품의 결함과 피해에 인과관계가 있으면 기업(음식점)은 고의나 과실에 관계없이 책임을 져야한다는 것을 규정한 법률이다.

'과실 책임주의'에서 '무(無) 과실 책임주의'로의 법리 전환이다.

결함의 정의

PL법에서 얘기하는 결함이란, '제조·설계 또는 표시상의 결함이나 기타 통상적으로 기대할 수 있는 안전성이 결여되어 있는 것'을 지칭하며, 이러한 결함은 몇 가지로 나 뉜다.

제조상의 결함

제조업자가 제조물에 대하여 제조상·가공상의 주의의무를 이행하였는지에 관계없이 제조물이 원래 의도한 설계와 다르게 제조·가공됨으로써 안전하지 못하게 된 경우를 말한다.

설계상의 결함

제조업자가 합리적인 대체설계(代替設計)를 채용하였더라면 피해나 위험을 줄이거나 피할 수 있었음에도 대체설계를 채용하지 아니하여 해당 제조물이 안전하지 못하게 된 경우를 말한다.

표시상의 결함

제조업자가 합리적인 설명·지시·경고 또는 그 밖의 표시를 하였더라면 해당 제조물에 의하여 발생할 수 있는 피해나 위험을 줄이거나 피할 수 있었음에도 이를 하지 아니한 경우를 말한다.

제조업자와 제조물

제조업자란 누구?

그럼 PL법에서 얘기하는 제조업자란 누구를 가리키는 것일까? '제조업자'라 함은 다음 각목의 자를 말한다.

가. 제조물의 제조·가공 또는 수입을 업(業)으로 하는 자.

나. 제조물에 성명·상호·상표 또는 그 밖에 식별(識別) 가능한 기호 등을 사용하여 자신을 가목의 자로 표시한 자 또는 가목의 자로 오인(誤認)하게 할 수 있는 표시를 한 자.

제조물의 범위

제조물책임의 적용대상이 되는 제조물은 '제조(製造) 또는 가공(加工)된 동산(動産)'을 말한다. 따라서 통상적으로 생산 활동을 통해 만들어진 모든 제품은 PL법의 적용을 받는다고 볼 수 있다.

그러나 농수축산물 등의 1차 제품은 기본적으로 PL법의 적용을 받지 않는다. 따라서 단순히 냉동·냉장·건조·절단한 농수축산물 등은 적용대상에서 제외되지만 가공된 통조림이나 부동산의 일부인 조명·배관시설, 승강기·창호 등은 포함된다.

웃지 못 할 경고문

강력한 소비자 보호 수단의 일환으로 PL법이 국내에서도 시행됨에 따라 기업 경영자들은 자신의 사업이 PL법의 제소 대상이 되지 않도록 주의해야 하며, 그 회피 방법을 몇 가지 소개한다.

현재 많은 기업들이 PL 보험에 가입해 있거나 추진 중에 있으며, 만일의 문제에 대비하기 위해 다양한 경고 문안 등을 추가하고 있다.

회전의자를 생산하는 국내의 한 중소기업은 사용설명서에 "의자 위에 올라서면 위험하다."는 경고문을 추가하고 있다. 또 한 음료수 회사는 캔 음료에 "전자레인지를 사용하거나 직접 불에 데우지 말라."는 경고문을 추가했다.

또 전 세계 청소년들에게 많은 인기를 모으고 있는 한 게임소프트웨어 회사는 "CD 구멍에 손가락이나 성기를 넣지 말라."는 웃지 못 할 경고문마저 싣고 있다.

이와 같은 PL법이 국내에서도 시행됨에 따라 지금까지 거의 문제 시 되지 않았던 것까지도 거론 될 가능성이 있다. 따라서 사전에 충분한 대비책(제품 개발과 관련된 상세한 기록)을 세워두는 것이 현명한 방법이라 하겠다.

그리고 외국의 경우를 살펴보면, PL법에 제소된 해당 기업(음식점), 특히 중소메이커의 경우 막대한 배상비용으로 인해 도산에 이르는 사례가 빈번하다는 점이다.

● 전자레인지를 사용하거나 직접 불에 데우지 마시오. (음료수 회사)

● 이 옷을 입고는 날 수 없다. (슈퍼맨 의상제조 회사)

● 옷을 입은 채 다림질하지 마시오. (다리미 회사)

● 살아있는 동물을 넣어 돌리지 마시오. (전자레인지 회사)

● 샤워 중이나 잠자는 동안에는 절대로 사용하지 마시오. (헤어드라이어 회사)

● 의자 위에 올라서면 위험하다. (의자 회사)

● CD 구멍에 손가락이나 성기를 넣지 마시오. (게임소프트웨어 회사)

이처럼 제품 구입 시 공짜로 따라오는 비닐 팩은 물론 각종 제품에 지나친(?) 경고문안을 넣어야 한다는 점에서 기업 경영자에게는 제도나 법의 서글픔을 느낄 수도 있으나, 소비자 위상의 향상과 PL법이 가져다주는 유용성을 생각한다면 소비자에게 더없이 소중한 법률임엔 틀림없다.

뒤집어 생각하면, 기업과 그 경영자, 그리고 종업원 모두 소비자라는 사실을 잊어서는 안 된다.

PL법의 가장 훌륭한 대책이라면 무엇보다 품질 개선을 통해 안전한 제품을 생산할 수 있도록 끊임없이 노력하는 것이다.

경고문 사례

몇 해 전 필자는 일본 여행 귀로에 나리타(成田) 공항 면세점에서 술 한 병을 구입했다. 그런데 그 술을 담아준 붉은 색의 비닐 가방에는 다음과 같은 경고문이 중간 지점에 뚜렷이 인쇄되어 있었다. 한 면은 영어로 또 다른 면은 일본어로 쓰여 있었다.

● WARNING
– This bag is not a toy.
– To avoid danger of suffocation, keep this bag away from babies and children.
– Do not use in cribs, beds, carriages or playpens.

● ご注意
– この袋は乳幼兒や子供にとって窒息などの危險が伴うものです。乳幼兒や子供の手の届かないところに保管してください。
– 突起のあるものを入れると材質上破れることがありますのでご注意ください。
– 可燃物ですので、火のそばに置かないでください。
– 摩擦により衣服に色が着く場合がありますので、こすらないようにしてください。

비닐 가방의 앞뒤에 새겨진 영어와 일본어 경고문안을 해설해 보면, 대략 다음과 같은 내용들이다.

- 이 가방은 장난감이 아닙니다.
- 질식의 위험을 막기 위해, 이 가방을 아기와 아이들이 있는 곳에 두지 마세요.
- 유아용 침대나, 운반대 등으로 사용하지 마세요.
- 돌기가 있는 물건을 넣어두게 되면 재질 상 찢어질 수 있으므로 주의하세요.
- 가연성이 있는 제품이므로 불 옆에는 놓아두지 마세요.
- 마찰로 인해 의복에 색이 묻어날 수 있으므로 문지르지 마세요.

단돈 몇 백 원만 주면 시중에서 얼마든지 구입할 수 있을 것 같은 비닐가방임에도 그 앞뒤에는 그 속에 들어가는 물건 등으로 인해 야기될 수 있는 각종 사안들에 대해 사전 경고 메시지를 던지고 있다.

PL법이 더 궁금하다면, 맥도날드 매장에 가서 일단 해피밀 세트 하나를 구입해보기 바란다. 이 세트에는 장난감 하나가 공짜로 딸려오는데, 그 장난감이 든 투명 비닐봉지의 겉을 유심히 살펴보라. 뭐라 적혀 있는지.

생각해
보기

뇌에는 폭풍이 필요하다!

브레인스토밍 기법

"새로운 것을 고안하는 것보다는 엉뚱한 아이디어를 제대로 잡는 편이 더 쉽다.
(It is easier to tone down a wild idea than to think up a new one.)"

_알렉스 오스본

셋이 모이면 문수의 지혜!

'당신의 뇌에 거대한 폭풍을 불러일으켜라!'

'브레인스토밍 기법(brainstorming method)'은 1939년 미국의 '알렉스 오스본 (Alex F. Osborne)'이 제창한 것으로 아이디어를 창출하기 위한 집단 기법의 하나다.

'Brainstorm'을 직역하면 '영감이나 번득임, 급작스러운 정신착란'을 의미하고 있으

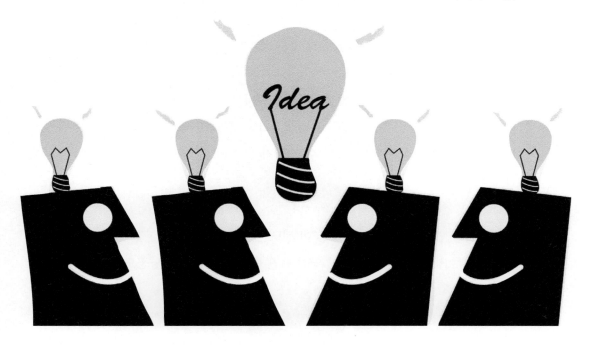

나 오스본은 "독창적인 문제에 돌진, 습격하기 위해 머리를 활용하는 것"이라는 의미로 브레인스토밍이라는 말을 사용하고 있다.

논어(論語)에 "세 사람이 길을 가면, 반드시 한 사람의 스승이 있다."는 말이 있으며, "셋이 모이면 문수(文殊)의 지혜"라는 얘기도 있다. 사람 셋이 모이면 적어도 그 가운데 한 사람은 자기보다 뛰어난 사람이 있고, 세 사람이 모여서 아이디어를 내면 문수보살과 같은 지혜가 나올 수 있다는 뜻이다.

따라서 이 기법은 셋이 아니라 넷, 다섯, 여섯… 하는 식으로 그 수가 늘어나면 더 많은 지혜가 나올 수 있다는 생각에 기반을 두고 있다.

이 기법을 활용함에 있어 지켜야 할 기본 규칙 네 가지가 존재한다.

① 타인의 의견에 대해 절대 비판을 하지 말아야 한다.(Criticism is ruled out.)

의견(발언)에 대해 "이건 시기상조다", "이미 과거에 실패한 적이 있어", "아이디어야 좋지만 실행 가능성은 글쎄…?" 등과 같이 절대로 나쁨의 평가를 하지 않는다. 아이디어의 실현 여부 등을 즉석에서 지적하고 평가하는 순간 팀원들의 창의력은 위축될 수밖에 없다. 비판은 아이디어 창출을 막는 가장 무서운 요인임을 명심하라.

② 자유분방하며 비현실적 발상이 환영받는다.(Freewheeling is welcomed.)

"이걸 얘기하면 비웃음을 사지 않을까?", "그냥 가만히 있으면 중간은 갈 텐데…", "너무 비현실적인 것은 아닐까?" 하는 식으로 스스로의 발상에 제한을 두거나 선을 긋지 말아야 한다. 그렇게 되면 모든 발상에 제동이 걸리게 된다. 고정관념과 논리제약으로부터 가급적 탈피해 자유로운 토론과 발상에 가치를 부여하도록 한다. 비록 엉뚱한 아이디어일지언정 최대한 아이디어가 나올 수 있게 격려한다. 일단 판단은 뒤로 미루어라.

③ 가급적 많은 아이디어를 제안도록 해야 한다.(Quantity is wanted.)

"굳이 일을 벌일 필요가 있을까?", "이 정도면 충분한 거 아냐?", "돈도 인력도 시간도 부족해." 아이디어는 질이 아니라 양이 훨씬 중요하다. 초보 사냥꾼도 자꾸 쏘다 보면 호랑이를 잡을 수 있다. 글도 한 권 두 권 그렇게 쓰다보면 베스트셀러 작가가 될 수 있다. 그런 마음가짐으로 제안을 해야 한다. 다다익선(多多益善)과 양(量)은 언젠가 질(質)로 바뀐다는 '양질전화(量質轉化)'를 실천에 옮겨라. 세상에 나쁜 아이디어란 없다.

④ 마지막 넷째는 기존 아이디어에다 새로운 아이디어를 융합시켜 또 다른 아이디어를 창출한다.(Combination and improvement are sought.)

"이미 비슷한 게 있는 데 뭘!", "내가 주인도 아니잖아!", "너무 부자연스럽다."와 같은 생각은 접어라. 아이디어는 또 다른 아이디어와의 접목을 통해 이른바 시너지효과를 창출할 수 있다. 아이디어와 아이디어와의 결합과 편승은 당신이 예측할 수 없는 엄청난 결과를 가져올 수 있다. 그러므로 자신의 발상만을 금과옥조처럼 고집하기보다는 다른 아이디어와 부지런히 부딪히면서 흡수하고 흡수되어야 한다.

전깃줄에 쌓인 눈 털어 내기?

강원도 깊은 산골 마을.

겨울에 조금만 눈이 내려도 전기가 끊기면서 암흑 속으로 빠져든다. 눈의 무게를 이기지 못해 곧잘 전선(전깃줄)이 끊어져버렸기 때문이다.

이 문제로 동네 젊은 이장 김봉만은 밤낮을 고민했다. 그 모습을 지켜보던 아내가 참다못해 한 마디 거들었다.

"혼자 앓지 말고 마을 사람들 말도 한번 들어보세요."

"(크게 기대할 것도 없지만) 뭐, 그렇게 해보지!"

김봉만은 저녁 시간을 택해 사람들을 동네 회관에 불러 모았다. 그리곤 최근 상황을 자세히 설명하며 뭔가 대책이 필요함을 역설한다. 그러자 얘기치 못한 의견들이 하나둘 봇물 터지듯 쏟아져 나왔다.

서울댁 왈 "전깃줄을 장대로 흔들어 쌓인 눈을 털어버립시다."

수원어른 왈 "장대가 무거우니 막대기를 던져 전깃줄을 맞춥시다."

춘천댁 왈 "아예 전봇대를 흔드는 것이 더 빠를 것 같은데요!"

전주댁 왈 "전봇대는 꼼짝도 하지 않으니, 곰을 전봇대로 올려 보내 흔들도록 합시다."

영월댁 왈 "그 큰 놈을 전봇대 위로 오르도록 어떻게 유인하죠?"

울산어른 왈 "전봇대 꼭대기마다 곰이 좋아하는 꿀단지를 매달아 둡시다."

유성댁 왈 "문제는 전봇대 꼭대기에 꿀단지를 어떻게 매다느냐 하는 것인데 ……."

원주어른 왈 "헬리콥터만 있으면 전봇대 꼭대기에 쉽게 매달 수 있습니다."

태백어른 왈 "그 헬리콥터는 어디서 구하고요?"

상주댁 왈 "읍내 소방서에 산불방제용 헬리콥터가 있잖아요!"

그렇게 회의는 끝났다. 다음날 헬리콥터로 꿀단지를 싣고 가 전봇대 꼭대기에 매달기로 최종 의견일치를 본 것이다.

"에~이 무슨, 말도 안 되는 소리를?"라고 혀를 껄껄 찰지도 모른다. 하지만 위 방법을 통해 조금만 눈이 와도 전기가 끊겨 고민하던 문제가 말끔히 해결되었다.

꿀단지를 실은 헬리콥터가 전봇대 위를 날아오르자 그 날개의 강력한 바람은 전선에 쌓인 눈을 단숨에 날려버렸던 것이다.

이처럼 전혀 예상치 못한 곳으로부터도 간단히 정답을 찾을 수 있다. 이게 바로 브레인스토밍의 위력이요, 추구하는 목표다.

브레인스토밍의 기대효과에 대해 잠시 언급해보자.

첫째로 어떤 난제에 대한 해결책을 찾을 수 있다.

그런 직접적인 효과를 목적으로 브레인스토밍이 활용되는 경우가 많다.

둘째로 구성원들의 문제 해결능력(창의력)이 성장한다.

브레인스토밍 특유의 창의적인 분위기를 반복 경험함으로써 자신도 모르는 사이에 창의적 발상법을 익히게 된다.

셋째로는 구성원 간의 관계 형성에 도움을 준다.

브레인스토밍을 통해 구성원들 간에 일체감 형성과 동료의식을 함양시키는 계기가 될 수 있다.

이처럼 브레인스토밍의 기대효과는 다양하다. 물론 여기엔 반론도 존재한다.

영국 켄트대학의 브라이언 뮬런(Brian Mullen) 연구팀은 브레인스토밍의 효율성에 관한 연구를 했다. 그 결과 분석 대상 20건 가운데 대부분의 실험에서 혼자 일한 사람들이 양적 혹은 질적으로 훨씬 뛰어난 결과를 이끌어 냈다고 한다.

어떤 일을 혼자서 하는 경우, 성공하면 자신에게 모든 영광이 돌아오지만 실패하면 그 책임을 모두 져야 한다. 반면에 여럿이 함께 일을 하는 경우, 성공에 대한 분배도 실패에 대한 부담도 그리 크지 않기에 적극적이지 않다는 것이다.

창의력 넘치는 아이디어도 마찬가지라는 거다. 혼자서 하는 편이 훨씬 더 창의적인 아이디어가 나온다고 주장한다.

그렇다고 브레인스토밍 기법을 곧장 쓰레기통에 던져 버려서는 곤란하다. 브레인스토밍은 조직이라는 하나의 유기체 속에서 창의적 아이디어를 부단히 이끌어 내려는 지난한 작업이다. 게다가 조직에서 돌출되는 문제들은 매우 복잡하고 다양하며 때론 난

브레인스토밍은 자유로운 분위기 속에서 진행

해하다.

　때문에 다양한 계층과 영역에 걸친 참가자들의 수많은 아이디어와 융합, 나아가 서로 간의 자극이 절대적으로 요구된다. 그런 이유에서 브레인스토밍의 가치와 존재의의를 찾을 수 있겠다.

오스본 체크리스트 기법!

　그럼, 제시된 아이디어는 어떻게 다듬어 가야 할까?

　아이디어를 다듬어 가는 기법 가운데 대표적인 것이 '오스본 체크리스트 기법(Osborne Checklist Technique)'이다. 이 체크 리스트는 새로운 아이디어 창출을 촉진할 수 있는 '질문 목록'을 사전에 마련해 두고, 그 하나하나에 대한 답안을 도출해 가는 방식이다.

오스본 체크리스트

전용(轉用) 가능성 (Put to the other uses?)	응용(應用) 가능성 (Adapt?)
• 현재 상태로 다른 용도는 없을까? • 약간 개조해 사용한다면? • 다른 곳에 쓴다면? **예시** 천막 재료를 청바지로	• 이것과 비슷한 것은 없을까? • 어떤 것의 흉내를 낼 수는 없을까? **예시** 수상스키, 스노우보드
변경(變更) 가능성 (Modify?)	**확대(擴大) 가능성 (Magnify?)**
• 새로운 모습으로 바꾼다면 • 색, 소리, 냄새, 의미, 움직임, 양식, 형태 등을 바꾼다면? **예시** 누드 컴퓨터, 네모난 수박, 합격 사과	• 시간을 준다면? • 보다 회수를 늘린다면? • 다른 가치를 부가한다면? • 보다 강하게 한다면? • 보다 길게 한다면? **예시** 산모를 위한 분유, 녹차 먹인 돼지
축소(縮小) 가능성 (Minify?)	**대체(代替) 가능성 (Substitute?)**
• 제거 한다면? • 작게 한다면? • 낮게 한다면? • 압축 한다면? • 가볍게 한다면? • 짧게 한다면? **예시** 씨 없는 수박, 무가당 주스	• 다른 사람으로 한다면? • 다른 재료로 한다면? • 다른 공정으로 한다면? • 다른 장소에서 한다면? **예시** 못을 나사로, 김치 불고기 피자
재배치(再配置) 가능성 (Rearrange?)	**역전(逆轉) 가능성 (Reverse?)**
• 순서를 바꾼다면? • 일정을 바꾼다면? • 성분을 바꾼다면? • 다른 레이아웃은? • 원인과 결과를 바꾼다면? **예시** 음식점 선불제, 냉장과 냉동 기능 위치가 서로 바뀐 냉장고	• 반대로 한다면? • 상하를 바꾼다면? • 역할을 뒤집는다면? **예시** 에스컬레이터, 택배 착불
결합(結合) 가능성 (Combine?)	
• 혼합한다면? • 합체한다면? • 통합한다면? **예시** 지우개 달린 연필, 스마트폰, 닌텐도 Wii	

생각해
보기

이 시대 최고의 창의적 인물
스티브 잡스, IT업계의 전설이 되다!

"우리는 우주에 흔적을 남기기 위해 여기에 있다.
그게 아니라면 왜 이곳에 있겠는가?"
(We are here to put a dent in the universe,
otherwise why else even be here?)
_전 애플 CEO 스티브 잡스

혁신의 아이콘, 떠나다!

"곧 죽게 된다는 생각은 인생에서 중요한 선택을 할 때마다 큰 도움이 된다. 사람들의 기대, 자존심, 실패에 대한 두려움 등 거의 모든 것들은 죽음 앞에서 무의미해지고 정말 중요한 것만 남기 때문이다. 죽을 것이라는 사실을 기억한다면 무언가 잃을 게 있다는 생각의 함정을 피할 수 있다. 당신은 잃을 게 없으니 가슴이 시키는 대로 따르지 않을 이유도 없다."

_스티브 잡스의 스탠퍼드대학교 졸업식 연설(2005년)

'혁신의 아이콘(icon)'이자 이 시대 최고의 최고경영자(CEO)로 칭송받아온 애플의 전 C EO 스티브 잡스(56세)가 지난 2011년 10월 세상을 떠났다.

잡스는 미혼모의 아들로 태어난 입양아, 대학 중퇴와 애플 창업, 세계 최초 개인용 컴퓨터(PC) 개발, 애플서 축출과 복귀, 희귀암 발병과 투병, 아이폰과 아이패드 출시로 디지털시대 새 라이프스타일 창조, 화려한 프레젠테이션(PT) 등 숱한 화제와 함께 유명 연예인 못지않은 인기를 누렸다.

Steve Jobs
1955-2011

그는 파산지경에 이른 애플을 세계에서 가장 가치 있는 IT기업으로 만드는 데는 성공했지만 결국 병마를 이겨내지 못하고, '롤러코스터'와 같은 생을 마감하며 글로벌 정보기술(IT)업계의 신화로 남게 되었다.

애플은 이사회 명의의 성명서에서 "스티브의 영명함과 열정, 에너지가 멈추지 않는 혁신의 원천이 됐으며 이로 인해 우리의 인생은 풍부해지고 향상됐다. 스티브로 인해 이 세상은 헤아릴 수 없을 정도로 개선됐다."고 말했다.

파란만장한 삶!

잡스는 1955년 태어난 직후 곧바로 입양되어 리드대학에 입학했으나 6개월 만에 중퇴하고 1976년 '컴퓨터 천재'인 스티브 워즈니악과 미국 캘리포니아 로스알토스에 있는 양부모의 집 창고에서 애플을 창업해 이듬해 개인용PC인 애플II를 내놓으면서 PC 대중화를 이끌었다. 그러나 1985년 자신이 영입한 CEO 존 스컬리와 이사회에 의해 쫓겨나는 아픔을 겪어야 했다.

하지만 그는 이에 굴하지 않고 컴퓨터 개발사 넥스트와 컴퓨터그래픽(CG) 영화사 픽사를 설립해 성공했으며 경영난을 겪고 있는 애플로 복귀해 아이맥에 이어 2001년 아이팟, 2007년 아이폰, 2010년 아이패드를 잇따라 성공시키면서 끊임없는 혁신과 도전을 통해 디지털시대 '삶의 방식'을 바꿔놓았다는 평가를 받았다.

잡스는 특히 1977년 애플컴퓨터II로 PC시대를 열어젖힌 후 30여년 만에 태블릿PC 아이패드를 내놓음으로써 PC시대를 접고 포스트PC를 주도해 세계 역사를 스스로 개척하고 주도했다는 평이다.

잡스는 그러나 2004년 췌장암 진단을 받고 수술을 한 뒤 2009년 간이식 수술까지 받는 등 애플의 혁신을 주도하면서도 개인적으로는 치열한 긴 투병생활을 했으나 끝내 병마를 이겨내지 못했다. 2011년 초 병가를 낸 데 이어 그 해 8월 최고경영자(CEO) 자리에서까지 물러났다.

잡스와 함께 애플을 공동 창업한 워즈니악과 애플의 경쟁사인 구글의 CEO를 역임한 에릭 슈미트는 잡스가 CEO 자리에서 물러날 때 "이 시대 최고의 CEO"라고 칭송한 바 있다. 연합뉴스(2011.10.6)를 필자가 재구성.

1998   1999   2001   2004   2005   2007   2008   2009   2010

잡스의 프레젠테이션 복장 변화(?)

생각해
보기

재무회계
Accounting & Finance

돈의 흐름에 주목하라!

재무제표의 개념

현대 사회학의 창시자 막스 베버는 회계(會計)를
자본주의 성장에 필수적 문화 요소의 하나로 보았다.
또 '창조적 파괴'를 주창한 조지프 슘페터는
회계를 자본주의의 핵심으로 판단했다.
오늘날 기업은 내부에 회계·재무 부문이라고 하는
조직을 만들어 체계적이면서도 치밀하게
자금 관리에 힘쓰고 있다.

재무제표의 핵심!

수입이 발생하는 순간 의무가 한 가지 수반된다. 즉, 대한민국 국민은 모두 자신이 벌어들인 수입에 대해 확정 신고를 하고서 세금을 내야 한다. 모두 납세(納稅) 의무를 가지기 때문이다. 기업이라고 예외가 있을 수 없다. 1년 동안 벌어들인 이익을 세무서에 신고해야 한다.

게다가 기업은 납세만이 아니라, 투자자(주주 등)와 채권자(거래처 등) 등 이해관계자의 이익을 보호하기 위해 그 경영 내용을 널리 공개할 의무를 지닌다. 이를 위한 일련의 절차가 바로 결산(決算)이다.

이 결산은 대부분의 기업에서 1년에 한 번 '결산서'를 작성하고, 각종 신문과 공고 등을 통해 공표하고 있다. 이러한 결산은 인간으로 치자면 정기적으로 실시하는 건강 진단과 같고, 우리 가정(家庭)에 비유하면 주부들이 항상 가슴 졸이며 작성하는 가계부와 같은 것이다. 다만, 훨씬 복잡하고 다양하게 작성된 가계부다.

이러한 결산서를 전문적인 용어로 '재무제표(財務諸表, Financial Statement, F/S)'

라 부른다. 이 재무제표에는 양적분석을 위해
필요한 각종 수치들이 나와 있다.

재무제표의 각종 자료를 이용하면 기업이
현재 재산과 빚을 얼마나 보유하고 있는지, 특
정 기간 동안 얼마나 벌어 얼마를 소비했는지,
또 벌어들인 소득 가운데 얼마를 저축해 두었
는지 등 돈의 흐름을 한 눈에 확인할 수 있다.

더불어 재무제표는, 기업 경영자에게는 현재
의 성과와 앞으로의 계획 및 종업원의 신상과
상벌 평가에 유용한 자료로 활용할 수 있으며, 주주에게는 기업이 제대로 굴러가고 있
는지를 확인하는 지표라 하겠다.

또한 은행과 같은 금융기관의 입장에서는 과연 이 회사가 빌려 준 돈을 제대로 갚을
수 있는 능력이 있는지를 판단하는 기준이 되기도 하고, 거래기업에게는 앞으로 거래를
이어가도 괜찮을지를 확인하도록 하며, 국가나 지방자치단체에게는 올바른 납세가 이
루어지도록 유리지갑(glass wallet)과 같은 정보를 제공한다.

이러한 재무제표의 유용성은 기업 활동을 매일 관찰할 수 없는 외부 회계정보 이용
자들의 의사결정에 유익한 정보를 제공하는 데 있다고 보면 된다.

재무제표에는 대표적으로 '대차대조표', '손익계산서', '이익잉여금처분계산서', '현금
흐름표'가 있다. 그와 더불어 재무제표가 때로는 정보 이용자의 필요성을 충족시켜 주
지 못하는 경우도 있다.

따라서 이러한 경우에는 정해진 양식에 구애받지 않고 추가적인 내용을 보충할
수 있도록 '주기(註記, Foot Note)'와 '부속명세서(附屬明細書, Supporting and
Supplementary Schedule)'를 마련하고 있다.

위의 설명 외에 좀 더 자세히 알고 싶다면, 일단 서점이나 도서관을 찾아 그 관련서
를 한 번 찾아보는 것도 좋겠다. 근래엔 비(非) 회계 전공자들도 쉽게 이해하고 습득할
수 있는 서적들이 많이 나와 있다.

재무제표의 활용과 그 범위

대차대조표가 뭐지?

기업의 특정 시점(통상적으로 결산일)에서의 재무상태를 표시한 회계보고서로 그 시점에서 모든 자산을 차변(借邊)에, 그리고 모든 부채 및 자본을 대변(貸邊)에 기재한다는 의미에서 대차대조표(貸借對照表, Balance Sheet, B/S)라는 말이 생겨났다.

그리고 대차대조표는 기업 자금을 운영과 원천의 양면에서 파악한 계산서이므로 자산 합계액과 부채 및 자본 합계액은 당연히 일치하게끔 되어있어 밸런스 시트라 불린다.

대차대조표의 회계 정보는 해당 기업의 유동성과 재무 탄력성 등을 분석할 수 있는 매우 유용한 보고서다.

자산 = 부채 + 자본

'자산(資産)'이란, 개인 또는 법인이 소유하고 있는 유무형(有無形) 재산의 총칭으로서 회계상 대차대조표의 차변(借邊)에 기재된다. 또 자산은 그 재산이 1년 이내에 현금으로 바뀔 수 있을지 여부로 유동자산과 고정자산으로 구분하고, 고정자산에는 토지, 건물, 기계 등의 유형(有形) 고정자산, 특허와 영업권 등의 무형(無形) 고정자산이 있다.

'부채(負債)'란, 기업이 장래 지불하지 않으면 안 될 채무를 말하며, 지불기한이 1년 이내의 채무를 유동부채, 1년을 넘는 것을 고정부채로 구분한다.

'자본(資本)'이란 변제할 필요가 없는 자금으로 주주의 출자금, 미처분이익, 잉여금 등으로 자산과 부채의 차액이다.

대차대조표 (요약계정식)

대한주식회사   201X년 12월 31일 현재   (단위 : 천 원)

과목	금액	과목	금액

자산
I. 유동자산
  1. 현금
  2. 매출채권
  3. 재고자산
	×××	**부채**
		I. 유동부채
		  1. 매입채무
		  2. 단기차입금
			×××

II. 고정자산
 (1) 투자자산
  1. 투자유가증권
  2. 장기대여금
	×××	II. 고정부채
		  1. 사채
		  2. 장기차입금
			×××

		부채 총계	×××

(2) 유형자산
  1. 토지
  2. 건물
		자본
		I. 자본금
			×××

(3) 무형자산
  1. 영업권
  2. 산업재산권
		II. 자본잉여금	×××

		III. 이익잉여금	×××
		IV. 자본조정	×××
		자본 총계	×××
자산 총계	×××	부채와 자본 총계	×××

자기자본 구성비율(自己資本 構成比率)

$$자기자본\ 구성비율(\%) = (자기\ 자본 \div 총자본) \times 100$$

자기자본 구성비율은, 총자산 가운데 자기자본이 차지하는 비중을 나타내는 지표로 기업 재무구조의 건전성을 나타내는 가장 대표적 지표이다.

자기자본은 직접적인 금융비용을 부담하지 않으면서 기업이 장기적으로 운용할 수 있는 안정된 자본이다. 따라서 이 비율이 높으면 높을수록 기업의 재무구조는 건전하다고 할 수 있겠다.

다만, 몇 % 정도가 적합한지는 업종에 따라 조금씩 다르나, 대체적으로 50% 이상이면 건전하다고 볼 수 있다.

유동비율(流動比率)

$$유동\ 비율(\%) = (유동\ 자산 \div 유동\ 부채) \times 100$$

유동비율이란, 단기 채무에 충당할 수 있는 유동성 자산이 얼마나 되는가를 나타내는 비율로 자금 융통이나 지불 능력을 판단하는 잣대다.

또한 기업의 단기 지급능력을 판단하는 대표적인 지표이며, 150% 이상이면 일단 자금 융통에 지장은 없다고 판단해도 좋다.

당좌비율(當座比率)

$$당좌비율(\%) = (당좌\ 자산 \div 유동\ 부채) \times 100$$

앞서 거론한 유동비율은 우량기업을 나쁘게 평가할 위험성이 있다. 그래서 이를 보조할 비율로 등장한 것이 당좌비율인데, 지불 능력의 측정에 이용된다. 일반적으로 100% 이상이 바람직하다고 여겨지고 있으나, 업종에 따라 상황은 조금씩 차이가 있다.

고정비율(固定比率)

고정비율(%) = (고정 자산 ÷ 자기자본) × 100

고정비율은 자기자본에 대한 고정 자산의 비율을 통해 구해지는 것으로, 고정 자산에 대한 투자는 그 회수(운용기간)가 장기간에 걸쳐 이루어지므로 자기자본의 범위 내에서 하는 것이 원칙이다.

따라서 고정비율은 100% 이하를 양호한 상태로 보고 있는데 이는 고정적인 자산을 자기자본으로 충당하는 것이 바람직하다는 의미다.

손익계산서는 또 뭐냐?

대차대조표가 기업의 재산을 나타내는 반면에 손익계산서(損益計算書, Income Statement, I/S)는 1년 동안 돈의 흐름을 통해 기업의 영업성적을 나타낸다. 즉, 일정 기간 동안 영업활동을 통해 기업에 대해 재산 증가를 가져온 요인(수익)과 재산 감소를 가져온 요인(비용)을 표시함으로써 해당 기업의 경영성과를 나타내는 보고서다.

손익계산서에서는 수익과 비용의 항목을 대응·비교시켜 손익을 나타내므로, 그 기능은 손익을 명확히 보여줄 뿐만 아니라 손익 발생 과정을 추적할 수 있도록 해 영업 수행과정까지 알려준다.

따라서 기업의 목적 달성 정도를 측정하는 기준이며, 경영 정책의 수립과 방향 설정에 있어 가장 중요한 자료가 바로 손익계산서이다.

유동 비율(%) = (유동 자산 ÷ 유동 부채) × 100

손익계산서 (요약식)

201X년 1월 1일부터
201X년 12월 31일까지

대한주식회사

(단위 : 천 원)

과목	금액
I. 매출액	×××
II. 매출원가	×××
III. 매출총이익	×××
IV. 판매비와 관리비	×××
1. 급여	
2. 임차료	
3. 감가상각비	
4. 광고선전비	
V. 영업이익	×××
VI. 영업외수익	×××
1. 이자수익	
2. 배당금수익	
3. 단기매매증권평가손실	
VII. 영업외비용	×××
1. 이자비용	
2. 단기매매증권평가손실	
VIII. 경상이익	×××
IX. 특별이익	×××
X. 특별손실	×××
XI. 법인세비용차감전순이익	×××
XII. 법인세비용	×××
XIII. 당기순이익	×××

이익잉여금처분계산서(利益剩餘金處分計算書)

이익잉여금처분계산서(Statement of Appropriation of Retained Earnings)는 해당 기업의 이월이익잉여금의 수정사항과 당기이익잉여금의 처분사항을 명확히 보고하기 위해 이월이익잉여금의 변동사항을 표시한 재무제표이다.

쉽게 표현하자면, 경영 활동 결과 남은 이익을 배당(配當)할 계획인지, 아니면 기업 내부에 적립(積立)할 것인지를 나타내는 지표라고 보면 정확하다.

현금흐름표

일정 기간 동안 기업활동과 관련된 현금의 유입과 유출 흐름을 원천별로 표시한 기업의 회계보고서가 바로 현금흐름표(Statement of Cashflows)이다. 기업의 현금 변동 사항을 명확하게 보고함으로써 현금 유입과 유출에 관한 정보를 제공할 목적으로 작성된다.

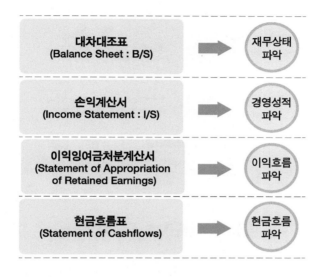

재무제표의 성격

지금껏 기업의 재무제표에 관해 살펴보았다. 그렇다면 국내 최고의 기업 삼성전자와 LG전자, 현대자동차, 포스코 등의 경영지표들도 한번 확인해보자. 지금 당장이라도 그런 궁금증은 해소할 수 있다.

금융감독원이 제공하는 '전자공시시스템'을 방문하면 된다. 그 주소는, http://dart. fss. or.kr/이다. 국내 여러 기업의 경영지표를 손쉽게 열람할 수 있다.

전자공시시스템(http://dart.fss.or.kr)

이익 발생의 순간!

손익분기점의 개념

손익분기점 분석은 여러 가지 유용성을 가지고 있다.
시장에 최초로 출시된 신제품이 어느 정도 팔려야
이익이 나기 시작하는지에 관한 최소한의 판매량을 예측한다든가
혹은 사업초기 일정액의 이익을 달성하기 위해서는
어느 정도의 시간이 필요한지 등을
예측하는 데 활용하다.

손익분기점이란 뭘까?

이익도 손실도 발생하지 않는 어떤 경계점, 그게 바로 '손익분기점(損益分岐點, brake even point)'이다.

손익분기점(BEP) 분석은 변동비(變動費), 고정비(固定費)의 정보를 이용하여 어느 정도 판매량이라면 기업의 손익이 균형을 이루는가 하는 점을 계산하기 위한 분석 도구이다.

다음 그림을 보면서 설명해 보자.

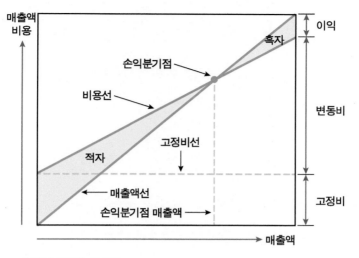

손익분기점의 이미지

손익분기점은 매우 단순한 논리로 성립된다.

말하자면, 수입과 비용과의 관계를 표시한 것이다. 핵심은 비용을 매출과 비례해 반응하는 변동비와 반응하지 않는 고정비와의 관련을 어떻게 연결 지어야 할지를 파악하는 것이다.

$$\text{손익분기점} = \frac{\text{고정비}}{1 - \dfrac{\text{변동비}}{\text{매출액}}}$$

흥미로운 사실은 사업 초기단계에서부터 손익분기점에 도달하기까지는 매우 힘들고 고통스럽지만, 일단 손익분기점에 도달하게 되면 그 이후부터는 이익이 훨씬 순조롭게 성장해 간다는 특징을 가진다.

기업 경영자들이 매스컴과의 인터뷰 등에서 "이제 겨우 사업이 궤도에 올라섰습니다."라고 하는 말을 들어본 적이 있을 것이다. 이것은 자신의 기업이 마침내 손익분기점에 도달했음을 알리는 신호탄이다.

고정비 vs. 변동비!

기업경영의 가장 기초적인 공식이라 할 수 있는 '매출액=이익+경비'의 관점을 조금 더 확대시키면 다음과 같은 공식이 된다.

매출액 = 이익 + 고정비 + 변동비

이와 같은 관점이 손익분기점 계산의 기본이라 할 수 있다. 즉, 여러 종류의 경비를 매월 일정액이 필요한 '고정비'와 매출액의 증감에 비례해 요구되는 '변동비'로 구분해서 생각하는 것이다.

그럼 변동비(變動費)와 고정비(固定費)란 무엇일까?

변동비(Variable Costs)

매출액이나 생산량이 늘어나게 되면 증가하고, 반대로 줄어들게 되면 감소하는 비용을 가리켜 변동비라 부른다. 여기에는 원재료비, 외주비, 구매 원가, 지불 운임, 포장비, 임금 등이 있다.

- 매출액 상승 → 변동비 상승
- 매출액 하락 → 변동비 하락
- 매출액 상승이든 하락이든 상관없이 변동비 비율은 일정

이것을 그림으로 표현하게 되면, 총비용(total cost)은 오른쪽으로 갈수록 상승하는 직선 또는 곡선이 된다. 단위 당 비용(cost)은 통상적으로 수평 내지는 오른쪽으로 완만하게 내려간다.

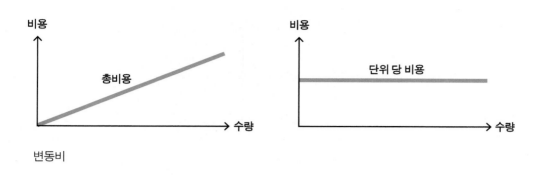

변동비

고정비(Fixed costs)

고정비란, 일단 한 번 투자하면 그 이후의 매출액이나 생산량 변동과 관계없이 필요로 하게 되는 비용을 가리킨다.

흔히 회사 설립 후 시간의 경과에 따라 비용이 증가하는 경향이 있다. 여기에는 종업원들의 인건비를 중심으로 임차료, 광고·선전비, 보험료, 접대·교제비, 교통비 등이 포함된다.

총비용으로 보게 되면 수평의 직선으로 이어지게 되고, 단위 당 비용으로 보게 되면 오른쪽으로 기울어진 직선이 된다. 이러한 관점에서 생산량을 증대시키면 시킬수록 단위 당 비용이 내려간다고 하는 규모의 경제성을 향유할 수 있다.

- 매출액 상승 → 고정비 비율 하락
- 매출액 하락 → 고정비 비율 상승
- 매출액 상승 또는 하락에 상관없이 고정비는 거의 일정

또한 비용이 단계적으로 상승하는 '준고정비(semi-fixed costs)'라는 것도 있다. 특정 범위의 조업도 내에서는 일정한 원가가 발생하지만, 이 범위를 벗어날 때 일정액만큼 증가 또는 감소하는 원가를 말한다.

439

재무회계

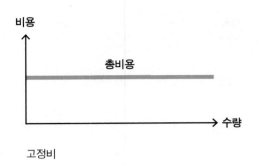

총비용

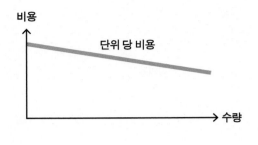

단위 당 비용

고정비

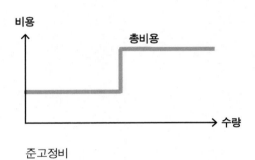

총비용

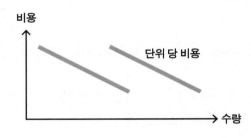

단위 당 비용

준고정비

누워서읽는 **경영학원론**

기업윤리에서 생존을 찾다!

존슨 앤 존슨과 윤리경영

기업이 목적을 위해서 수단이나 방법을 가리지 않는
경영 행동을 취한다면 우리 사회는 어떻게 될까?
그러나 인간으로써 마땅히 지켜야 할
도리가 있듯 기업에서도 응당 지켜야 할
도리가 있게 마련이다.

사례연구 : 존슨 앤 존슨

오늘날 많은 기업의 CEO는 기업 구성원에게 필요한 일종의 '윤리강령(code of ethics)'을 제정하고 이를 실천할 수 있도록 하고 있다.

여기에는 기업 경영활동에 있어 기업윤리(business ethics)를 최우선 가치로 생각하며, 보다 투명하고 공정하며 합리적인 경영 행동을 추구하는 이념이 담겨있다고 하겠다. 즉, 이익 극대화가 기업 고유의 목적이지만, 사회적 책임 또한 중요하다는 수요자(고객)들의 의식을 기본 바탕으로 하고 있다.

윤리경영으로 성공한 사례를 언급할 때마다 빠지지 않는 기업으로 미국의 제약 및 생활용품을 생산하는 '존슨 앤 존슨(Johnson & Johnson)'이 있다.

이 회사의 창업주 손자인 로버트 존슨이 1943년 발표한 '우리의 신조(Our Credo)'는 미국 기업은 물론 전 세계 기업들의 윤리강령 원조가 되고 있다. 제창 당시 주주의 권리보다 소비자의 중요성을 부각시킴으로써 경영행동에 새로운 방향을 제시했다는 평가를 받고 있다.

존슨 앤 존슨의 나아갈 방향이 제시된 이 신조는 이 회사가 어려움에 당면할 때마다 원칙을 고수하며 세계적인 기업으로 성장하게 만든 원동력이 되었다. 덕분에 존슨 앤 존슨은 미국의 존경받는 기업 1위에 선정될 만큼 기업윤리 분야의 선두 기업으로 자리 잡았다.

윤리강령의 주요 내용은 네 가지로 나뉜다. 첫째는 고객들에 대한 책임, 둘째 직원들에 대한 책임, 셋째 공동체에 대한 책임, 마지막으로 주주들에 대한 책임이다. 그 내용을 간단히 소개하면 다음과 같다.

① 고객들에 대한 책임(Our customers)
: 고객들이 신뢰할 수 있는 최상 제품을 적정한 가격으로 제공할 의무를 지닌다.
② 직원에 대한 책임(Our employees)
: 직원들의 존엄성을 중시하고 자유로운 의견 개진과 그 개개인의 능력 개발 등에 대한 의무를 지닌다.
③ 공동체에 대한 책임(Our communities)
: 우리는 선량한 시민으로서 선행과 자선을 베풀고 건강을 지키며, 환경을 보호하여야 할 의무를 지닌다.
④ 주주에 대한 책임(Our stockholders)
: 우리는 주주들에게 정당한 이익을 제공해야 할 의무를 지닌다.

자칫 외부에 대한 구호로만 그치기 쉬운 윤리강령이 존슨 앤 존슨의 위상을 전 세계에 알리게 된 것은 '타이레놀 사건'이 결정적 계기가 되었다.

타이레놀 사건!

지난 1982년 미국 시카고 지역에서 유통 중이던 진통제 '타이레놀'에 독극물인 청산

Our Credo

We believe our first responsibility is to the doctors, nurses and patients,
to mothers and fathers and all others who use our products and services.
In meeting their needs everything we do must be of high quality.
We must constantly strive to reduce our costs
in order to maintain reasonable prices.
Customers' orders must be serviced promptly and accurately.
Our suppliers and distributors must have an opportunity
to make a fair profit.

We are responsible to our employees,
the men and women who work with us throughout the world.
Everyone must be considered as an individual.
We must respect their dignity and recognize their merit.
They must have a sense of security in their jobs.
Compensation must be fair and adequate,
and working conditions clean, orderly and safe.
We must be mindful of ways to help our employees fulfill
their family responsibilities.

Employees must feel free to make suggestions and complaints.
There must be equal opportunity for employment, development
and advancement for those qualified.
We must provide competent management,
and their actions must be just and ethical.

We are responsible to the communities in which we live and work
and to the world community as well.
We must be good citizens - support good works and charities
and bear our fair share of taxes.
We must encourage civic improvements and better health and education.
We must maintain in good order
the property we are privileged to use,
protecting the environment and natural resources.

Our final responsibility is to our stockholders.
Business must make a sound profit.
We must experiment with new ideas.
Research must be carried on, innovative programs developed
and mistakes paid for.
New equipment must be purchased, new facilities provided
and new products launched.
Reserves must be created to provide for adverse times.
When we operate according to these principles,
the stockholders should realize a fair return.

Johnson&Johnson

자료 : http://www.jnj.com/careers/ourcredo.html

우리의 신조(Our Credo)

가리가 투입돼 이를 복용한 8명이 숨지는 사고가 발생했다. 존슨 앤 존슨은 중대한 의사결정을 윤리강령에 명시된 '우리의 신조'에 따라 발 빠르게 행동했다.

이 회사는 즉각 이 사실을 언론에 공표하며 10만 달러의 범인 현상금을 거는 한편 시카고 지역 제품만 수거하라는 미국식품의약국(FDA) 권고에 머무르지 않고 미국 전역에 걸쳐 약 3,000만 병, 1억 달러 상당의 타이레놀을 모두 회수했다.

또 "사건 원인이 규명되기 전에는 타이레놀 제품을 절대 복용하지 말라!"고 소비자
들에게 대대적으로 홍보했다. 당시 타이레놀은 존슨 앤 존슨의 연간 매출액의 7%(3.5
억 달러), 이익의 17%를 차지하는 주력 제품이었던 점을 감안할 때 이러한 조치는 엄청
난 불이익을 감수한 결정이었다. 사건 직후 35%이었던 시장점유율은 7%까지 떨어졌으
나 3년 만에 제자리를 회복했다.

존슨 앤 존슨의 윤리적 태도에 대해 소비자들은 신뢰의 표현을 몸소 보여준 것이
다. 결국 이러한 존슨 앤 존슨의 기업윤리는 시장에 또 다른 경쟁력을 갖추는 계기가
되었다.

이 가치관은 지금도 존슨 앤 존슨의 기업 경영과 정신을 통해 꾸준히 계승되고 있다.

존슨 앤 존슨은 '우리의 신조'를 조직 내에 침투시켜 전승시키려는 에너지가 대단하
다. 1980년대 초 CEO를 맡은 짐 파크는 경영자로서의 시간 40% 이상을 '우리의 신조'
를 조직에 침투시키는 일에 썼다고 했다.

현재도 존슨 앤 존슨에서는 '우리의 신조'를 단순히 말에 머물지 않도록 하기 위해 2
년에 한 번씩 '우리의 신조'에 대한 조사('우리의 신조'가 부문, 부서, 개인에게 어느 정
도 침투되어 있는가, 그것을 개선하려면 어떤 점이 중요한가)를 하고 있다. 그리고 '우
리의 신조'를 침투시키기 위한 연수도 자주 연다. '우리의 신조' 연수는 기업의 사고방
식을 일방적으로 밀어붙이는 것이 아니라 '사원 스스로가 생각하는 것'을 최대 목표로
삼고 있다.

포스트잇(Post-it)을 비롯해 혁신적인 제품을 개발해 세계를 리드하고 있는 3M도
공통된 가치관을 공유하는 기업으로 유명하다.

'신제품 아이디어를 썩히지 마라!'를 원칙으로 삼는 3M의 경영 이념은, 1902년 창업
이래 백 년 이상에 걸쳐 끊임없이 이어지고 있다. '작은 한 걸음을 소중히 하자'는 표어
에 나타나 있듯 히트 제품이 작은 한 걸음에서 시작되는 경우가 적지 않다는 것을 3M
의 종업원 모두가 잘 이해하고 있다.

기술자는 근무 시간의 15%까지를 스스로 선택한 테마나 창의적인 아이디어에 충당
한다는 '15% 룰'도 개발 현장에 정착되어 있다. 실제로 포스트잇은 이 15%의 시간을

사용해 색다른 접착제 실험을 하고 있던 기술자가 우연히 얻은 성과였다.

현재 미국 대기업의 50% 이상이 기업윤리 담당 임원을 두고 있으며, 90% 이상이 기업 윤리강령을 채택하고 있다고 한다. 하지만 시스템을 갖추는 것만이 능사는 아니다. 왜냐하면 그것을 제대로 지키고 효율적으로 운영하는 주체는 역시 사람이기 때문이다.

과거의 삼풍백화점이나 성수대교 붕괴, 대구지하철 참사는 물론이고 2014년의 세월호 참사에서 보듯 아무리 좋은 시스템을 갖추더라도 이를 운용하는 사람들이 그 원칙을 제대로 지키지 않는다면 아무런 의미가 없다. 기업의 윤리경영 또한 예외는 아니다.

누워서읽는 경영학원론

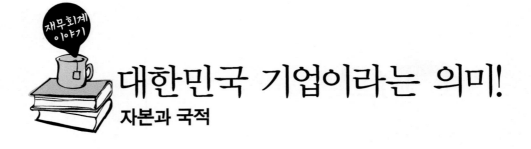

대한민국 기업이라는 의미!
자본과 국적

"은행은 군대보다도 더 무서운 무기다.
은행은 순수하게 우리 국민이 소유해야 한다."

_미 대통령 앤드루 잭슨

우리 자본이 100% 지분을 가지면 '대한민국 기업'이라 불러도 되는가?

대답은 그렇다(Yes) 일까?

반대로 아니오(No) 일까?

휠라코리아는 지난 2011년 미래에셋PE와 컨소시엄을 구성해 미국 포춘브랜즈(Fortune Brands)가 보유한 아쿠쉬네트 지분 100%를 13억 달러(약 1조 5,000억 원)에 인수했다. 당시 휠라코리아는 자체 자금 1억 달러를 들여 지분 12.5%를 확보했다. 이후 매년 4.15%씩 5년간 총 20.6% 지분을 추가로 인수해 지분율을 33.1%까지 늘리다 2016년 10월 뉴욕증권거래소(NYSE)에 상장하자 추가 지분 20%를 사들여 휠라코리아는 총 지분 53.1%를 보유한 지배주주가 되었다.

아쿠쉬네트는 단순히 덩치 큰 골프용품 회사가 아니다. 세계 골프시장의 중심인 미국을 상징하는 회사다. 골프채와 골프공을 주력으로 하는 타이틀리스트는 세계 골프공 시장에서 부동의 1위(점유율 50%)를 차지하고 있다. 풋조이의 장갑(70%)과 골프화(51%)도 세계 시장을 주름잡고 있다. 로리 매킬로이, 타이거 우즈 등 세계적인 골프스타들이 타이틀리스트 골프채를 휘둘렀으며 풋조이를 신고 필드를 누볐다.

한국 기업의 타이틀리스트 인수가 알려지자 국내 골프팬들도 반색했다. 인지도 높은 세계적인 골프용품사를 국내업체가 인수했기 때문이다. 타이틀리스트 골프볼(프로 v1)의 국내 점유율은 50% 이상이다. 전 세계 프로투어에서도 최고 점유율을 자랑한다. 세계적인 브랜드를 한국 기업이 보유하게 됐다. 선진 경영문화 도입, 스포츠마케팅을 통한 한국 국가브랜드 인지도를 향상시킬 수 있게 되었다.

한편, 자금을 투입해 인수는 했지만 여전히 본사는 미국, 생산 역시 미국에서 이뤄진다. 유통구조도 똑같고, 전 세계에서 이익이 발생하면 미국에 일단 송금되고 미국 내 세금, 인건비 등 모든 비용을 제한 뒤 대주주가 된 한국기업이 이익의 일부를 배당받는 식이 된다.

"아쿠쉬네트는 한국 자본이 들어간 미국 회사일 뿐 한국 기업으로 볼 수 없다."

국내 골프공 브랜드 볼빅이 휠라코리아의 아쿠쉬네트 인수에 대해 '한국 골프용품 기업 탄생'이라는 일부 언론의 보도가 나오자 이의를 제기했다. 볼빅은 "한국 자본의 인수 후에도 별로 달라질 것은 없다."고 목소리를 높였다.

볼빅은 "한국 기업이 되려면 아쿠쉬네트의 본사를 한국으로 이전시켜 모든 매출과 납세가 한국에서 이루어져야 하고 생산 공장도 한국으로 이전을 해야 명실상부한 한국 기업이라고 할 수 있다."고 주장했다.

국내 골프공 브랜드로서 일종의 항명이라고만 치부하진 말자. 실제로 론스타가 외환은행을 인수하고 쌍용자동차가 중국에 그 다음엔 인도 기업에 인수·합병(M&A)됐어도 대주주만 외국인인 한국 기업인 것처럼 타이틀리스트는 한국 자본이 투입된 미국 기업인 것이다.

"누가 우리 편인가(Who is us)?"

위와 같은 제목의 논문이 〈하버드 비즈니스 리뷰〉에 등장한 것은 1990년 초였다. 저자인 UC버클리 교수 로버트 라이시의 논점은 이랬다.

"어떤 회사가 진정한 '미국 기업'인가? 일본에서 활동하는 IBM 저팬인가? 미국에서 자동차를 만들고 일자리를 창출하고 세금을 내는 도요타 아메리카인가?"

이런 물음을 던진 로버트 라이시 교수의 자답(自答)은 다음과 같았다.

"누가 소유했느냐(owned-by)가 아니라, 어느 곳에 거점을 두고 있느냐(based-in)를 기업 국적의 기준으로 삼아야 한다."

그럼에도 불구하고 자본의 국적은 중요하다.

글로벌화의 진전으로 이제 다국적 기업을 넘어 초국적 기업이 되었다는 선진국의 대기업들의 경우에도, 장기전략 수립, 연구개발, 브랜드 관리, 고부가가치 제품 생산 등 핵심기능은 아직도 거의 전부 본국에서 행해지고 있다. 그래 자본에는 국적이 있다고 하는 것이다.

물론 최고경영진도 대부분 본국인 몫이다. 실제로 1998년 독일의 다임러-벤츠그룹이 미국의 크라이슬러를 인수했을 때, 처음에는 양사의 동반자적 결합이라며 이사회에 독일인-미국인 동수를 내세웠지만, 합병 후 몇 년 뒤에는 미국인은 거의 남아있지 않은 것은 좋은 사례다.

하지만 외국자본이라고 다 배척 대상이 되는 것은 아니다. 주가 차익만 노리고 들어온 단기자본이 있는가 하면, 한국시장에 뿌리내려 비즈니스를 하려는 장기자본도 있다. 이 둘을 잘 구분하는 심오한 안목도 중요하다.

Epilogue

첫 머리에서 마지막까지 경영학원론이라는 큼직한 주제 아래 바쁘게 관련 이론들을 설명하며 달려왔다. 마지막 장에서 만큼은 화두를 바꿔볼까 한다.

알다시피 '점(點)'은 모든 형태의 출발점이다. 점이 모여 선(線)이 되고, 선이 모여 평면(平面)이 되며, 평면이 모여 입체(立體)가 이루어지니 말이다.

아래의 빈 공간에 찍혀 있는 까만 점이 그대 눈엔 무엇으로 비쳐지는가? 이 물음에 적게는 몇 개에서, 많게는 수 십 개의 대답이 나올법하다. 지금부터 5분이란 시간이 그대에게 주어진다. 그 안에 그대가 떠올린 것들을 적어 보자. 단, 남들도 생각할 법한 것들은 일단 제외시킨다. 그 까닭은 '넘버원(No.1)'이 아닌 '온리원(Only 1)'을 추구한 답변이어야 높은 점수를 받을 수 있는 까닭이다. 경영도 경영학도 마찬가지가 아니겠는가. 그럼 시작한다.

드디어 5분이 지났다. 그대의 것과 다음에 제시한 대답을 한 번 비교해 보라. 자신만의 독특한 대답은 몇 개인가?

그런 대답이 많으면 많을수록 분명 그대는 창의력과 상상력이 풍부한 사람일 것이다. 물론 그 전제조건은 눈에 보이는 피상적(皮相的)인 대답을 제외하고서 말이다.

평범한 답안

바다 한 가운데의 무인도, 염소 똥, 태양에서 발견되는 흑점, 마돈나의 점, 엉덩이 점, 눈동자, 마침표, 초코볼, 과녁, 멍, 하늘에 떠 있는 풍선, 아스팔트 위의 껌, 밥 위의 검은 콩, 남자들의 젖꼭지, 콧구멍 클로즈업, 로또 복권 마킹 자국, 주사위의 일(1), 벽에 붙은 껌 등.

창의력 넘치는 답안

우물 안에서 바라본 소나기 직전의 하늘, 벽에 막힌 못, 롯데타워 123층에서 내려다본 사람, 코딱지 뭉친 것, 상처에 생겨난 딱지, 우주에서 바라본 지구, 식빵 위에 생겨난 곰팡이, 물위에 떠 있는 기름 한 방울, 볼링 핀을 향해 굴러가는 볼링 공, 빨리 돌아가는 모터 팬, 볼펜 똥 등.

마침내 그대는 결코 남에게 뒤지지 않을 만큼의 경영학적 논리와 탁월한 창의적 발상을 할 수 있게 되었다. 또 마케팅과 경영전략, 인사조직, 생산관리가 뭔지도 개략적이나마 이해할 수 있게 되었다. 아울러 돈의 흐름에 관한 내용이나 분류기법도 익혔다. 앞으로 펼쳐질 그대 앞에 건강과 부, 행운이 함께 하기를 간절히 기원한다.

남다른 창의력과 강운(强運)의 주인공 **김광희**

참고문헌

● 김광희(2016), "생각 밖으로 나가라", 넥서스BIZ.

● 김광희(2015), "일본의 창의력만 훔쳐라", 넥서스BIZ.

● 김광희(2013), "미친 발상법", 넥서스BIZ.

● 김광희(2013), "누워서 읽는 경영학 원론" (전면 개정판), 내하출판사.

● 김광희(2012), "당신은 경쟁을 아는가", 넥서스BIZ.

● 김광희(2011), "창의력은 밥이다", 넥서스BIZ.

● 김광희(2011), "누워서 읽는 마케팅 원론", 내하출판사.

● 김광희(2010), "창의력에 미쳐라", 넥서스BIZ.

● 김광희(2009), "미니멈의 법칙", 토네이도.

● 김광희(2008), "유쾌한 이야기 경영학", 내하출판사.

● 김광희(2007), "부자들의 경영학 카페", 국일증권경제연구소.

● 김광희(2006), "유쾌한 팝콘 경쟁학", 국일증권경제연구소.

● 김광희(2005), "누워서 읽는 경영학원론", 내하출판사.

● 김광희(2004), "상식이란 말에 침을 뱉어라(마케팅 입문서)", 넥서스BIZ.

● 김광희(2004), "이수일은 심순애를 어떻게 꼬셨나!(경영학 입문서)", 넥서스BOOKS.

● 김광희(2003), "네 안에 있는 파랑새를 키워라!", 미래와경영.

● 김광희(2003), "경영학을 씹어야 인생이 달콤하다", 미래와경영.

● 짐 랜덜/김광희 · 김대한 역(2013), "창의력, 쉽다", 상상채널.

● 엔도 이사오/손애심 · 김광희 역(2008), "끈질긴 경영", 국일증권경제연구소.

● 필립 코틀러 외 2인/이진원 역(2017), "필립 코틀러의 마켓 4.0", 도서출판 길벗.

● 엘렌 랭어/김현철 역(2016), "마음챙김 학습혁명", 더퀘스트.

● 토마스 슐츠/이덕임 역(2016), "구글의 미래", 비즈니스북스.

● 구본권(2015), "로봇 시대, 인간의 일", 어크로스.

● 김인수(2015), "뺄셈의 리더십", 명태.

● 로드 주드킨스/이정민 역(2015), "대체 불가능한 존재가 돼라", 위즈덤하우스.

● 마스다 무네아키(2015), "지적자본론", 민음사.

● 애덤 그랜트/홍지수 역(2015), "오리지널스", 한국경제신문.

● 제이크 브리든/김태훈 역(2015), "성과를 내려면 원칙을 비틀어라", 한국경제신문.

● 허연 · 장영철(2015), "피터 드러커 재즈처럼 혁신하라", 비즈 페이퍼.

● 데이비드 와인버거/이진원 역(2014), "지식의 미래", 리더스북.

● 버나뎃 지와/장유인 역(2014), "그들이 시장을 뒤흔든 단 한 가지 이유", 지식공간.

● 유정식(2013), "착각하는 CEO", 알에이치코리아.

● IGM세계경영연구원(2012), "세상 모든 CEO가 묻고 싶은 질문들", 위즈덤하우스.

● 하워드 라이트/이순미 역(2012), "그레이트 이노베이션 아이디어 100", 비즈앤비즈.

● 볼프강 헤볼트/안성찬 역(2003), "클라시커 50 승리와 패배", 해냄.

● 웨인 코데이로/양혜정 역(2003), "태도를 바꾸면 성공이 보인다", 예수전도단.

● 존 맥스웰/강준민 역(2003), "리더십의 법칙", 비전과리더십.

● 허브 코헨/전성철 역(2003), "이것이 협상이다", 청년정신.

● 렁청진/장연 역(2003), "지전1, 2, 3, 4", 김영사.

● 스티브 힐튼 · 자일스 기번스(2003), "멋진 비즈니스", 아카넷.

● 서용구(2003), "시장을 창조하는 마케팅 시장에 끌려가는 마케팅", 시대의창.

● 김홍탁(2003), "광고, 리비도를 만나다", 동아일보사.

● 고동희 외 6인(2002), "경영학원론", 명경사.

● 박충환 외 2인(2002), "마케팅관리", 박영사.

● 최낙환 역(2002), "판단과 의사결정의 심리", 대경.

● 자멜 발로 · 다이애너 몰(2002), "숨겨진 힘 - 감성", 김영사.

● 로조 르윈 · 버루트 레진/김한영 역(2002), "인컴플렉소노믹스", 황금가지.

● 나폴레온 힐(2002), "생각하라 그러면 부자가 되리라", 국일미디어.

● 토마스 J.스탠리(2002), "부자의 지갑을 열어라", 미래의창.

● 스튜어트 크레이너/송일 역(2001), "75가지 위대한 결정", 더난출판.

● 토머스 J. 스탠리(2000), "백만장자 마인드1, 2", 북하우스.

● 황규대 외 7인(1999), "조직행위론", 박영사.

● 동아일보, 조선일보, 중앙일보, 한겨레신문, 한국경제, 매일경제, 전자신문.

● Jim Randel(2010), "The Skinny on Creativity: Thinking Outside the Box", Rand Media Co.

● Paul Sloane(2010), "How to be a Brilliant Thinker: Exercise Your Mind and Find Creative Solutions", Kogan Page.

● Amrit Tiwana(2001), "The Essential Guide to Knowledge Management: E-Business and CRM Applications", Prentic Hall.

● Brian Sher(2001), "What Rich People Know & Desperately Want to Keep Secret" Prima Publishing.

● Ravi Kalakota & Marcia Robinson(2000), "e-Business 2.0: Roadmap for Success", Addison-Wesley Pub Co.

● Jeffry A. Timmons(1999), "New Venture Creation: Entrepreneurship for the 21st Century", McGRAW-HILL.

● Gareth R. Jones, Jennifer M. George, Charles W. L. Hill(1998), "Contemporary Management", Irwin McGraw-Hill.

● Richard L.Daft, Dorothy Marcic(1998), "Understanding Management", The Dryder Press.

● Jerald Greenberg, Robert A. Baron(1997), "Behavior in organizations", Prentice Hall.

● Stephen P.Robbins, Mary Coulter(1996), "Management", Prentice Hall.

● James A.F. Stoner, R.Edward Freeman, Daniel R. Gilbert(1995), "Management", Prentice Hall.

● Robert B. Reich(1990.1), 'Who is Us?', "Hardvard Business Review".

- Everett M. Rogers(1982), "Diffusion Of Innovations: Third Edition", The Free Press.
- Business Week.
- Nikkei Business.
- News Week.
- 荒金雅子(2013), "多様性を活かすダイバーシティ経営－基礎編", 日本規格協会.
- 前田信弘(2011), "知識ゼロからのビジネス論語", 幻冬社.
- 水越豊(2003), "BCG戦略コンセプト", ダイヤモンド社.
- 神原清則(2002), "經營學入門(上)(下)", 日本經濟新聞社.
- 阪口大和(2002), "痛快! サバイバル經營學", 集英社インターナショナル.
- 青木三十一(2002), "經營のしくみ", 日本實業出版社.
- Masatsugu Fujii & Richard Sheehan(2002), "英語で學ぶMBAベーシックス", NHK出版.
- 石上芳男(2001), "會社の數字に強くなる本", かんき出版.
- 飯田信夫(2000), "ひとめでわかるコストマネジメント", 東洋經濟新報社.
- 山田英夫(1998), "先發優位・後發優位の競爭戰略", 生産性出版.
- 大瀧精一(1997), "經營戰略", 有斐閣アルマ.
- 日本經濟新聞社編(1992), "ベーシック 經營入門", 日本經濟新聞社.
- 日本國語大辭典, 小學館, 2001.
- 日本經濟新聞, 日經産業新聞.

누워서 읽는 **경영학원론** (전면 개정2판)

초　판	2005년 2월 20일 발행
개 정 판	2012년 3월 01일 발행
전면 개정2판	2018년 1월 05일 발행

저　자 | 김광희
발행인 | 모흥숙

발행처 | 내하출판사
등　록 | 제6-330호
주　소 | 서울 용산구 한강대로 104 라길 3
T E L | (02)775-3241~5
F A X | (02)775-3246
E-mail | naeha@naeha.co.kr
Homepage | www.naeha.co.kr

ISBN 89-5717-472-2 (93230)
가 격 20,000원

이 도서의 국립중앙도서관 출판예정도서목록(CIP)은 서지정보유통지원시스템 홈페이지(http://seoji.nl.go.kr)와 국가자료공동목록시스템(http://www.nl.go.kr/kolisnet)에서 이용하실 수 있습니다.(CIP제어번호: CIP2017033982)